Lying for Money
How Legendary Frauds
Reveal the Workings
of the World

金融詐欺の世界史

ダン・デイヴィス
Dan Davies
大間知知子［訳］
Tomoko Omachi

原書房

金融詐欺の世界史

テスへ

[目次]

［凡例］——本文中の［　］内は訳注。

イントロダクション

メイフェアのスキャンダル

「みんな、ちょっとこれを聞いてくれ」と私は言った。

コンピューターに向かって座っていた私は、モニターに映る株価を片目で見ながら、ライブ配信中の下院財務特別委員会の聴聞会を見ていた。バークレイズ銀行の株価が見事な落ちっぷりを見せたとき、私はジャックからヘッドホンを抜いて音量を上げた。同僚たちはそれぞれの端末から離れて、英国放送協会（BBC）の議会中継を見るために集まった。何が起きているのか理解するのに時間はかからなかった。

「トムに連絡しないと」。全員が同じ考えだった。

「ボブは消されるぞ」

バークレイズ銀行のCEO(最高経営責任者)で見栄っ張りなボブ・ダイアモンドは、彼の銀行がLIBOR《ライボー》(ロンドン銀行間取引金利)不正操作事件にどのように関与したかを説明するために聴聞会に呼び出された。委員会に出席する前日、彼はイングランド銀行副総裁に重要な指標の書き換えを命じられたと告発するかのような発言をし、反論されるとすぐに撤回したため、いっそう事態を悪化させた。彼は委員会で憤慨する下院議員たちに向かって折り紙つきの愛嬌をふりまいたが、効き目はなかった。

トレーディングルームにはシティ中から問い合わせの電話が鳴り響いていた。投資家たちはいったい何が起きたのか、損失は取り戻せるのかを知りたがった。トムはバークレイズ銀行の専門家に指定されていたが、そのときは時差が五時間あるニューヨークでぐっすり眠っていた。私はトムに確認する手間を省いて彼の顧客に電話をかけた。それは株式ブローカーの重大なエチケット違反だったが、そうせざるをえなかったのだ。世界は目の前で変わろうとしていた。その日遅く、トムが会議の合間を縫って連絡してきたとき、私たちの長い仕事上のつきあいの中で数えるほどしかなかった辛辣な言葉の応酬があった。

数週間後、損害がはっきりした。利益は吹き飛び、ボブ・ダイアモンドは辞任し、いつものとおり市場は動き続けた。私はビールを一、二杯飲んでトムと仲直りし、避けがたい問いに向き合った。いったいどこでこんなひどい間違いが起こったのか?

トムは株式市場で一、二位を争う英銀行のアナリストだ。私はこのチームの規制関連スペシャリストだった。ふたりとも前から「ＬＩＢＯＲ問題」に気づき、過去数か月に何度もそれに関するレポートを書いていた。しかし、この件は銀行にとって典型的な規制上のリスクで片づくだろうと――せいぜい数億ドルの罰金という軽い処分ですむだろうと――考えていた。

不思議なのは、最初は私たちが正しかったように見えることだ。主要メディアが注目したときには、すでにＬＩＢＯＲスキャンダルは普通ならとっくに終息に向かう段階に達していた。二〇一二年六月二七日、規制法に基づく制裁が通告された。バークレイズは一連の事実を認め、二度とこのようなことはしないと約束し、英金融サービス機構（ＦＳＡ）に五九五〇万ポンド、米司法省に一億六〇〇〇万ドルの罰金の支払いに同意した。こうした事件はこのように処理されるのが普通だ。それどころか、これはかなり厳しい処分だと考えられた。

しかし、ＬＩＢＯＲ事件は規制当局が新たな手続きを開始するきっかけになった。当局の決定を公表したのに加えて、決定にいたる証拠と理由について長文の要旨を発表した。ＬＩＢＯＲ事件の場合、証拠の大部分は電子メールとブルームバーグのチャット★01の書き起こしだった。

たとえばこんなチャットがあった。

トレーダーC　「いよいよだ……。三か月物のＬＩＢＯＲが変更されなかったので、ＮＹＫ

がうるさくてかなわん。いつもどおり、どんな力添えでもしてもらえればありがたい。三か月物をどうする？」

提出者「九一と言いたいところだが、九〇にしておこう」

トレーダーC「[……]引退してこの件について本を書くときは、君の名前を金文字で書かせてもらうよ[……]」

提出者「この件はいっさい本に書かないでほしいね！」

ＬＩＢＯＲスキャンダルの共謀者をチャットの記録に基づいて判断するのは不公平だろう。この事件の記事を書いたジャーナリストの中で、自分がツイッターでやり取りした過去のダイレクトメッセージを憤った大衆の目の前に平然とさらせる人間がいるだろうか。どれほど威勢よく見えようと、証券取引はしょせんサービス産業だ。そして世界中どこへ行っても、従業員がこっそり不埒な真似をしたり、顧客を侮辱したりして憂さ晴らしをしないサービス産業は存在しない。しかし、トレーダーというものはたいてい普通の人より自尊心が高く、アメリカがカナダと国境を接しているのとほとんど同じように、彼らの自尊心は傲慢と紙一重だ。大衆が銀行業界に不満を感じ、これみよがしに富を誇示する何気ない冗談を少しも面白いと感じられない社会の風潮の中で、ＬＩＢＯＲ事件の証拠となった書き起こしは信じられないほど俗悪に見えた。それらはトレーダーに関するあらゆる一般的な固定観念を裏づけていた。難解で技術的な規制違反が一転して道徳劇となり、あたかも八百長の競馬のように、不遜な悪党による市場操作の物語になった。政治家たちが巻き込まれるのは避けようがなかった。

自分が所属する業界があっという間に炎上し、完全に憶測に基づく批判にさらされるのを目の当たりにするのは気分のいいものではない。二〇一二年に金融セクターはついにふさわしい敵役を手に入れた。大衆が知らされた事件のあらましはかなり単純化され、技術的な詳細は多くの点で間違っていたが、おおまかな流れは正しかった。専門家がこだわった事件の微妙なニュアンスや技術的説明は細かい部分では正確だったとしても、きわめて重要な点、すなわち巨大な不正行為が行われたという認識が欠けていた。起こった出来事はひと言で表現できた。詐欺なのだ。何か月ものあいだ、LIBORスキャンダルについて知れば知るほど、理解が追いつかなくなるように感じられた。

私たちはここで間違った。私たちが見つけようとしていたのは偶発的で技術的な規制上の違反であって、組織犯罪ではなかった。残念だが、それは当たり前だ。詐欺はあなたの目を盗んで行われ、権力の濫用を防ぐ正常なチェック・アンド・バランス［権力が特定の部門に集中するのを防ぐために、部門間の均衡を保つこと］のシステムを覆す。そして世界は前と同じように見えながら、いつの間にか変わっている。市場が誕生してこのかた、金融市場で働く人々はずっと木を見て森を見てこなかった。こうして、銀行家は私よりさらに深い沼にはまったのである。

❖――ポヤイス国領主

せっかちな若者が無分別な職業上の選択をしてしまうのはよくあることだ。しかし、ゲイジャー★02という名前のロンドンの銀行員ほど、取り返しのつかない失敗をした例はめったにない。一八二二年、彼はロンドンの金融と商業の中心地シティで働いていた。家柄のいい好青年だったが、勤め先のトマス、ジェンキンズ&コーポレーションでは一足飛びの昇進は期待できなかった。そこでゲイジャーは何世代も前から銀行家がしてきたことをする決心をした。新興市場でリスクの高いチャンスをつかみ、はしごを数段飛ばして駆け上がるのだ。狙いはポヤイス銀行頭取の地位だった。ポヤイスはスコットランドの小貴族で戦争英雄のグレガー・マグレガー卿が、中央アメリカに建設した新しいイギリス植民地である。ゲイジャーは家族の資産から大金を支払って任命状を手に入れた。この植民地の美しい主都セント・ジョゼフへ渡航する費用として、箱にぎっしり詰まった五〇〇〇ドル相当のポヤイスドルの新札が届いたとき、彼の信頼は報われたように見えた。

数週間後、異国の沼に膝まで浸かりながら、ゲイジャーは激しく後悔したにちがいない。ポヤイス中央銀行頭取にはなれないのだから。ポヤイス国など存在しないのだから。セント・ジョゼフ市の絵はマグレガーの広報資料のすべてを美しく飾っていたが、そんな都市はなかった。交易所すらなかったのである。箱いっぱいのポヤイスドルにまったく価値がないわけではなかった。現地のミスキート族の子どもたちは、紙幣に描かれたきれいな絵が気に入ったからだ。だが、ゲイジャーにとってそれはあまり慰めにならなかった。彼は大勢の入植者を誘って、このばかげた印刷物を価値あるイギリスとスコットランドの通貨と交換させていたからだ。ゲイジャーは初期資本主義の最初の、そして最も大胆な投資詐欺の犠牲者であると同時に、片棒を担いだ立場でもあった。

ホンジュラス・パケット号とケネルスレー・キャッスル号の他の乗客も同様の失望を味わった。この二隻でおよそ二五〇家族が現代のホンジュラスに位置するブラックリバー河口に運ばれた。航海に加わった人々の中には靴直し職人(ポヤイス国王女のお抱え靴職人にはなれなかった)、音楽家(ポヤイス国立オペラを指揮することはなかった)、軍人(ポヤイス国軍で将校の任務に就くことはなかった)がいた。もっと悲惨だったのは、手に職のない農民の入植者である。ネイティブアメリカンの労働者を使って砂糖プランテーションを経営し、楽園のような引退生活を送る夢を見ていたが、モスキート・コーストと呼ばれる土地で思ってもみなかった重労働をしなければ、とうてい夢は実現しないとすぐに思い知らされた。土地は本物だったが、ポヤイスは実在の国ではなかった――首都も豊かな平原もなく、沼とうっそうとした雨林以外、見るべきものは何もなかった。

入植者たちはこの事実を突きつけられて呆然とした。運がいい者はベリーズ行きの船に乗ることができた。ゲイジャーはひと山あてようとアメリカへ渡ったが、その後の消息は途絶えている。どんな生涯を送ったかはわからないが、アメリカに留まっていたとしても長生きしなかったのだろう。可能性のあるどんな名前で探しても、一八五〇年の国勢調査にはそれらしき人物は見つからない。入植者の多くは暑さ、栄養失調、質の悪いラム酒、自殺によって命を落とした。

その頃ロンドンでは、ポヤイスの自称カシーク（現地のネイティブアメリカンの言葉で「族長」）がポヤイス政府を代表して債券の発行を銀行家に熱心に働きかけていた。実際にグレガー・マグレガー卿[★03]はロンドンで二回目のポヤイス債発行を準備していた。前回の債券発行で得た金はすでにほとんど使い果たしていた。このカシークはスコットランド義賊として知られるロブ・ロイの子孫で、ナポレオン戦争後の野心あふれる多くの将校たちと同様に、スペインの南アメリカ植民地の独立戦争に加わったが、財産と名誉を手に入れることはできなかった。彼はロンドンに帰って大げさに手柄を吹聴し、ネイティブアメリカンのポヤイス族から王になってほしいと要請されたと主張した。そういうふれこみで、彼はソブリン債「政府機関が発行する債券」を発行するためにブローカーを任命し、土地の分譲とケネルスレー・キャッスル号とホンジュラス・パケット号の旅券の販売を開始した。[★04]この話にはまだ続きがある。しかし、差し当たってぜひとも答えを知りたい疑問はこうだ。この夢想家はどうやってまんまと人をだましたのだろうか。

表面的な見方から言えば、ポヤイス詐欺は歴史的観点から説明できる。現代的な意味では国として存在していなかったにもかかわらず、ロンドン市場で資金を集めた国は実際にいくつもあった。一八〇〇年代初めに南北アメリカ大陸のスペイン領(当時はまだ現代のフロリダが含まれていた)では独立戦争が立て続けに起きていた。とりわけニューグラナダとベネズエラの革命政府はイギリス政府に承認されていなかった。それらの国の公債は、元本を取り戻すまでその国が持ちこたえていれば大もうけできるという期待のもとに、大幅に値引きされて投機家に売却された。こうしたハイリスク・ハイリターンの投資は、自分が何に首を突っ込んでいるのかを熟知している相場師が買うのが普通だった。

資金提供者についてはこれくらいにしておこう。しかし、入植者の考えが信じられないほど甘かったとしても、彼らに同情の余地がないわけではない。図書館に出かければ、ポヤイスの肥沃な平野と活気あふれる首都が描写された『モスキート海岸の概要 Sketch of the Mosquito Shore』という本が目に入ったはずだ――マグレガーが「トマス・ストレンジウェイズ」という偽名を使い、西インド諸島とラテンアメリカの年鑑から都合のいい部分を丸写しして、さらに誇張を加えたでっち上げの本である。彼はその本の中で、土壌はたいへん肥沃なため、あらかじめヤシ科植物の籐《トウ》を二、三回植えて、サトウキビ栽培に適するように土を痩せさせておく必要があると主張した。

ネイティブアメリカンのミスキート族はイギリス人入植者のために働くことを何よりも喜び、報酬として現金より安価な布をほしがる。また、ブラックリバーは金塊でいっぱいだとも述べた。黄金が成る木が生えているというのは、さすがに言い過ぎだと思ったのだろう。

衡平法裁判所に行けば、ポヤイス国の土地の所有権を証明する公式文書を見ることができたはずだ——マグレガーはこの主張を裁判所に「公的記録として保管させる」ために、虚偽の宣誓供述書を作成した。その根拠となったのは非常に限定的な基本合意書(「カシーク」のように高貴な身分を示す称号の授与は含まれていなかった)で、彼はその前の冒険で命拾いして旅をしていたある夜、ポヤイス族を含むモスキート・コーストのあらゆる先住民族の長、「ジョージ・フレデリック王」にウィスキーをたっぷりご馳走してこの合意書を手に入れた。★05 ポヤイス債はロンドン証券取引所で取引され、イングランド銀行の債券と並んで相場が新聞に掲載された。

詐欺に対するごく当たり前の警戒心——うますぎる話には落とし穴がある——でさえ、身を守る手段には必ずしもならなかっただろう。当時、ラテンアメリカの小さな国々は、しばしば入植者、特に資本と技術を持つヨーロッパ人を呼び寄せるために大きなもうけ話を用意していた。価値ある土地を二束三文で購入でき、ただ同然の労働力を徴用して土地を耕させ、信じられないほどの富が得られるという話があまりにも荒唐無稽だと思うなら、ジャマイカとアメリカのプランテーションの富はまさにそうやって築かれたのだという事実を思い出してほしい。この幻想を見破るのは今思うほど簡単ではなかった。いろいろな事実を発見するのが今日よりはるかに難しい時代だったのだ。

これが私の考えるポヤイス国詐欺の表面的な説明である。

もっと奥深い考察をすると、現代の私たちには一九世紀初めの人々とは違う盲点があるせいで、この話がばかばかしく見えるだけなのである。嘆かわしいことだが、おそらくどんな時代にもその時代特有の盲点が存在する。

❖——カナダのパラドックス

世界にはいわゆる「低信頼社会」と呼ばれる国がいくつかある。政治制度は弱くて腐敗し、ビジネス慣行はいかがわしく、負債はほとんど返済されず、当然ながら人々はどんな契約を結ぶ場合でも食い物にされはしないかと恐れている。反対に「高信頼社会」では、ビジネスは正直に行われ、法律は公正で一貫して施行され、ほとんどの人は経済生活の全体的な健全性がかなり高い水準にあると考えて日々の生活を送れる。それを念頭に置いて、さらに私たちがカナダとギリシアについて持っている知識と合わせて、批評家ジョー・クイナンは一九八五年のフォーブス誌でバンクーバーを「世界の詐欺の首都」と呼び、ギリシアの船舶所有者は数百万ドルの取引をいつも握手でまとめるのに、カナダの金融セクターでは詐欺が横行しているのはなぜなのかと疑問を呈した。
これは「カナダのパラドックス」[★06]と呼べる現象だ。世界にはさまざまな種類の不正が存在する。最ももうかるのは商業詐欺であり、商業詐欺は企業セクターの全体的な健全性を寄生虫のように食い物にする。親類縁者としか取引をしない社会、あるいは取引が数世紀前から続く家族的ネットワークに支えられている社会では、詐欺師になるのははるかに難しい。不正が日常茶飯事である市場より、めったにない例外である市場の方が、証券詐欺ははるかに実行しやすい。

カナダのパラドックスの存在は、ある種の不正行為の犯罪に特殊な経済的側面があることを示している。信頼――特に比較的匿名の市場取引以外まったく交流のない赤の他人同士の信頼――は、現代の産業経済の基礎である。そして近代経済の発達の歴史の大部分は、信頼を管理するテクノロジーと制度の発明と改良の歴史だ。言いかえると、ビジネス界を成り立たせている数多くの物事は、各国がギリシアではなくカナダのような国になろうとする継続的な意欲があるから存在するのだと理解すれば、いっそう納得がいく。

産業社会が発達するにつれて、人々はますます犠牲者になりやすくなる。アダム・スミスは『国富論』の中で、富は分業――たとえば一本のピンを作る工程は一八に分けられる――から生じると述べた。分業が進むと同時に、近代社会では信頼の分業も進んだ。それより前、人々がさまざまな大陸へ出かけて新世界を発見していた時代には、彼らは自分が未知の世界に足を踏み入れているのを知っていたが、ゲイジャーは新しい時代の最先端にいた。すでに彼は、物事を信頼して受け入れるのが当然の前提となっている階級の人間だった。ある提案が公的に提示されたという事実そのものが、その提案がおそらく合法的である印だと考えられた。二〇〇年近くたった今、ロンドンのシティにいるゲイジャーの同類たちは、自分でろくろを回して壺を造ったり、自分でズボンを縫ったりしないのと同じように、詐欺を疑って自分で物事を確かめる努力をしない。物事を確認する仕事の分業によって社会がますます利益を得るにしたがって、気づかないうちに詐欺に引っかかる可能性は高まる。ゲイジャーの場合は、海水の混じった沼に膝まで浸かるはめになった。LIBOR市場の何人かのディーラーの場合は、何かがおかしいと気づいたときには数十億ドルの損失にどっぷり浸かっていた。

❖——LIBORスキャンダル

数年分の後知恵をもって振り返ってみれば、LIBOR制度はつねに穴だらけだった。たいして高給取りではない英国銀行協会の数人の事務員が数十行の銀行に電話して、「たとえば一〇〇万ドルを［所定の通貨で］三〇日間借りて銀行間預金[★07]に入れるとしたら、返済はどれくらいになりそうですか」と尋ねる。提示された金利の最高値と最低値は除外され、残った数値の平均が算出されて、その通貨に対する「三〇日物ＬＩＢＯＲ」として記録される。このプロセスは三か月融資、六か月融資のほか、さまざまな期間の金利について繰り返され、決定された金利が公表される。あなたはその日の市況を記録した小さな表を手に取り、どの通貨を借りるか、どれくらいの期間その資金を使うかを判断できる。ＬＩＢＯＲは、パネル行［ＬＩＢＯＲ算出の基礎となる金利を提出する銀行］である一流銀行が、同様の借入金に対していくら金利を支払うかを知る目安となる。

銀行が行うほかのほとんどあらゆる業務にかかる時間と労力に比べれば、ＬＩＢＯＲ決定のプロセスにたいした手間はかからなかった。他の市場は好不調の波にもまれ、証券取引所は変貌し、コンピューターを使った超高速自動取引がそれに取って代わったが、その日のＬＩＢＯＲ金利は「クイックリングアラウンド（電話問い合わせ）」というやや不釣り合いな名前で呼ばれる手順でいまだに決定されていた。世界経済の数百兆ドル★08がひとつの数字に依存していること、その数字はそれを不正操作する大きな動機を持つ世界のほんの数十人の手に握られていることに、手遅れになるまで誰も気づかなかった。

二〇〇八年に米大手投資銀行のリーマン・ブラザーズが倒産した直後、銀行は不安にかられて実質的に銀行間の相互融資を停止し、すべてが崩壊した。市場は完全に冷え込んだが、ＬＩＢＯＲ電話問い合わせは続けられ、各銀行は「ある程度の金額を借り入れるなら、どれくらい金利を払うか」という質問に、もっぱら推論に基づいて返事をしていた。

各銀行が提出するレートは毎日公表されたので、ある銀行の借入コストを他の銀行がどう評価しているかを誰でも知ることができた。銀行の経営に問題がある場合、その明確な兆候は借入コスト、すなわち金利の上昇となって表れる。ＬＩＢＯＲ算出のために提出する金利は各行の経営の健全性を測る指標になるため、その日の最高値をつけるのはなんとしても避けたかった。当然のなりゆきとして、かなりの数の銀行がＬＩＢＯＲ金利を一種の虚偽広告として利用しはじめ、実際にはまったく借り入れができなくても、資金集めに苦労していないという見せかけを保つために故意に低く見積もった金利を提出した。こうしていくつかの銀行は実質的に、「従業員の皆さん、当行と株主の利益のために低めのＬＩＢＯＲ金利を提出してください」と通達する上級幹部署名入りの行内メッセージを出すようになった。あとから考えると、これはまったく愚かな行為だった。

当時わかっていたのはこれだけだった。ウォールストリートジャーナルには、ＬＩＢＯＲに関する記事が一度だけ掲載された。私はグラフつきのパワーポイントスライドを作成したが、二〇〇八年のデータは「やや仮定的」だったため、その年は空欄にした。規制当局は各行の代表者がＬＩＢＯＲデータ提出問題について話し合う「連絡会議」を開催し、会議の議事録をイングランド銀行のウェブサイトに公表さえした。継続的な犯罪が行われていること、それは詐欺と呼ばれる犯罪であることを誰も理解していないようだった。各銀行は、誰かを不利な契約に誘い込むために、共謀して（ＬＩＢＯＲパネル行に対して、それぞれの銀行の真の借入コストについて）嘘をついていた。十戒、すなわち最古の慣習法を振り返れば、聖書はこう言っている——偽証してはならない、と。実際、ＬＩＢＯＲ犯罪の大半が最終的に裁かれたのはこの点だった。一般大衆は専門家よりよほど早くこれに気づいていた。専門家はすでに傷ついた金融システムへの信頼に最後のとどめを刺しただけだ。それからおよそ一〇年間のポピュリスト政治の多くが、ＬＩＢＯＲ事件に端を発していると言える。

私はマドックス・ストリートでコーヒーを飲みながら、ＬＩＢＯＲ事件は商業詐欺について大切な教訓を私たちに教えていると考えた——他の犯罪と違って、商業犯罪には摘発の問題だけでなく、否定の問題があるということだ。被害者が犯罪行為に同意しているだけでなく、金や貴重なものを自発的に犯罪者に渡してしまうような犯罪行為は他に類を見ない。階層制度、身分の差、現代の経済を構成しているネットワークもまた、詐欺が起きているときにそれを見抜くのを妨げる強力な心理的障壁を作り上げる。ホワイトカラー犯罪を定義するひとつの要素は、その犯罪を行う人物である。その人物は、共同体の中で高い地位にあり、疑わしい場合はとりあえず信じるという原則の恩恵をおおいに受けている。

❖――信頼とその濫用

ＬＩＢＯＲ事件では直接人命が奪われなかったとはいえ、財政的損害はポヤイス国よりはるかに大きかった。このふたつの事件を結びつけているのは、制度そのものに盲点が組み込まれていたこと、すべてが崩壊し、首都があるはずの場所で人々が疫病の湧く沼の向こうに沈む太陽を見てはじめて、その盲点が見間違えようもなく明らかになったことである。ＬＩＢＯＲ市場や一九世紀の植民地制度のような経済制度を創造するときは常に、その制度にどんなチェック・アンド・バランスの仕組みを組み込むべきかを決める必要がある。何をチェックするかを決定すれば、何をチェックしないかもまた決定することになる。そして自分でチェックしないと決めたら、その部分は誰かを信頼するしかない。

そう考えると、すでに述べたようにホワイトカラーの幹部は「疑わしきは信じる」という原則の恩恵を受けているが、それは別に眉をひそめるようなことではなく、社会階級に関する不愉快な事実とみなすべきでもない。高信頼社会とはそういうものだ。カナダのような国を目指すということは、スーツを着た人間はたぶん嘘をつかないと考える国になるということを意味している。一九世紀にイギリスが到達したような社会を築きたいと思うなら、ときには存在しない国に数百人も入植者と投資家を送る可能性を受け入れなければならない。

言いかえると、詐欺はチェックと信頼のつり合いが取れたときに生じる均衡現象である。すべてをチェックすることはできないし、何もチェックしないわけにはいかない。そのため、経済社会が下さなければならない決断のひとつは、チェックにどの程度労力を費やすかである。この選択によって、どれくらい詐欺が発生するかが決まる。[★09] チェックには費用がかかり、信頼は利益をもたらすため、詐欺の最適水準はどうしてもゼロにはならない。

つまり、本書は信頼と裏切りについての本である。しかし、あらゆる種類の信頼でもなく、あらゆる種類の裏切りでもない。大衆文化において、詐欺師とは「信頼を利用して人をだます人間」であり、手品師と神話のトリックスター［秩序を破壊するいたずら者の神］の中間的存在である。詐欺師が主役の『スティング』や『ペテン師とサギ師　だまされてリビエラ』のような映画では、詐欺師は名心理学者で、被害者の欲望と視野の狭さにつけ込んで幻想の世界を作り出す。このような人間は（めったにいないが）確かに存在する。あとで何人か紹介するつもりだが、彼らは決してホワイトカラー犯罪の典型ではない。

興味深い問題は、個人の心理ではない。伝説的な詐欺師は数多くいる。しかし、不正会計で破綻したエンロンの元ＣＥＯジェフリー・スキリングや、ベアリングス銀行を破綻に追い込んだニック・リーソンのように、自分が引き起こした大惨事からしか利益が得られないような、恐ろしく無能な事務員や経営者もまた多いのは確かだ。本物の職人のような詐欺師にとってさえ、実際の過程はどうしようもなく単調だ。グレガー・マグレガーのような稀代の夢想家でさえ、農業生産高の一覧表の計算と土地の請求権に関する証拠書類の処理に多大な時間を費やした。ほとんどのホワイトカラー犯罪が成立する方法は、組織的な心理操作である。つまり、できるだけ正常な契約に見えるように取り繕うことだ。ドラマチックな場面は、あとですべてがバレたときにやってくる。

詐欺師は道徳的弱さや欲望、恐怖につけこむのではない。彼らはチェック・アンド・バランスのシステム、すなわち全般的な信頼を補うために設けられた監査プロセスの弱点を利用する。有名な大規模詐欺事件を見るたびに気づくのは、多くの場合、誰かひとりでもあらゆる事実をしっかり確認していれば、早い段階ですべてを食い止められただろうにということだ。★10

しかし、すべての事実を確認した人は誰もいなかった。それはあまりに膨大な作業で、とうていできなかったのだ。崩壊した金融制度が建て直され、逮捕者が出たあとでさえ、これは大きな問題として残っている。商業詐欺は起訴しにくいというのは法執行機関の決まり文句だ。多くの国々で、「複雑な詐欺裁判」から陪審員を除外しよう、あるいはそれらを扱う職務を刑事司法制度から外して、規制プロセスやそのほかの非司法プロセスに移管しようという提案がなされ、ときには法制化された。こうした動きがあるのは理解できる。詐欺師が起訴され、金融制度全体に対する信頼が維持されるのを人々が見届ける必要がある。しかし、一般大衆の意見を蚊帳の外に置くことは、最後の手段であるように私には思える。

じっくり検討すれば、いわゆる「複雑な詐欺裁判」に本当に難しい点はあまりない。根底にある犯罪は、しばしば驚くほど粗雑だ。誰かが不正を働き、ほかの誰かを犠牲にして金をもうける。ホワイトカラー犯罪の裁判が陪審員にとってやっかいなのは、裁判期間の長さと、正しい判決のために要求される詳細な資料の膨大さである。こうした裁判が長期化し、詳細な情報が求められるのは、理解するのが難しい問題があるからではない。あまりにたくさんの嘘つきがかかわっているために、裁判が長く難しくなるのである。ある事件に多数の嘘つきがいれば、彼らが嘘をついていることを証明するために時間と証拠が必要になる。

このような事態は、実際には刑事司法制度ではめったにない。大半の裁判では、証言台で嘘をつく者は数えるほどで、問題は被告がその犯罪を行ったかどうかという単純なものだ。詐欺裁判では、被告人は関連する行為の責任を否定するのではなく、しばしば犯罪そのものが行われておらず、すべてについて無実だと説明できると主張する。

この無実の説明を押し通すために、いかさまビジネスマン★11はいかさま弁護士、いかさま会計士、いかさま銀行家さえ雇う。重要書類はあいまいな書き方でぼかされるか、まったく発見できない。

そして有罪か無罪かは、当時そのビジネスマンが何を考えていたか——不運な取引が続いただけなのか、それとも窃盗の意図があったのか——の判断に委ねられる場合がある。詐欺事件における起訴の目標は、明白な枠組みの構築であり、争点となっているあらゆる取引をひとつのパターンに落とし込むことだ。通常、被告側の目標はひとつひとつの証拠を個別に見るよう主張し、膨大な量の矛盾する詳細の中にそのパターンを埋没させることである。

詐欺で告訴された人が全員有罪とはかぎらない。しかしホワイトカラー犯罪がどのように行われるかを理解したければ——自分自身を守るため、富を得るため、あるいはただ世界の仕組みを理解するために——検察官と同じように考える必要がある。金融詐欺は膨大な量の重複する資料と証人という形で目の前に現れるとしても、それらは基本的原則にしたがった単純な計画に沿って作られている。おおまかな流れから目を離さず、細かい点に足止めされないようにしなければならない。[★12] 雪崩のように押し寄せる書類に押しつぶされそうになったとしても、おそらく相手にしているのは基本的な四つの計略のうちのどれかだ。

❖——四種類のホワイトカラー犯罪

最も基本的なタイプの詐欺は、単純に借金をして返さないか、商品を買って代金を払わないことだ。[★13] 現代の経済では、ビジネスパーソンはお互いに相手が請求書の支払いをして、約束どおり商品が配達されるだろうと信頼せざるを得ない。この現実世界の商業の特徴は経済学の教科書では驚くほど無視されているが、間違いなく経済の基礎になっている。もしすべての契約が現金引換主義で行われていたら、ほとんどの産業は今とはまったく違う――ほとんど見る影もなく、現在の規模ではとうてい運営できない――状態になるだろう。本が出版されるまでのあらゆる段階――著者への前払いから印刷業者への支払い条件、小売店が売れ残りを返品する制度まで――は、資金が準備できた時点で支払われるように、取引相手同士が相互に掛売りをしなければ成立しない。

奇妙なことに、供給業者から顧客、あるいはその逆も含めて、取引相手のあいだで認められる掛売り（または掛買い）は、公的な統計では体系的に測定されない。しかし、理にかなった見積もりでは、銀行制度の果たす役割はそれほど大きくない――銀行ローンから直接融資を受けるのは、おそらく商業的な掛売りの一〇パーセント未満だ。意図的に掛買いを増やし、借金を踏み倒して逃げるのは、**「ロングファーム」**と呼ばれる詐欺の基本である。これは商業犯罪の初歩の手口だ。また、ロングファーム詐欺は、詐欺を告発して起訴する際の最大の難点を示している。詐欺が行われ、金が持ち逃げされたあとでさえ、詐欺目的で設立された詐欺会社はしばしば単に合法的な会社が破産しただけのように見える。ほかのほとんどの犯罪者と違って、ホワイトカラー犯罪の詐欺師は、正直な人々とまったく同じ基本的な行動をする。犯罪を構成するのは、だまそうとする意図の有無なのだ。

商業詐欺によって金を盗むもうひとつの手口は、所有権と価値を裏づける方法に対する信頼を悪用することだ。すべての書類がチェックされ、すべての所有権の主張が裏づけられ、すべての品質保証書が精査される社会では、取引相手をお互いにチェックしあうことでビジネス界の多大な時間と労力が浪費される。またもやそこに詐欺師のつけ入る隙が生まれる。何種類ものビジネスを遂行するには、書類を額面どおりに受け取り、書類が証明する内容は正しいと信頼するしかない。虚偽の主張を裏づける書類をでっちあげ、この信頼を悪用する行為は、「**偽造**」と呼ばれる。さまざまな信頼関係が相互に補完しあって商業に利益をもたらすのと同様に、さまざまな詐欺もまた、相互に補完しあう現象が見られる。たとえばロングファーム詐欺を実行するには、実際よりも財政的に健全だと見せかける書類を偽造する必要がある。

経済がより複雑になるにつれて、会社に資本を供給する機能と会社を経営する機能を分離する傾向が出てくる。そのような経済では、ある企業の実際の所有者と債権者が、彼らが雇った経営者のあらゆる行動を監視するのは一般的に不可能(あるいは少なくともきわめて非効率的)である。誰もがそうであるように、彼らは信頼に基づいて行動する必要がある。この信頼が「**コントロール詐欺**」を可能にする。コントロール詐欺は、犯罪者に金が引き出される方法が一般的に合法的であるという点で、より単純な詐欺と一線を画している——この詐欺では高給、ボーナス、ストックオプション、配当などの合法的な報酬が、架空の利益と実体のない資産に基づいて支給されるため、経営者は正直なビジネスパーソンよりはるかに高いリスクを取る傾向がある。

この犯罪は、少なくとも潜在的に仮定に基づく犯罪という点で独特である——もしも詐欺に使われた会社が利益を上げ、コントロール詐欺の犯人が高いリスクと引き換えに報酬を獲得すれば、被害者はだまされたことに気づかず、犯罪は存在しない。法律的に責任のあるひとりの人物が関与するのではなく、いくつかのゆがんだ「犯罪誘発的な」誘因が積み重なっていくつかの不正がばらばらに発生し、架空の利益、高いリスク、金銭の引き出しのメカニズムが生じる「**分散型コントロール詐欺**」が生じる可能性さえある。

最後に、最も抽象的なレベルの詐欺がある。これらの詐欺は個別の信頼関係ではなく、現代の経済を成り立たせている一般的な信頼のネットワークを悪用する。伝統的な観点から見れば実は犯罪でさえないたくさんの行為がある——それらは明白な、あるいは本質的な不正行為ではない。しかし、人々が自分はだまされないはずだと安心していられる方が、市場経済がうまく回っていくのを私たちは経験上理解している。たとえばカルテルやインサイダー取引集団は**市場犯罪**の例と言えるだろう。被害者は目に見える金額をだまし取られた特定の個人ではなく、市場そのものだ。市場犯罪は大きな利益になるが、市場の利用者が市場システムを機能させる掛売りをためらう原因になる。ほかのどの犯罪にもまして、この種の犯罪は月並みな犯罪というよりも、判断、地域的しきたり、慣行の問題である。ある地域の法であくどい市場犯罪と判断される行為が、別の地域では攻撃的だが合法的な慣行、また別の場所では優良な会社の典型と考えられる可能性もある。詐欺会社は明らかにモーセの十戒のうち「盗んではならない」に反し、偽造は「偽証してはならない」に背いている。しかし、「特定の非公開情報を手に入れて証券取引をしてはならない」という戒律はどこにあるだろうか。市場犯罪を調べると、現代の経済そのものの仕組みに関する根本的な疑問に突き当たる。また、最大の詐欺事件のいくつかにも出会う。市場犯罪は、独自の法的枠組みが必要になるほど大きくて重要な市場でのみ発生するため、被害総額はしばしば驚くほど莫大になる。

これらの詐欺の名称にこだわりすぎないでほしい――特に犯罪学の論文とぴったり一致すると期待してはいけない。この段階で関心があるのは細かい点よりもおおまかな仕組みと、どのような種類の信頼が裏切られたかである。詐欺の段階がひとつ上がるたびに、信頼は具体的なものから抽象的なものになる。ロングファーム詐欺について知れば、人を信頼していいかどうか不安になる。偽造は目に見える証拠への信頼を失わせる。コントロール詐欺は社会制度への信頼を揺るがせ、市場犯罪は社会そのものに疑いの目を向けさせる。四つの信頼がすべてそろわなければ現代の経済を動かすことはできないのだから、詐欺はじわじわと社会をむしばむ犯罪である。

❖——陽動作戦

本書はこんなふうに読んでほしい。私たちは有名な詐欺事件の顛末(そしてそれらの詐欺に悪用された基本的構造)と、現代社会を支える信頼のメカニズム(そしてそれを有名な詐欺師がどのように悪用したか)を交互に見ることになるだろう。商業詐欺は現代の経済の邪悪な双子の片割れだ。一方を理解すれば、もう一方を深く理解する助けになる。

本書を読み、不正行為をめぐる旅を終える頃には、詐欺がどのようにして行われるか、どのように会社と従業員が負うリスクを——完全に排除できないまでも——管理するかについて、よりよく理解できるようになるだろう。また、正当な商業システムがどのように機能するかについての有益な情報が得られる。人間の脳と同様に、市場経済は情報処理システムである。そして人間の脳と同様に、市場経済の隠れたメカニズムは、分解しなければよく見ることができない。神経科医が頭部外傷の影響を調べるように、通貨偽造者とネズミ講の研究によって、経済についてより深く学べる。

もちろん、本書を取扱説明書代わりに使うこともできる。本書には、人をだます方法を理解するために、多数のケーススタディと概要が含まれている。しかし、ひとつだけ覚えておいてほしい。本書に登場するほとんどすべての詐欺師は逮捕されている。逮捕前は華やかなライフスタイルを楽しんでいた人もいる。しかし、ついに悪事がバレたとき、多くの詐欺師は苦しくストレスの多い仕事がやっと終わってうれし涙を流した。どんな詐欺だろうと、そこに注ぎ込まれた時間、労力、商業上の洞察力を何か有意義な仕事に使っていれば、ほぼ例外なくもっと有効に活用できたはずである。

ほぼ例外なく。

★01――あらゆるトレーダーが利用する情報端末ブルームバーグは、五万ドルの年間使用料でニュースと金融データを提供するサーバーであり、株価の表示、ニュースの送信だけでなく、チャットルーム機能がある。一〇歳から一二歳の少女たちがインスタグラムに夢中なように、金融市場の専門家はチャットに没頭している。この媒体で不正行為について話せば、当局の仕事を楽にするだけだということを彼らの多くはわかっていなかった。

★02――グイエ、あるいはモーガー。この名前はこのエピソードに由来する訴訟記録に出てくるだけで、そのとき彼はもうイギリスに住んでいなかった(先に言っておくと、この物語は彼にとってハッピーエンドではない)。私が「ゲイジャー」を採用したのは、それが一番ユグノー[カルヴァン派の新教徒]らしい名前で、いかにも銀行員にふさわしいからだ。

★03――彼の正式の称号はミスター・グレガー・マグレガーである。ナイト爵は半島戦争中に授与されたポルトガルの勲章を指すもので、カシークの称号と同様にインチキだ。正真正銘スコットランド氏族の一員で、貴族の末裔だったが、唯一手にした称号は軍事的なもの——英国陸軍大尉(上官への不服従で辞任させられた)と、傭兵として軍務についたベネズエラ軍とコロンビア軍でいろいろな呼び方で与えられた大佐から大将までのさまざまな肩書である。「大将」にそれほど大きな意味はない——南米解放の父シモン・ボリバルとその先駆者フランシスコ・デ・ミランダは、財政が厳しいときは給与の代わりに気前よく昇進させる傾向があった。

★04——話はこれよりもっと複雑である。実際にはおそらくマグレガーは数多くの優遇措置や実在しないポヤイス経済の賃金を担保にした前金を入植者に提供したため、土地を売った利益が底をつき、ソブリン債で調達した資金で損失を一部埋め合わせるつもりだったと思われる。同時代の人々にとっても、私たちの後知恵をもってしても、彼が自分のしていることをどう思っていたのかは完全にはわからない。

★05——これ自体もまた、見た目ほどおかしな話ではない。部族社会は土地を取引し、外国人の土地プロモーターに部族社会の高貴な身分か、それに相当する地位を与えることがたまにあった。土地を売る権利は土地所有者の重要な利益のひとつであり、土地の登記制度と裁判所を備えた発達した社会が存在しない場所では、ときには奇妙な慣行が必要になる。この種の配慮が、たとえばニュージーランドの先住民族マオリ族と植民者のあいだで合意されたワイタンギ条約を締結する重要な理由のひとつだった。土地の財産権は族長にあり、マオリ族と入植者のあいだで取り交わされる契約は制定法(当時はニューサウスウェールズの)によって管理されると明確に規定することで、たまたま通りかかった狡猾な探検家がマオリ族の小さな家族集団と広範囲な土地の「売却」協定を結び、植民地政府に彼らの権利の保護を求めるという、次第に深刻化しつつあった問題に対処する目的があった。

★06——これはカナダ人に対して公平な見解ではないかもしれない。この種の詐欺は実際に他の国々よりカナダで横行しているのだろうか？　犯罪としての詐欺の定義、発見、分類に関する犯罪学的、統計学的な出版物を見ても、この問いに適切な答えを出すのは無理だと言わざるをえない。しかしカナダ、そしてとりわけカナダの証券取引所が世間から信用されているのは確かだ。

★07――ひとつの銀行から他行への短期ローン。ある銀行から顧客が金を借り、それを別の銀行の口座に入金する際の不便な習慣が原因で、銀行は常に過剰な顧客預金を抱えるか、資金不足になる。銀行は「ロンドン銀行間」市場で「銀行間取引金利」に基づいて相互に貸し借りを行って、この問題を解決している。

★08――そう、数百兆ドルだ。「短期金利の基準」としてのLIBORは信じられないほど使い勝手がよかったので、数多くの変動金利ローンの業界標準指標になった。

★09――しかし、詐欺はおそらくあまり予測可能ではない。詐欺対策は入力量と出力量のあいだに明白な関係があるソーセージ製造機や力織機のようなものではないし、詐欺師にも彼らなりの決断がある。しかし、実際に私たちに必要なのは、コントロールを強化すれば詐欺が減るというおおまかな関係と、人々は自分たちにとって有益で、長期的安定と全体的な制度の存続可能性を保証する決断をするだろうというおおまかな予測である。

★10――もうひとつ繰り返し明らかになることだが、大きな商業詐欺を働いた人物が初犯だったケースはめったにない。本書に登場する悪党の驚くほど多くが、過去に悪事を暴かれ、刑期を務めたあとでさえ、ふたたび信頼される地位についている。グレガー・マグレガー「卿」はかつてフロリダ沖のスペイン領だったアメリア島でもうひとつの土地と通貨の詐欺を働いていた。

★11――代名詞に関する注。本書ではほとんどの場合、代名詞は性別を示さない一般的な「彼ら」などを使っている。しかし、商業詐欺は圧倒的に男性の領域であるという事実は見逃せない。商業詐欺は企業経営の構造的な男性優位と犯罪の構造的な男性優位の交点に立っている。ペテン師と被害者の両方を包括的に「彼」と呼称する方がはるかに理にかなっていると感じる場合もある。

★12――なんとかして詳細を省こうと苦労しているときには、脚注の中で「事実はそれより複雑だ」と認めるときがある。

★13——「ありもしないものを売るのは悪いが、それよりもっと悪いのは、ものを買って、金を払わんことだって」とグルーバーさんは『パディントン妙技公開』(マイケル・ボンド著、松岡享子訳、福音館書店)で言っている。この本の「パディントン株を買う」という章で描かれる証券プロモーション詐欺の説明は実に正確で細かく書かれているので、この問題を知るためのとてもすぐれた入門書になる。

第一章 基本原則

ビジネスとしての犯罪の目的は富を手に入れることである。これを実現するには大きく分けてふたつの方法がある。所有者の許可なく奪うこと、あるいはあとから所有者がそれを取り戻したいと思うかもしれないとしても、所有者を言いくるめて自発的に手放させることだ。前者は人々が「犯罪」と考える行為の大半を占めているが、そんなことで遠慮する必要はない。どちらかなんてわかるわけがない。破壊された金庫を、会計士がかんしゃくを起こした金庫と同じだと言い張ることはできない。

——レスリー・ペイン著、『兄弟——クレイ兄弟と過ごした日々 The Brotherhood: My Life with the Krays』

双子のクレイ兄弟とスウィンギング・ロンドン［若者文化が開花した一九五〇年代から六〇年代のロンドン］の暗黒街をテーマにした中予算イギリス映画は何十本もあるが、そのどれを見ても、最大の見せ場はいつもレジー（レジナルド）・クレイによるジャック・「ザ・ハット」・マクビティ殺害である。ホワイトチャペルのブラインドベガーパブで起きたジョージ・コーネル射殺事件とともに、マクビティ殺害はクレイ兄弟の伝説の基盤のひとつだ。そう考えると、動機を知る人がほとんどいないのは不思議だ。実際、レジーはマクビティが五〇〇ポンドで請け負った殺人の契約を実行しそこなったせいで腹を立てていた。マクビティはクレイ兄弟が雇った会計士、レスリー・ペインの殺害を依頼されていたのである。レスリーは初歩的な商業詐欺のいい教師になる。彼はさまざまなペテンの首謀者だった。どれも理解しやすい規模で、大半はわかりやすい方法だった。高級紳士服店が集まるサヴィル・ロウの仕立屋のように、レスリーは物事に余計な装飾をつけず、シンプルで典型的な状態にしておくのが好きだった。

クレイ兄弟がレスリーを殺したかったのは、彼が自分たちを警察に売るつもりだと思ったからだ。その読みは正しかった。レスリーは兄弟を密告してから身を隠し、倫理的には破綻しているが読みごたえのある自伝を執筆した。その本には彼らの帝国の資金源となる詐欺をどのように実行したかがこと細かに書かれていた。★01 クレイ兄弟がパブで開く「取締役会」についてレスリー自身が語ったところによると、毎週の悪事から得る平均的な取り分は現金でおよそ二〇〇〇ポンドで、そのうち強盗の戦利品はせいぜい四分の一だった。残りはギャンブルクラブから受け取る用心棒代と、レスリーの得意わざ――「詐欺会社」からの収入である。

レスリーはクレイ兄弟の会計士だったが、彼らの犯罪シンジケートの帳簿をつけていたわけではない――レジー・クレイは自分で帳簿をつけた。レスリーがやめてくれと懇願したにもかかわらず、自分で買った高価な台帳に「ウォルサムストウのクラブから用心棒代――三〇ポンド」、「ダルストン警察へ賄賂――四〇ポンド」などと書き込んだ。レスリー・ペインは本業は会計士で、クレイ兄弟のもとで働き、卓越したビジネスの才能を駆使して繁栄した正当な会社という幻想を取りつくろい、企業間信用を手に入れた。

❖――支払い条件と企業間信用

駅のホームでサンドイッチを売る場合、昼食時になればサンドイッチ代として現金が手に入るが、パンとチーズは朝買っておく必要がある。銀行から融資を受けて食材を買ってもいいが、普通は食料品供給業者にパンとチーズの掛売りを頼む。一般的にほとんどどんな業界でも、取引相手になる顧客は原材料を買う現金を手に入れる前に商品を作って売る必要があり、この隔たりを埋めるには、金融システムより供給業者の掛売りの方が適していると考えられている。

掛売りがこれほど普及しているのはなぜだろうか。それは便利だからだ。優秀な頭脳のゆえにペイン・ザ・ブレインとあだ名されたレスリー・ペインはこう語っている。「すべての契約が現金でなされ、前払いも後払いもない商業システムを想像することはできるが……それは火をつけようとするたびにシャベル一杯分の石炭を買いに行かなければならないということだ」。

第一に、掛売りなら比較的安く供給できる。掛売りができず、顧客が資金を集めるまで商品を納められない場合に比べて、商品を倉庫から顧客の倉庫へ移動させれば節約ができる。焼き立てのパンなどのように保存期間が短い場合は特にそうだ。第二に、そして第一の点にも関連しているが、掛売りによって販売が促進できる。「支払い期間つき」取引ができるようになれば、手持ちの現金がある相手だけにかぎらず、スタートアップ企業や、たまたまその週だけ現金が不足している顧客にも売ることができる。最後に、供給業者が直面する信用リスクは銀行よりいくらか低い。なぜなら、供給業者は顧客の注文状況を見て、顧客の会社の最新の状態をつかんでいるからである。また、パンとチーズを掛売りで提供する場合、その取引が食材を購入するためなのは明らかだからだ――現金を貸す銀行は、そのローンが意図した目的以外に使われるリスクを抱えている。

支払い期間は「満期日」までの長さであり、支払い期間に利子を請求する慣行も場合によって異なる。支払いは代金引換、「納品後七日以内払い」、「三〇日以内」、「九〇日以内」などの方法で請求される。九〇日を超える場合、「支払い期間」ではなく「ベンダー・ファイナンス」と呼ばれることが多く、この言葉は正式な融資文書によく見られる。ベンダー・ファイナンスはコンピューターサーバーやジェットエンジンなどの高価な資本設備に対して提供され、期間は数年にわたる場合がある。

しかし、期間をどう設定しようと、支払わなければならない時期は必ず来る。その日に支払いがされなければ、供給業者は商品またはサービスを提供したにもかかわらず、それらを普通に紛失したか、窃盗にあったかのように、代金を受け取れないままになる。掛売りで商品やサービスを手に入れておいて支払いをしないのは窃盗であり、それがロングファーム詐欺の本質である。

誰がこのリスクを負うのだろうか。もちろん、誰しも管理すべきキャッシュフローの問題を抱えている。支払いを受ける立場なら誰もが前払いを希望し、供給業者に対しては掛売りを望む。誰が誰からどんな支払い条件を与えられるかは、常に複雑な問題であり、交渉力と需要と競争のパターンを反映している。支払条件のパターンを見れば、「ファイブフォース分析」［業界の収益性に影響を与える五つの要因を分析し、自社の収益性を判断する手法］やＳＷＯＴ分析［自社の強み、弱み、機会、脅威を分析する手法］よりもずっと明確にその業界の構造を知ることができる。

支払い条件と同様に返済を先延ばしにする方法がもうひとつある。かつてレスリーとその一味はその方法を利用したが、現代では同じことをするのは難しい。それは小切手を使うための事務処理に時間がかかるという理由で、銀行システムによって設けられた支払い猶予期間である。特に小切手が外国の銀行、または非効率的なビジネス慣行のある小さな銀行で現金化される場合には、かなりの日数を要する可能性があり、どれくらい長くかかるかは、価値のない紙きれをつかまされた詐欺被害者には必ずしもわからない。「空手形を切る」(小切手の支払いができる十分な残高がなく、当座貸越契約が設定されていない銀行口座で小切手を書く)ことは、かつては短期無利子ローンを得る方法であり、あとで債務不履行に陥る場合もあった。この種の小切手詐欺はたいてい苦しまぎれの軽犯罪である(自分の名前と住所を被害者に教える必要があるため、窃盗の手口として明らかに不利だ)。しかし、リスクを取るのを恐れない共謀者と手を組めば、小切手帳を短期間に使い切って大もうけできた。

❖――与信管理

レスリー・ペインの典型的な手口はどんなものだったのだろうか？　彼は自著の中で決算報告書の細目にいたるまで細かすぎるほど詳しく語り、見習いたい人間なら大喜びで使いそうな手紙の見本まで載せている。その仕組みは現代の経済のふたつの重要な特性――与信管理と破産制度を中心に作られている。

企業が破産するとき、最大の債権者は多くの場合供給業者であり、大口顧客が支払い不能になると、結果として生じる損失はしばしば供給業者も引きずり倒す。したがって会社は「売掛金」管理業務の一環として「与信管理者」を置く必要がある。与信管理機能は堅苦しいものでなくていい——たとえば新しく開店したレストランは仕入れた魚[★02]と引き換えに代金を支払わなければならないが、支払い実績を積み重ねるにつれて、支払い期間は延長される。大企業には正式な信用照会を行って審査する完全な与信管理部門を置いているところもある。あるいは売掛金部門は信用評価機関に依頼するかもしれない。具体的な形はどうあれ、営業部からは嫌われ、「忌々しい否定屋」、「最高営業妨害責任者」などとあだ名される人物がほとんどいつも存在している。この人物こそペテン師が克服しなければならない最大の障害となる。

レスリーが最初にしたのは、数名の愚か者を採用することだった。クレイ一味の仲間なら、そういう人間はたいてい手近にいくらでもいたし、取締役として彼らの名前を使えれば十分だった。銀行や供給業者との会合のあいだ、スーツとネクタイを着用して一か所に座っていられる能力は、不可欠ではないとしても、望ましかった。それ以外の点では、何も知らなければ知らないほど都合がよかった。代表者になる愚か者が銀行に連れていかれ、クレイ兄弟が所有する倉庫を拠点として開く新しい衣料品小売業の運転資金を借りるためにローン契約にサインする手はずだった。続いてレスリーが印刷所に行き、新しく創立された五、六社の名前で新しい社用便箋のレターヘッドを注文した。

これらの会社のひとつ――仮にＸ＆Ｙ社とする――が、「レジティメット・トレーディング社」などの評判のいい衣料品卸売業者に数百ポンド分のさまざまな色の伸縮性のあるナイロン生地を発注する。取引を開始するにあたって、Ｘ＆Ｙ社はこの卸売業者に手紙を送り、レジティメット社と長いあいだ取引関係にあるＡ＆Ｂ社[★03]を照会先として教える。レジティメット・トレーディング社が問い合わせをすると、案の定、Ａ＆Ｂ社から、Ｘ＆Ｙ社は非常に評判のいい会社で、役員たちは堅実で信頼できる人物だという回答が届く。Ａ＆Ｂ社とＸ＆Ｙ社はどちらも最終的にレスリーにコントロールされているため、最初の手紙も照会に対する回答も、両方とも書いたのはレスリーである。

Ｘ＆Ｙ社は供給業者のあいだでいい評判を築きつつ、顧客相手に高い評価を得る。同社はナイロン生地を通常の卸売価格の二五パーセント引きで売ったにもかかわらず、卸売価格の五パーセント増しで販売したことを示す領収書を発行して、取引先の課税所得を実際より少なく見せて、不正な金が取引先の購買部長、または彼らとＸ＆Ｙ社の両方に渡るようにする。Ｘ＆Ｙ社がこうした行為をする理由は単純だ――成長を続け、ますます多くの供給業者から一定期間の支払い猶予を得るために現金が必要だからである。およそ六か月間、同社はすべての請求書に速やかに支払いをした。レスリーが言ったとおり、「決算報告書には傷ひとつなく、銀行経由のキャッシュフローは見事というほかはない——この新興企業は誰にとっても垂涎の的だ」。

この時点でX&Y社が大量の発注をしたとして、ストップをかけようとする与信管理者がいるだろうか。安売りとレスリー・ペインが手に入れた金をごまかすために、同社は半年のあいだ毎月企業間信用の総額を倍増し続ける。こうしてX&Y社は一〇〇〇ポンド前後の試験的な注文からはじめて、半年後には六万ポンド分の伸縮性のあるナイロン製生地を掛買いし、それを四万五〇〇〇ポンドで売って、次の段階に進む。X&Y社(そしておそらくA&B社、C&D社、E&F社、G&H社もすべてが同じことをして、お互いに信用照会先になっていた)は、まもなく破産を宣告されるだろう。

❖——破産

「破産」と「倒産」は厳密には同じではない。倒産とは借金があって、それを返済できない状態になったという意味だ。破産は、倒産[★04]した会社の債務を処理する法的手続きに入ったという明確な意味がある。

これまでずっとそうだったわけではない。債務の歴史の中で、長いあいだ破産法のようなものはなく、法律では——ときおりすべての借金が帳消しになる「ジュビリー[記念祭の意]」が話題になる場合をのぞいて——借りた人は返せる分を返さなければならず、借金は決して消滅しなかった。

古代の社会では、債務不履行に陥った債務者は市民権を剝奪され、債権者のために奴隷として売られる可能性があった（アテネは借金と引き換えに奴隷になる期間を五年に制限した点で、寛大だと考えられていた）。『ベニスの商人』でシャイロックに要求された契約は極端な例で、一ポンドの肉は比喩だとしても、根底にある現実を反映していた。一九世紀になってもまだ債務者監獄というものがあった。しかし、時代が進んで借金が経済の中心を占めるようになると、このやり方は次第に不公平で非効率的だと考えられるようになり、法は債務者に要求できることには限界があると人々が納得する方法を提供しなければならなくなった。

次に破産法に加えられた大きな改革は、「有限責任」の考え方だ。海運の世界から次第に取り入れられ、一九世紀半ばまでにアングロサクソンの商業法に定着した。会社は創立した人々から独立して存在し、創立者の名前ではなく、会社自身の名前で債務を（数ある法的義務の中でも特に）負うことが認められる。責任が「有限」なのは、あなたが所有する会社が破産しても、明確な保証契約書にサインしていないかぎり、債権者はあなたに損失の返済を要求できないからである。当然ながら、この法的概念は誕生するやいなや詐欺師に悪用されはじめた。

経済学者、会計士、弁護士は、学術的な意味は別として、支払い不能には二種類あるという点で意見が一致している。返済期限になっても支払いができない場合、それは「商業上の支払い不能」（または「法的支払い不能」もしくは「キャッシュフロー支払い不能」）である。支払いを受ける予定だった人は、この時点で裁判所に債務者の破産宣告をさせる申し立てをする権利がある。一方、負債が総資産額★05を上回っている場合、その会社は「技術的支払い不能」(または「事実上の支払い不能」もしくは「貸借対照表上の支払い不能」)である。ふたつの概念は必ずしももう一方の意味を含まない。価値のある資産をたくさん所有しているにもかかわらず、キャッシュフロー支払い不能に陥るケースは珍しくない。

しかし、現在最もよく見られるケースに当てはまるのは、正反対の可能性である。資産をはるかに上回る負債を抱えているが、支払いのめどが立たない債務の支払期日がまだ来ていないため、法的支払い不能になっていない会社である。借金をどんどん増やし、破産時に債権者がこうむる最終的な損失をますます大きくした場合、それは「不当取引」と呼ばれる。また、これはロングファーム詐欺の手口にもよく似ている。だからあなたが破産した会社の責任者だったとしたら、捜査されるのを覚悟した方がいい。また、しばらく別の会社の役員に就任することはできないだろう(レスリー・ペインが別の人間を取締役にしようとしたのはそのためだ)。

A&B社(そしてほかの多くの同類の会社)の破産手続きに関して言うと、債権者が取り戻せる金は普通、ほとんどない。レジティメット・トレーディング社などの供給業者は商業的損失を被らざるを得ない。五、六社の詐欺会社を同時に設立し、破産させることによって、レスリーは取締役の椅子に座らせた数名の無能な人間たちを最大限に利用できた。一方で、彼らが不当取引の告発から身を守れる可能性はほとんどなく、哀れな愚か者が刑務所行きになるのはほぼ間違いなかった。しかし、ギャングとつきあうならそのくらいは覚悟しなければならない。彼らの中で警察に密告した者は誰もいなかった。[★06]

❖――担保とザ・ゴールデンブーズ

レスリーの詐欺のすべてに倉庫の所有権がからんでいたとか、最後にすべてを終わらせるために火事や強盗の手を借りる必要があったわけではない。彼もどちらかといえばホワイトカラー犯罪にかかわり、治安の悪いイースト・エンドだけでなく、ロンドンの金融の中心地シティでも金を引き出した。「分割払い詐欺」と「保険金詐欺」もまた、クレイ兄弟[★07]とその切れ者の仲間にとっては手堅い金もうけの手段だった。

分割払い詐欺はそれほど高度な手法ではなかった――本質的に、これは偽の担保を利用する詐欺で、昔からよくある手口だ。レスリー・ペインより一五〇年早く、歴史的に数少ない真に有名な女性詐欺師のひとりが宿屋を相手にこの種の詐欺を働いた。ザ・ゴールデンブーズ詐欺と呼ばれるその手口は、宿代は出発時に支払うという単純な慣習と、宿代の踏み倒しを防ぐために宿屋の主人が好んで使う防衛手段によって得られる大きな「企業間信用」を悪用している。

たとえばあなたがひと晩ボストンのホテルに泊まれば、すべての客室で州法が定めた警告を目にするだろう。それは宿泊客に、「荷物を残しておくと見せかけて信用させる」行為は犯罪だと告げている。それが州法になったのは、貴重品が詰まったトランクをわざと宿屋の主人に預けて信用させ、宿代をためてから夜逃げし、トランクを開けてみればただの石やぼろきれだったという事件があったからだ。★08 最も有名な「見せかけ」を実行した女性客はバーバラ・エルニというリヒテンシュタインの悪女で、赤みがかった金髪から「ゴールデンブーズ」の異名を取った。

ゴールデンブーズは並外れて大きくて重いトランクを持ってドイツ・アルプス南部周辺を旅行した（バーバラ・エルニは髪の色だけでなく、怪力でも有名だった）。最高級のホテルに泊まり、飲んだり食べたりしてホテルの請求額はどんどんかさんだが、トランクには貴重品と宝石がぎっしり入っていると聞かされて、ホテルの経営者は安心していた――実際にとても貴重なものだからと言って、彼女は毎晩トランクをホテルの一番安全な部屋に保管させていた。しかし、ある日の午後、彼女は突然行方をくらまし、トランクを開けてみれば石やがらくたで一杯どころか、たいていからっぽだった。バーバラ・エルニはこのありふれた詐欺にひと工夫して、子供か小柄な男（諸説ある）をトランクに潜ませ、この男が夜中にトランクからはい出して、部屋の中の貴重品をいただいて逃げたのである。ゴールデンブーズと相棒の男は安全な場所まで逃げてから合流し、盗んだお宝の一部を使って新しいトランクを買った。彼女は一七八四年に捕まって斬首された――リヒテンシュタインで処刑された最後の人物になった——が、その数奇な人生は語り伝えられ、故郷のエッシェンに「ゴールデンブーズ通り」の名を残した。

リヒテンシュタインの宿屋の主人が思ったように、客の貴重品を預かる(つまり担保を取る)ことによって、会社や個人へのローンがはるかに容易になる。貸し手はふたつの点でリスクを減らすことができる。第一に、人の品性を見ぬくより、物の品質を見きわめる方が簡単なので、借り手の支払い能力と支払い意欲が最大のリスクとなる場合よりも、担保が最大のリスクである方が管理しやすい。第二に、担保が貸付金額より高価なら、借り手は支払いを怠れば、借金を踏み倒すより大きな損失をこうむる。だから借り手は必ず返済しようとするだろう。最も確実なのは、借り手が住んでいる家を差し押さえる法的権利を定めることだ。そういうわけで、一番安全な信用取引の形式は抵当権付き住宅ローンである。銀行家のあいだでは、こんな言い回しがある。

住宅ローン担当は能天気
何があろうと
損はしない

担保は信頼の代用品だ。しかし、借り手が債務不履行に陥ったとき、担保の所有権を手に入れて、それを実際に「現金化」するには強力な法制度が必要になる。担保に関する法律は複雑きわまりないので、弁護士が銀行家に送る請求書の大部分は、「担保権の実行」とか「担保権の設定」といったあいまいな言葉で表される手続きに対する報酬で占められている。

しかし、担保自体に問題がある――担保が存在しなかったり、石ころの詰まったスーツケースだったり、同じ物が複数の債権者に担保として設定されていたりする――場合はさらに複雑だ。あなたが信頼した人がその信頼を組織的に悪用すれば、どれほど強力な法制度も助けにはならないだろう。信頼を悪用する者はいる。それで生計を立てている者もいるのである。

❖――分割払い詐欺と保険金詐欺

レスリー・ペインによる担保詐欺の中に、自動車の分割払い購入契約を利用した手口がある。ヨーロッパに行って、かなり古い中古のメルセデスを買ったとしよう。それをロンドンの自動車販売店に持ち込み、イギリスで再登録する。そうすれば現在の年が記入された新しい点検記録簿が手に入るので、この二五〇ポンドの中古車は、書類上では二〇〇〇ポンドの新車と区別がつかなくなる。それをクレイ兄弟の手下に無料で与えて、ぴったり二〇〇〇ポンドの分割払い購入契約にサインさせる。自動車販売店はこの分割払い購入契約を額面に近い金額で金融会社に売ることができる。この金融会社は最初の二、三回は支払いを受けるが、その後は分割払い契約者からの支払いは途絶え、差し押さえた自動車はほとんど二束三文だと知って呆然とする。

レスリーは事故で大破した車を五〇ポンドで購入でき、分割払い契約を扱う金融会社はその事故が契約成立前に起きたと必ずしも証明できないと知って、分割払い詐欺の利益をもっと増やす新しい手口を考えついた。分割払い詐欺で金融会社をだまし、車の購入金額の補償を保険会社に請求すれば、両方から金を引き出せるうまい話になりそうだった。これをきっかけに、彼は保険業界そのものについて陰謀をめぐらせるようになった。

保険金詐欺の考え方は単純だ――ペイン・ザ・ブレイン保険会社★09を設立し、自動車保険証書と引き換えに多額の保険料を徴収し、その金をオフショア口座［預金者の居住国外にある銀行が非居住者向けに提供する口座］に送って、保険金の支払い請求が届きはじめる前に姿を消す。ひとつだけ障害があった――この詐欺は非常に見え透いていて、保険業界そのものと同じくらい歴史の古い手口なので、当局は保険会社の設立許可を与える人物を厳しく審査する傾向があった。保険会社を設立するには、銀行に十分な資金があることを証明しなければならないのである。

幸いなことに、銀行規制当局はそれほどうるさくなかった。ロンドンに銀行を設立するには面倒な手続きが必要で、犯罪歴と共同経営者がギャングの一員でないかどうかをしつこく調べられる。しかしカリブ海諸島では、コーヒーショップに「銀行」の看板を掲げても問題ないし、地元の登記係はあなたをバハマ・ヨーロピアン・エクスチェンジ銀行[★10]のオーナーとして喜んで登録するだろう。次にこのバハマの銀行がロンドン支店を開設する。ロンドン支店の役員は英商務庁に、あなたが十分な資産を所有していると証言する。[★11] こうなれば詐欺は一気に進行する。レスリー・ペインが悪用したあらゆる抜け穴の中で、のちに塞がれた抜け穴はこれだけだった。

❖——罰せられない犯罪

いくつかの怪しげな商取引、そしてアメリカのマフィアと手を結ぼうとして失敗した計画をめぐって、レスリーとクレイ兄弟は対立した。兄弟は一度だけジャック・「ザ・ハット」・マクビティに命じてレスリーを殺害しようとした。翌年、兄弟は殺人罪で起訴され、ギャング一味の基盤はぐらつきはじめた。その最大の要因は、レスリーが一味から足を洗って合法的な仕事に鞍替えするのと引き換えに、警察に情報を提供したことだ。レスリーは一九九〇年にクロイドンで安らかに息を引き取った。彼が犯罪から手を引いたことは、自分の詐欺会社のひとつが終わったときの描写に反映されている。

実際に会社が崩壊するときは、当然ながら少しも劇的なところはない。社員が仕事に来なくなるだけだ。何人かの製造業者の代理人がドアを叩いては首をかしげて去っていき、数日たってはじめて会社がもう存在しないことに気づく。そうなってからできることはほとんどない。ブロッグズ［表向きの代表者］は会計士、銀行の支店長、彼に品物を売った会社の代表に顔を覚えられているかもしれないが、たぶん彼はマンチェスター出身で、とっくにそこに逃げ帰っただろう。本名も何もわからない。倉庫で働く従業員は「ほかの誰かに負けず劣らず驚いている」――彼らの居所が突き止められたらの話だが。

レスリー・ペインは詐欺会社にかかわった多くの男たちよりうまく立ち回った。どうにかこうにか罰を免れ――中央刑事裁判所《オールド・ベイリー》にしばしば呼び出されても、常に正面階段から裁判所を出た。彼は詐欺のやめどきを心得ていたし、必ずほかの誰かが責任を負うように仕向けた。詐欺師の自伝にしては、彼の本は自分を憐れむ★12描写は短く、具体的な詳細を書いた部分が長い。しかしレスリーは、実際のところ小物にすぎなかった。新聞の一面を飾り、ときには経済全般に影響を与えるような大きな商業詐欺は、ロングファーム詐欺の世界でさえもっと大がかりになる傾向があった。

★01――この本には弁護士と協力のもとで執筆され、おそらく編集者の要求にしたがって追加されたであろうあまり面白みのない最終章が含まれている。その章でレスリーは自分がどのように更生したかを語り、今後同様の犯罪が起きるのを防ぐために会社法をどのように改正すべきかについて、驚くほど賢明な提案をしている。

★02――シェフで作家でもあるアンソニー・ボーディンはこう言っている。「自分の事業の可能性に少しでも不安があれば、魚の供給業者に聞いてみるといい。たぶんあなた自身よりよくわかっているはずだ。あなたは大損しても平気かもしれないが、彼はそういうわけにいかないのだ」

★03――これらはレスリーがうまく逃げおおせた実際の詐欺をあいまいに語るために、教育目的で書かれた章の中で使用した偽名である。教室で学生相手に語るような雰囲気は、すべてが裁判で明るみに出たときにA&Bの社長が自殺したという無造作なひとことで台無しになった。

★04――この区別は、詐欺の多くのケースでは大差ないとしても、場合によって重要な意味を持つ。主権国家は国家予算の赤字を埋める資金を調達するため、世界最大の債務者に名を連ねている。国家も債務不履行に陥る可能性があるが、国家を統治する超国家的な法は存在しないため、国家が破産する可能性はない。投資家が主権国家を告訴し、ときにはその国の海外資産を差し押さえることさえできる断片的な法体系はいくつか存在する。しかし、明確に定義された適切な国家の破産の法的手続きはない。それでは弁護士の仕事は増えるどころか減るのではないかと考える人がいるとしたら、弁護士という人種がよくわかっていないのである。

★05――これについてもう少し言えば、負債が資産を上回っていても利益が出ている会社は、支払い可能な会社としてふるまい、正当な法にかなった方法で支払い能力を取り戻すことさえできる。経済学者はこの問題を、「利益の出る会社を経営できる能力」が価値であり、それは資産とみなされると述べて片づけ、会計士は肩をすくめて、世の中には技術的債務不履行よりもっと悪いものがあると言ってすませる。

★06――レスリーは密告した。

★07——クレイ一味が当時の金融システムを悪用したもうひとつの方法は、単純に株券と債券を盗むことだった。当時の金融商品は紙の形で取引され、普通は合法的所有者が登録されていたが、その手続きは非効率的だったので、たいてい証券や債券を持っている人が正当な所有者として扱われた。レスリーは国際債券市場と来歴の疑わしい石油会社にどっぷりかかわり、その仕事で彼が雇った素性の怪しい屈強な男たちを引き連れて頻繁にナイジェリアに飛ばなければならなかったようだ。

★08——イギリスのコメディ番組『フォルティ・タワーズ』にこれと同じ手を使ったエピソードがある。その話では偽者の「メルベリー卿」がレンガを詰めたスーツケースをホテルのオーナー、バジル・フォルティの金庫に預けて、彼から一〇〇ポンドの借金をする。

★09——彼が実際にこの会社名を使ったわけではない。

★10——これは本当に使われた名称である。

★11——実際には(ロンドン支店を経営するために、ギャングではなく犯罪歴のない行員を雇わなくてはならないので)、あなたはバハマを出て取締役会を開き、あなたの銀行があなたに融資し、融資した金をロンドン支店のあなたの口座に移動することを承認する必要がある。どちらにしても同じことだ。

★12——ほかの誰かに対する同情も短い。人生をめちゃめちゃにされ、自殺を図った被害者についでのように触れた部分を除けば、彼の著書『兄弟』は「ザ・ファーム」と呼ばれたクレイ兄弟一味によって実行された殴打、刺傷、拷問と自分はなんの関係もないという、どう考えてもばかばかしい主張に終始している。

第二章

ロングファーム詐欺

ありもしないものを売るのは悪いが、それよりもっと悪いのは、ものを買って、金を払わんことだって。

――マイケル・ボンド著『パディントン妙技公開』

出口詐欺

すまないが、俺はみんなをだましていた。言い訳するつもりはないが、俺はひどい人間だ。迷惑をかけたみんなに謝りたい。金もうけのためにこんなに大勢の人をだました自分が恥ずかしい。こう言っても何の意味もないかもしれないが、その金は人生を豊かにするとかいうばかばかしい目的に使うわけじゃない。あと数日このまま嘘の約束とフィードバックを続けることもできるが、目的は達成したから、アカウントをロックするつもりだ。

関係者各位。アカウントは一二月一九‐二二日のあいだにロックされた。そのあとはマリファナもハシシも一グラムも持っていない。言いたいことはこれだけだ。

これは二〇一五年一月に商品が届かないのを不審に思ったオンライン・ドラッグディーラー「ナインスワンダー」の顧客が、「エボルーション」と呼ばれるインターネット販売サイトにログインして受け取ったメッセージである。このような謝罪と告白は前代未聞だが、詐欺自体は珍しいものではなかった。秘密のウェブブラウザを介して禁制品が売り買いされる非公開ウェブサイト（オンライン犯罪者はSF用語が大好きなので「ダークマーケット」と呼ばれる）では、最初からロングファーム詐欺が横行していたからだ。一方で、これは容易に予想できた――盗みを働く理想的な獲物を探すなら、非合法のドラッグ市場に集まる人々ほどおあつらえ向きの標的はない。警察に訴えれば自分自身が都合の悪い質問攻めにあうからだ。一方、シルクロード（薬物の不正販売を行うために作られた最初のサイト）とその競合サイトの本来の設計者は、この明白な事実を見逃していたわけではない。これらの企業家は、システムの設計に詐欺防止策を組み込もうとした。彼らの多くはこの点について長くて口先だけの政治宣言を発表し、自分たちのバーチャルオンライン領域は従来の法を必要としないテクノ・リバタリアン［ハイテクによって自由原理主義を実現しようとする人々］の天国だと主張した。

それなのに、なぜ彼らはそろってだまされたのだろうか。

詐欺の仕組みは単純で、ほとんど説明がいらないほどだ。非合法ドラッグを送る約束をして、代金（この場合はビットコイン[★01]のような電子マネー）を受け取り、ドラッグを送らないだけである。興味深いのは、この信じがたいほど明白な可能性を排除するためにシステムに組み込まれた規制手段がうまく働かなかったことだ。

支払いは「エスクロー」［取引の安全性を確保するために買い手と売り手を仲介する中立的な第三者］を通じて行われることになっていた。買い手が販売サイト自体に結びつけられた代表アドレスにビットコインを送金すると、売り手は入金を確認できる。続いて商品が届いたら、買い手は確認メッセージを送って支払いを「リリース（保留解除）」し、売り手に代金が送られる。もし商品が届かなければ、買い手は販売サイトに苦情を申し立て、販売サイトは争議調停サービス[★02]を介して買い手と売り手からそれぞれの言い分の真偽を確かめる証明書を取り寄せ、買い手の言うことが正しいと思われれば、返金に応じる。署名と承認の手続きはすべて精巧な暗号プロトコルによって匿名で行われる。暗号プロトコルについてここで論じるのはやめておこう。それらは大体においてうまく機能したからだ――知っておくべき技術的な弱点はなかった。

エスクロー・システムはロングファーム詐欺に対するかなり強固な防衛策のように見えるだろう。実際に非合法な販売サイトは、合法的な会社でも使われる本社信用調査部門を備えていたし、エスクロー・サービスは比較的少額の取引でも利用できた。普通の商社は契約の規模がサービスの費用に見合うときだけ弁護士と銀行が提供する比較的高価なエスクロー・サービスを利用する。たいていの場合、エスクロー・サービスは効果があった。ロングファーム詐欺につけこまれたのは、このサービスを活用しなかった結果である。

エスクロー・サービスを使わなかった理由はなんだろうか。結局、早くから指摘されていた経済的事実――誰が誰に企業間信用を与えるかは、市場における買い手と売り手の力関係を反映している――を乗り越えられるほど強力な技術的解決策はなかった（現在もない）のだ。エスクロー・システムは売り手側にとって非常に都合が悪かった。売り手は支払いを受ける前に在庫を購入する資金を調達しなければならないため、企業間信用につきものの典型的なキャッシュフロー問題を抱えることになる。[★03] それと引き換えに、売り手はエスクロー・システムを通じて支払い不能な顧客から身を守ることができた。それでもまだ売り手が不正な、あるいは不真面目な顧客との争議の犠牲になる可能性があった。不謹慎な商人がライバル業者に何十件もの注文を送りつけ、そのあとですべての注文になんらかの異議を申し立てて支払いを拒否し、ライバルを倒産に追い込む行為は珍しくなかった。

しかし、売り手にとって最大の問題は、ビットコインのドル建て価格が信じがたいほど変動し、小企業の典型的なジレンマ——ある通貨（ビットコイン）での収益と別の通貨（主としてドル）でのコスト——に直面したことだった。市場は競争が激しく透明度が高いため、利幅は路上ディーラーが得るものより少なく、ビットコイン／ドルの「換算レート」の週ごとの変動によって簡単に帳消しになる可能性があった。売り手がこうした通貨変動に備えるさまざまな方法が試されたが、どれもみなかなり費用が高く、どれもいまひとつ効果がなかった。

したがってエスクロー・システムはドラッグディーラーの悩みの種であり、彼らはそれを回避すべく市場支配力を行使した。信頼性の高い大手ディーラーは、「早期終了（finalize early）」（または「即時執行（fast execution）」とも呼ばれ、どちらも一般的にＦＥと略される）［エスクローに預けた暗号通貨を商品受領前に売り手にリリースして取引を迅速化する方法］による支払いを求めた。これによってディーラーは顧客にエスクロー・システムによる保護を放棄させられる。顧客は最高品質の商品を競争力のある価格で購入したければ、ＦＥで支払った。その結果、市場は顧客が詐欺会社から確実に保護されるために進んで支払う暗黙の価格がいくらなのかを実質的に判断できた。

この暗黙の価格は実際にはきわめて低かった。盗人のあいだでは体面がかなり重視され、闇サイトのシルクロードは入念なフィードバックシステム（eBayとほぼ同じように出品者に対する評価を送れる）

を備え、顧客はそれを見て自分で信用分析を行うことができた。通常の経済と同様に、売り手は信用を築き、自分たちの信用リスクの低さを評判として定着させて、買い手にエスクローを使用しない取引を奨励できた。こうしてダークマーケットは従来の企業間信用の仕組みがいらない技術があるにもかかわらず、昔ながらの企業間信用を焼き直して使う結果になった。

しかし、オンラインドラッグ取引と通常の経済の大きな違いは、オンラインドラッグ取引でキャリアを築き、その会社を子どもに継がせたいと思う人はあまりいないということだ。人々は成長し、大学を卒業する者もいれば、短期間だけ司法制度の世話になって、生活スタイルを変えた方がいいと悟る者もいる。会社が閉鎖されるのはしょっちゅうだった。

ダークマーケットで信用を築いたあとで、商売から手を引くときにそれを全部投げ捨ててしまうのは面目丸つぶれのように見える。「倫理的」に望ましい行動は、ただ新しい注文を受けるのをやめることだが、足のつかない金が文字どおり電子メールで送られてくる場合には、強い道徳心が試される。そういうわけで、「出口詐欺」は違法ドラッグ販売サイトのシルクロードでは日常茶飯事だった。ある大手販売人はFEによる支払いを多数受けつけはじめた(おそらく前述のエスクロー詐欺を使ったライバルディーラーからの攻撃を受けて、そうせざるをえなかったのだろう)。注文を最大限に増やすために、大規模な「セール」さえ実施したかもしれない。そして突然……資金を持って姿を消す。契約を履行しない売り手に送金されたビットコインは取り戻せなかった——このシステムはそういうふうにできていないのだ。裏切られた顧客はたいてい売り手の詳しい情報や住所を知らず、二度と使われないはずのオンライン上のハンドルネームしかわからなかった。出口詐欺師はまったく新しい会社を立ち上げることさえ自由にでき、一から評判を築いていけるが、その後の消息を簡単に見つけられる方法はないだろう。★04

シルクロードが司法当局に閉鎖され、そのマーケットシェアが多数の小規模な競争相手によって分割された頃、出口詐欺はオンライン販売サイトの経済に大きな影響を与える問題になり、ダークネット経済をはじめて利用しようとする人々を怖気づかせる警告材料になった。しかし、割高になってもエスクローを介してのみ取引するという対策が提案されたが、その対策自体にも問題が判明した。ナインスワンダーの顧客はエボルーションのエスクロー・サービスによって出口詐欺を回避できたかもしれないが、エボルーション自体が詐欺師に運営されているという事実には対抗できなかった。ある日、エボルーションはエスクローの口座に預託されていたおよそ一二〇〇万ドル相当のビットコインを持ち逃げして消滅した。

これはダークネット詐欺のやや極端な例であり、原則としてそれに対する技術的な解決策がある――「マルチシグネチャー・エスクロー」を可能にするビットコイン・プロトコルの拡張によって、誰かの代理でビットコインを保持しているにすぎない人物による使いこみを防げる。しかし、ダークネットリサーチャー★05はこの技術の定着を多かれ少なかれあきらめているようだ――利用者にとってあまりにも不便だからである。ほとんどの利用者はＦＥ取引と引き換えに得られる割引をあきらめるよう説得することさえできないだろう。

すでに述べたように、詐欺は均衡現象である。予防手段は高いか不便かのどちらか、あるいは両方で、信頼は無料だ。それなら人々は「シャドウコスト」（帳簿上は計上されないコスト）――予想される詐欺の損失――が予防手段の直接的コストを上回りはじめるまで、予防手段より信頼を選ぶだろう。予防手段と信頼の二者択一は、たいていこの両方が入り混じっているため、信頼は常に悪用され、詐欺は常に起こる。誰かが意図したわけではないのに、あるシステムに同じ事象が発生し続ける場合、そこには経済的な原因があるとみてほぼ間違いない。

出口詐欺はロングファーム詐欺が直面する本質的な問題――顧客を言いくるめて詐欺に見合うだけの十分な信用取引を得るという問題――に対するひとつの解決策である。出口詐欺の場合、時間と労力を費やして見かけの合法性を整える必要がない。すでに合法的な（あるいはシルクロードの場合は半合法的な）既存会社が存在するからだ。しかし、だからこそ「出口詐欺」現象は、世界では比較的珍しい。それを可能にするために必要な条件がそろうことはめったにないからだ。合法的な会社を順調に経営している人々が、ひと晩で悪人に変わることは普通ありえない。そんなことがあったとしても、自分たちが築き上げた会社の評判と価値を損なうような犯罪はしないだろう。★06 繁盛している会社を放り出させるオンラインドラッグ取引独特の特徴は、ほかの多くの領域には見られない。だからたいていの場合、合法的な会社が詐欺会社に転落するときは、ほかのいくつかの問題が同時に進行している。そのために犠牲者になる機会も増える。ここからは、（多かれ少なかれ）合法的な事業としてはじまった会社が、たちの悪い所有者によって次第に明白な——そして大規模な——詐欺になすすべもなく巻き込まれたふたつの例を比較してみよう。

❖——サラダオイル王

「体が鍛えられたのは自転車競技をやっていたからだ。おかげで手足がすごく強くなった」とアンソニー・「ティノ」・デ・アンジェリスは人の手を握りつぶすような力で握手をしながらよく言ったものだ。背は低いががっしりした体格で、全盛期には身長一六五センチ、体重はおよそ一〇八キロを超え、顔つきは機嫌の悪い日のロバート・デ・ニーロのようだった。自転車競技のスポンサーになり、アメリカン・クルード・ベジタブル・オイルという自分の会社の名前で恵まれない子供たちに自転車を寄付した。この会社はかつて大豆市場で大手企業と競り合っていた。「みんな次々に死んでしまうから」と言って、葬儀用の花に月々数千ドルを費やした。人々はこの男を「サラダオイル王」と呼んだ。

ティノには後ろ暗い過去があった。若い頃はブロンクス一手際のいい食肉加工業者として知られ、二〇代初めに豚肉加工会社を設立した。豚肉加工業の仕事は兵役を免除されたため、第二次世界大戦には従軍せず、戦争中は闇商人だったという根強い噂があった。一九五〇年代に彼の会社が学校給食に関する仕事で政府の金をごまかして有罪判決を受けたのはまぎれもない事実だ。ティノ自身も不正会計と偽証で告発されたが、告訴は成立しなかった。肝心の証人がいざというときに記憶喪失になったからだ。これはマフィア映画『ゴッドファーザー』の原作者マリオ・プーゾが作ったような裏話だが、脂とくず肉にまみれている点で、いっそう醜悪である。

こんな前歴を持つイタリア系アメリカ人にとって、噂とあてこすりが常につきまとうのはどうしようもなかった。借金返済のための非合法な秘密の金の出どころがあると貸し手に信じさせるために、ティノ自身が噂をばらまいていると信じている人は多かった。しかし、何度刑事裁判にかけられても、ティノがマフィアと重要なつながりを持っているという信頼に足る証拠は出てこなかった。彼はゴッドファーザーのように気前よく金品を与えた。ピザ職人の息子が裸一貫から大金持ちになったら、そうするのが当たり前だからだ。アメリカン・クルード社は数十名の忠実な社員に相場の何倍もの給料を与え、忠誠心を金で買っていた。その中でもティノの腹心のグループは、彼に一杯おごる栄誉のためなら進んで身を投げ出すような連中だった。

アメリカン・クルード・ベジタブル・オイル社はニュージャージー州ベイヨンに本社を構えていた。ベイヨンはハドソン川をはさんでウォール街の対岸にあり、埠頭の列、倉庫、貯蔵庫などが並ぶ臨海地区から主要銀行が見渡せる。ベイヨンからマンハッタンまで、かつてはフェリーで行けたが、あなたがティノ・デ・アンジェリスと同じようなブリーフケースを持っているなら、フェリーに乗るのはやめた方がいい。州境を越えて不正な有価証券を持ち運ぶことは連邦犯罪だと覚えておくべきだ。これは最終的な裁判で重要なポイントになった。

ティノと彼の犯罪に結びつけられる商品はいつもサラダオイルだった——何よりもノーマン・ミラーがピューリッツァー賞を受賞した新聞記事をまとめた著書『サラダオイル詐欺 The Great Salad Oil Swindle』の影響が大きい——が、アメリカン・クルード社は大豆から加工される商品なら幅広くなんでも扱っていた。当時、大豆食品は今より魅力がなく、アメリカでは「サラダオイル」といえば最高品質の大豆オイルを指した（もちろんイタリアとスペインでは、ほかのペテン師たちがヨーロッパ製の別のサラダオイルで金融詐欺の歴史を更新していた。オリーブオイルには数段階の等級があるため、昔から詐欺師に狙われやすかった。これまでの犯罪には、偽の「エクストラバージンオイル」のラベルから、まったく架空のオリーブ畑まであった）。

ティノが大豆オイルに目をつけたのは、アメリカが大量の余剰大豆オイルを抱え、米農務省が余剰大豆オイルを減らすために主としてヨーロッパへの輸出業者に補助金を出す特別プログラム（フード・フォー・ピース）を提供していたからだ。大豆オイルはきわめて汎用性が高く、料理から燃料、プラスチック製造まで、さまざまな用途に用いられる。そのため、大豆オイルには強力な輸出市場が存在し、サラダにかけるドレッシングなら十分足りている国々からも需要があった。しかし、これはかぎられた国際企業だけに認められるきわめて政治的で不透明な取引だった(なんらかの理由で、スペインとの貿易はカトリック教会の組織であるオプス・デイによって監督されていた)。貧困国政府との取引ではよくあることだが、不正を貫けば大きな利益が得られた。また、大豆オイルは今よりはるかに高価だったのを忘れてはいけない。平均的な新築家屋が二万ドル未満で売られていた一九六〇年代末に、大豆オイル一トンはおよそ二〇〇ドルの値打ちがあった。ティノは数千トン規模で取引を行った。

いずれにせよ、ティノのすぐれた取引の才能と適正価格を見抜く抜け目なさのおかげで、アメリカン・クルード・ベジタブル・オイル社はマーケットシェアをどんどん拡大して、主要な仲買人となり、大豆オイルを製造する中西部の「圧搾業者」を出し抜いて、輸出市場を支配するまでになった。しかし、その地位に昇り詰めるには投資が必要だった。つまりアメリカン・クルード社は借金する必要があった。

しかし、ティノ・デ・アンジェリスのような男に誰が金を貸してくれるだろうか。例によって、その答えはおおよそこんな感じだった——欲にかられた連中、向こうみずな者、自分がしていることがよくわかっていない人々である。このケースでは、残念ながらアメリカン・エキスプレスの新設されたビジネスローン部門は、三つの特徴をすべて兼ね備えていた。

事件はアメリカン・エキスプレスの社風がなにかと皮肉られていた一九六〇年代初めに起きた。四杯のマティーニを楽しむ昼食、ちょっとしたセクシャルハラスメント、古風なスーツがこの時代の風潮だった。そして残念なことに、「かまわん、やっておけ！」と言って何ひとつ確認しようとしない上司もまた、時代の象徴だった。当時、アメリカン・エキスプレスは各部門が少なくとも五〇万ドルの利益を出すという方針を掲げ、その利益がどのようにして得られたかは問わない雰囲気があった。今思えば、同社はドアを通り抜けて来るホワイトカラー犯罪者に滑稽なほど無防備だった。それがたまたまティノだったのだ。

アメリカン・クルード・ベジタブル・オイルが社主の人柄にまつわる明白な大問題を切り抜けた方法は、担保を立てて借金することだった。これは「倉庫融資」と呼ばれる方法で、取引業者が在庫品を購入する資金を調達する手段として、銀行業そのものと同じくらい歴史が長く、現在も使われている。やり方はこうだ。在庫品の一部を信頼できる銀行の安全な倉庫に預けると、銀行はそれを確認して保管し、「倉庫証券」を発行する。この倉庫証券はウォール街のどの銀行に持ち込んでも、それを担保に融資が受けられる。融資する銀行は、倉庫を所有する銀行の保証に基づいて金を貸し、倉庫を所有する銀行は、保管した在庫品の管理権を持っているために保証を与えられる。こうして借り手は資金を手に入れ、銀行は借り手の支払い能力や誠実さをあまり心配する必要がない。原則としてはそうだ。あなたは現物を倉庫から倉庫へ移動しなくても、最も金利の安い銀行を選べる――すべての手間を省いてくれる重要な書類が倉庫証券である。

倉庫融資の問題点は、サラダオイルのように専門家による保管が必要な商品の場合はうまくいかないことだ。そこで会社を発展させ、目標を達成するために、アメリカン・エキスプレスの上品だがリスクを恐れない男たちは、「現地倉庫」方式を開発することにした。これは借り手が担保を自分の保管施設に置いたまま倉庫融資を受けられる制度で、保証人となる銀行は倉庫の従業員の雇用を引き継ぎ、定期的に検査官を派遣した。

アメリカン・クルード・ベジタブル・オイルのケースでは、オイルが保管されていたのはニュージャージー州ベイヨンの「貯蔵タンク場」だった。

ティノが建設した貯蔵タンク場は先行き不安な場所だった。ベイヨンの冬はサラダオイルを凝固させるほど寒く、貯蔵タンク自体は大部分が石油業界から転用されたものだった。貯蔵タンク場を運営する従業員はすべて地元で採用された若者たちで、全員がティノの「ファミリー」の一員だった。それは彼らが名目上アメリカン・エキスプレス・ウェアハウジング社の従業員となってもまったく変わらなかった。現地倉庫システムがうまくいったのは、ひとつにはアメリカン・エキスプレスが倉庫の運営にかかる人件費を借り手であるティノに押しつけたため、アメリカン・エキスプレスでは誰ひとり、ベイヨンの従業員の素性を調べたり、彼らが倉庫係の給料の相場の二倍から三倍も受け取っているのはなぜかと問いただしたりする理由がなかったからである。

倉庫係が高給を与えられていた理由は、もちろんデ・アンジェリスが彼らにたびたびちょっとした仕事を言いつけていたからだ。その仕事には、水と油は混ざらないという事実がおおいに関係していた。具体的に言うと、油は水に浮く性質がある。そのため、アメリカン・エキスプレスが派遣した検査官は(特にオイルが凝固する冬には)サラダオイルで一杯のタンクと、ほとんどが海水で表面に数リットルのオイルが浮いているだけのタンクを区別することが困難だった。また、倉庫係は「見せかけ」のタンクを用意した。タンク内に溶接した金属管にサラダオイルを入れておき、タンクの底からサンプルを採取するときは、その金属管からオイルを汲み上げる仕掛けになっていた。同じオイルを違うタンクに流し込む巧妙な配管システムを考案しさえした。

オイルは船とトラックで納入され、船とトラックで顧客に出荷された。アメリカン・エキスプレスの検査官はフェリーでマンハッタンに戻ると、かじかんだ手に息を吹きかけ、ベイヨンには同じオイルが今も貯蔵されていると証明する倉庫証券に署名した。アメリカン・クルード・ベジタブル・オイルはこれらの証券を受け取って借金をした。アメリカン・エキスプレスの子会社アメリカン・エキスプレス・ウェアハウジングは最高額の料金を支払う大得意先を手に入れた――実際、同社は最も利益が出る分野に集中するために、ティノ以外の現地倉庫ビジネスの大半を売却してしまった。数十名のイタリア系アメリカ人の倉庫係は、子ども時代の夢をはるかに超える生活ができるようになった。ティノはますます(文字どおりの意味で)太り、ますます(比喩的な意味で)

大きくなり、サラダオイル王と称された。

そして運命の日がやって来た。「テイラー」と名乗る匿名の密告者がアメリカン・エキスプレスに電話をかけて、ティノ・デ・アンジェリスは詐欺師であり、ベイヨンの貯蔵タンク場は偽物だという情報があると告げた。もっと詳しい情報がほしければ五〇〇〇ドル払えと要求されて、アメリカン・エキスプレス・フィールド・ウェアハウジング社CEOのドナルド・ミラーはすぐに行動を起こした。検査初日に検査官は五つのタンクからサンプルを採取し、すべてがただの水だと判明した。検査は週明けにふたたび開始されることになった。

検査二日目とその後の数日間にサンプルが採取されたすべてのタンクにはオイルが入っていた。最初の五つのタンクから採取した水は統計的に無意味で、おそらくスチームパイプの欠陥が原因であるとされた。バーボンをたしなむ身なりのいい男たちがビジネスの主役だった時代にふさわしい判断と洞察力により、ミラーはサンプルを独立した研究機関ではなく、アメリカン・クルード・ベジタブル・オイルの主席化学者に送って分析させた。彼はのちにその判断はおそらく間違いだったと認めているが、「彼らは自社タンクに何が入っているか知るべきだ」と弁明した。

年が明けて一九六三年になると、デ・アンジェリスは切実に融資を必要としはじめた。第一に、デ・アンジェリスは会社から金を引き出していた。のちにスイスの銀行に預けた五〇〇万ドルが発見されてティノの罪はさらに重くなったが、会計士は横領された金額の合計はおそらく三〇〇〇万ドル近いと計算した。第二に、ティノは大望を抱く男だった。彼の夢はしばしば支離滅裂で、他人から金を不正に引き出す行為もその一部だったが、これだけは言える――彼の夢は壮大だった。そして第三に、アメリカン・クルード社はフード・フォー・ピース・プログラムのもとでアメリカ政府から支給される補助金をめぐる争議に巻き込まれた。その争議はティノを陥れようとするオプス・デイ内の敵の陰謀(ティノの主張)、あるいは不正経理によるもの(一般の見解)だった。

ティノ・デ・アンジェリスが窮状を打開するためにたどり着いた解決策は、またしても、国際サラダオイル市場に対する詐欺とは無関係な本物の深い理解から生まれた。年が明けてしばらくすると、ロシアのヒマワリオイルの原料の不作が明らかになった。ロシアがヒマワリオイル生産を断念して輸入大豆オイルに切り替えるなら、そしてアメリカがロシアに対する禁輸措置を解除するなら、新たな巨大需要が生まれる可能性があった。そして最大の国際大豆取引業者として、アメリカン・クルードはその機に乗じる有利な立場に立っていた。ティノは中西部の圧搾業者から大豆オイルをどんどん買いはじめ、それを担保にますます借金を重ねた。また、彼は――のちに判断を間違ったことが明らかになるが――先物取引に手を出しはじめた。

彼がどんな目的で先物取引をはじめたのかはよくわからない。アメリカの一年分の生産量に匹敵する大豆オイルの在庫があると主張する大豆取引業者が、将来の大豆オイル購入契約を拡大するのはどう見てもいい考えとは言えなかった。ロシアとの契約が成立したときに備えて、十分な量のオイル（海水ではなく）を貯蔵しようとしているように見えるときもあった。先物市場を操作し、最高値に釣り上げてから高く売ろうと目論んでいるようにも見えた。★07 どちらにしても、ティノはティノらしく、考えられるかぎり最も不正直で、最も身勝手な方法で先物買いを続けた。数十名の違うブローカーに注文を入れて、正真正銘の一般大衆の需要と見せかけたのである。シカゴとニューヨークの商品ブローカーも、ティノのビジネスパートナーならおなじみの握りつぶすような握手と背中を叩く熊のような一発、そして花束とキャディラックの約束をもらっただろう。手数料はたんまり受け取ったに違いない。そのせいで彼らは目の前で起きていることに目をつむっていた。

借金はもっと前から、もっと難しい手続きになるべきだった。ベイヨンの貯蔵タンク場に交付された倉庫証券を見れば、そこに貯蔵されているはずのオイルがアメリカの全生産量を上回っているだけでなく、タンク場自体の容量をおよそ三〇パーセント超過していることがわかったはずだ。アメリカン・クルードはこの問題に二方向の戦略で立ち向かった。

第一に、新しいタンク場が最初の施設の近くに作られた。これはハーバー・タンク社からまた貸しされたもので、倉庫としては最初の施設よりさらに劣悪だと誰もが考えていた。その場所は同じように寒く、荒涼として陰鬱な土地で、サラダオイル貯蔵タンクは冗談の一歩手前といったところだった。タンクのいくつかは内部に配管が溶接されたティノ特製タンクだった。いくつかのタンクは依然として石油会社にリースされ、燃料オイルが貯蔵されていた。いずれ訪れるはずの破産審査官は、いくつかのタンクは実在すらしないことを発見するだろう。ハーバー・タンク社のサラダオイル貯蔵タンク場は、ティノの長年の友人のジョー・ロムーショが運営していた。

第二の戦略はもっと単純だった。アメリカン・エキスプレスのオフィスを訪れたとき、ティノは白紙の倉庫証券を盗み出し、そこに自分で書き込みはじめたのである。

この時点で、事態は収拾がつかなくなっていたと言えるだろう。

ブローカーはおしゃべりだ。それが彼らの仕事の性質だからだ。ニューヨークとシカゴで、取引所の人間はいつでもカクテルが注がれる場所に集まってビジネスを語り、噂を交換する。ティノが先物取引所で取引をせず、オイルの実物市場にとどまっていたら、真実が明るみに出るまでにもっと時間がかかったかもしれない。しかし、夏が過ぎて秋になる頃には、噂が広がりはじめた。食事をしながら、靴磨きに靴を磨かせながら、通勤電車で、そしてカントリークラブで、金融業界の人々はようやく理解しはじめた。さまざまな証券会社を通じて大豆の注文を押し上げているさまざまな会社は、すべて最後には同じ顧客にたどり着く。大豆先物取引に対する幅広い一般の需要など存在しなかった。すべてはティノだったのだ。

先物市場では価格は変動しやすく、不利な価格変動があれば即座に現金での決済を求められるため、危ない橋を渡っていると一般に知られるのは危険だ。ブローカーが弱気になると、彼らは顧客に取引の規模を縮小するか、損失に耐えられる保証としてもっと現金を出すよう依頼する。ティノは第一の選択肢を取れなかった――市場の独占を狙うティノの買い占めによって、ようやく価格の下落を押しとどめていたからだ。二番目の選択肢も、もちろん無理だった。

それから事件が起きた。米議会でロシアとの小麦輸出契約に関する協議が決裂したため、小麦取引が実現しないなら、大豆取引もおそらくないだろうという見方が市場で広まった。ロシアから買いつけに来ないなら、たぶんほかのどこからも需要はないだろう。ティノの投機的取引によって価格が高騰していたからである。大豆先物市場は暴落し、アメリカン・クルード・ベジタブル・オイルに残された道は破産しかなかった。その結果、大豆先物市場は混乱に陥り、ブローカーのひとりは取引所による緊急支援を要請した。ベイヨンに破産審査官が到着するやいなや、海水で満たされた一〇〇基のタンクが発見された。彼らの目を欺くティノの忠実な手下たちはもういなかった。アメリカン・エキスプレスは一億五〇〇〇万ドル相当の保証の履行を迫られた。当時としてはとてつもない大金(現在のおよそ一〇億ドルに相当)である。サラダオイル詐欺のニュースがケネディ大統領の暗殺と同じ週末に重ならなければ、この事件はもっと新聞を賑わせただろう。

デ・アンジェリスは今も健在だ。禁固二〇年を宣告されて、七年の刑期を務めた。刑務所にいるあいだに日課の運動を考案し、体重を七七キロ前後まで落とした。出所後にライフ誌のインタビューに応じて「監獄のおかげで命拾いした」と語り、ルイスバーグ連邦刑務所は「カントリークラブだ」と述べた。同じ監房にいた受刑者は、犯罪から足を洗って違う生き方で成功するように彼から励まされたと証言した。デ・アンジェリス自身は一九八〇年にサラダオイルとは無関係な新しい投資詐欺で一六年の刑を宣告された。

サラダオイル詐欺はテレビドラマ『マッドメン』の舞台となった一九六〇年代のホワイトカラー犯罪のうち、最大の事件のひとつだった。ロングファーム詐欺にはじまり、偽造倉庫証券★08のおまけつきだ。貸し手の立場から見ると、金を巻き上げられる格好の条件が重なって最悪の嵐が起きたようなものだった。現地倉庫ビジネスは新しい金融工学であり、検討され尽くしていなかった。この件を担当していたアメリカン・エキスプレスの子会社は厳しい「拡大」目標を与えられ、大口の顧客を獲得する必要に迫られていた。ベイヨンの施設には、はした金で悪事を行う人間がいた。そして油は水に浮く性質があった。

繰り返すようだが、詐欺は均衡現象として発生する。アメリカン・エキスプレスはなぜ損失をこうむったのか？　彼らが架空のサラダオイルを担保に金を貸したからだ。なぜ彼らは偽の担保で金を貸したのか？　信頼できない機関に検査業務を委託したからだ。なぜティノの部下に現地倉庫の管理を任せたのか？　その方が安上がりだったからだ。なぜそうすると安上がりになるのか？　その取引で得られる利益に比べると、厳格な詐欺対策は高くつくからだ。そしてついに最後の「なぜ？」に到達する。

なぜいつも検査、監査、詐欺防止策を節約するのだろうか?

詐欺はめったにない状況だからだ。詐欺は「テールリスク」［まれにしか起こらないが、発生すると大きな損失をもたらすリスク］である。発達した高信頼経済では、会社はティノ・デ・アンジェリスのような大がかりな組織的詐欺を経験することなく、何年間も取引を続けられる。普通のビジネスパーソンは、すべての人間と同様に、可能性の低いこと、そしてめったにない出来事の重大性を判断するのがたいていひどく苦手だ。壊滅的な詐欺被害が起きる可能性はゼロに近いため、実際にゼロであるかのようにふるまうのが合理的だと考えてリスクに対処するのは、ごく簡単な経験則から導かれる判断である。だから——競争が激しい業界の価格設定は、最も賢明な値をつけた人ではなく、最安値をつけた人によって決められる傾向があるため——官僚的で直接利益に結びつかない詐欺対策のチェック・アンド・バランスを節約することで、短期的なコスト優位性を実現しようとするプレッシャーが常に存在する。

詐欺師の立場から見ると、そこに正真正銘のビジネスが存在するのは明らかだ。ティノはペテン師で、その目的は利己的で有害だったが、彼は偽物ではなかった——本物のサラダオイル王だったのだ。誰よりも大量の大豆オイルを取引し、フード・フォー・ピース・プログラムのもとで貨物輸送を支配し、業界に革新的なビジネス手法を持ち込んだ——タンカーを食用オイルの貯蔵に転用したのは自分が最初だと彼は主張した。圧搾業者を壊滅させ、先物市場を独占的に支配し、業界全体を牛耳るというティノの野望がなければ、アメリカン・クルード・ベジタブル・オイルは強力な合法的会社でいられただろう。ティノがオイルを浮かべた海水、細工したタンク、偽造した証券の世界に身を投じざるをえなくなったのは、会社を成長させながら非合法に金を引き出したいという欲求だけでなく、この野心があったからである。もし大豆オイルの価格が（極端に）上がり続ければ、彼はそれを持ち逃げさえしたかもしれない。

狡猾なビジネス手法から詐欺へと組織的に移行するティノのやり方は、詐欺会社が合法的な取引の評判を利用するいい例である。考えられるもうひとつのシナリオ——行き当たりばったりに見えたＯＰＭリーシング社の詐欺ビジネス——とは対照的だった。

❖——他人の金

おかしなことに、ＯＰＭという社名は実際にOther People's Money（他人の金）の頭文字である——一九七〇年に、創立者のモーディ（モルデカイ）・ワイスマンは設立予定の会社の名前を「リーシング・サービス・ディビジョン」とするつもりだったが、その頭文字「ＬＳＤ」［ＬＳＤは麻薬の一種］は人聞きが悪かった。だからビジネスモデルにちなんだ社名をつけることにした。同じ頃、犯罪学者ドナルド・クレシーは一九七二年に発表した職業上の不正に関する古典的著作の執筆に取りかかり、同じく『他人の金 Other People's Money』という題名をつけたが、これはたぶん偶然だろう。ＯＰＭの創立者たちは頭文字に夢中だった――会社の最盛期に、共同経営者はイベント会場として有名なマディソン・スクエア・ガーデンを買収しようとした。どうやらマイロン・Ｓ・グッドマンという自分の名前と頭文字が同じという理由だったようだ。

ワイスマンとグッドマンは俳優のマルクス兄弟と映画『ウォール街』に登場する投資家ゴードン・ゲッコーを合わせたような最強のチームだった。ふたりは義理の兄弟で、ユダヤ教正統派のコミュニティでは慈善家として、そして敬虔な信心深さと学識の高いふるまいで尊敬されていた。グッドマンは会議の最初に必ず聖書の一節を引用し、ワイスマンは第四次中東戦争中の一九七三年に従軍してエジプトを相手に戦った。彼らはロングアイランドの自宅からマンハッタンへ、近隣住民が騒音に苦情を言うまでヘリコプターで通勤した。モーディは優秀なセールスマンとしてキックバックをばらまき、マイロンは過剰なほど秘密主義なオフィスマネジャーで、何かというとお前を去勢してやると従業員を脅していた。ふたりがどうやら職業倫理や常識を見失っていたという事実がなければ、どちらも実力者で高潔な人物と称されたかもしれない。

ＯＰＭのビジネスモデルは実際に他人の金を使うこと――コンピューターのリース事業だった。コンピューターが大きな設備投資だった時代を思い出してほしい。ＩＢＭの初代ＰＣが発売されたのは一九八一年で、その頃にはＯＰＭはもはや死に体になっていた。モーディとマイロンの全盛時代には、「コンピューター」といえば巨大な金属製の箱で、空調があって床が補強された特別な部屋を必要とし、数百万ドルもする高価なものだった。いくつもの会社が技術的進歩から遅れないことだけを目的としたプランニングチームからなる特別部門を置いていた。そして「コンピューター戦略室長」は一九七〇年代のアメリカ企業で最も刺激的な役職だった。

コンピューターは高価だが、すぐ時代遅れになった。そして購入を促進する大きな税制上の優遇措置があった。これらの条件はすべて、コンピューターを買うのではなくリースを選ぶ十分な理由になった。★09 ＯＰＭはモーディをクライアントのもとに派遣し、技術的な要件を確認した。次に、該当するコンピューターを購入するためにマイロンが銀行から短期の「つなぎ」融資を受け、モーディがクライアントの非技術的要件（たいてい賄賂か任意の慈善団体への寄付）を聞き出した。こうしてリース契約が成立した。

この時点で他人の金が必要になる。投資銀行（最初はゴールドマン・サックスだったが、ゴールドマン・サックスがＯＰＭの途方もない野心に恐れをなしたあとは、リーマン・ブラザーズに代わった）の力を借りて、モーディとマイロンは長期的に支払われるリース料の受け取りを希望する年金基金や保険会社などの投資家を探した。続いてリース契約がこのような投資家に「売られ」、ＯＰＭは投資家から受け取った現金でつなぎ融資を返済する。こうしてＯＰＭは銀行に対して良好な信用を維持し、モーディは新しいクライアントを物色できた。

ここまではとても簡単だ。しかし、マイロン・グッドマンはすべての手綱を握っている必要があった。クライアント企業が投資家に直接リース料を支払ってはならない――すべてＯＰＭを経由する必要があった。ここに情報のブラックホールが生まれ、詐欺の決定的な要因になったことが明らかになった。取引のどちら側もマイロンの言い分だけに基づいてリース料の支払いと受け取りを行っていたからである。これらはときには専門用語で「ミラー」取引［プロのトレーダーの取引をそのままコピーして自動で取引するシステム］と呼ばれるが、このケースでは、問題の鏡《ミラー》はマルクス兄弟が出演した映画『我輩はカモである』の鏡のようなものだ。この映画で、グルーチョ・マルクスは何も入っていない枠の中に立って兄弟の動きを真似してみせた。

もうひとつの重要な問題は、リース契約が終了してもコンピューターは残るということだ。リース契約を保有する投資家は、中古コンピューター・ビジネスには何の関心もなかった。コンピューターの「残余価値」はＯＰＭが背負わなければならない。コンピューターリースは競争が激しい市場で、各社は残余価値を利用して購入費用を回収するつもりで、リース料をコンピューターの価格よりはるかに安く設定するのが普通だ。次の二点は容易に理解できる。すなわち❶残余価値を正しく見積もることが重要であること、❷残余価値を組織的に過大評価（そしてリース料を法外に安く設定）するリース会社はおそらく短期的に大きな市場シェアを獲得するが、長期的には大きな問題が蓄積するだろうということである。モーディとマイロンは信じがたいほど強引で成長志向が強いが、あまり几帳面な性格ではなく、適切な記録管理に生まれつき向いていなかった（マイロンはかつて会計監査人に「私は金もうけのためにビジネスをはじめたのであって、資産報告書を作るためじゃない！」と怒鳴った）。こんなふたり組にとって、リース業ほど不向きなビジネスはとうてい考えつかない。

彼らが実際に使っていた決算報告ではなく、良識的な決算報告書に基づけば、ＯＰＭリーシング社は事業を続けているあいだ毎年損失を出した。モーディの典型的な取引は、どんな手段を使ってもクライアントを獲得し、経済的な実行可能性はあまり考慮しないというやり方だった。彼らは航空機製造業のロックウェル社と特に緊密な関係を築き、同社のコンピューター戦略部門のトップだったシドニー・ハシンは競合他社をまったく寄せつけない条件を出せる彼らの能力に圧倒された。ロックウェル社はのちに振り返って、もっと疑い深ければあんなことにならなかっただろうと認めている。

一九七一年に公開された映画『ダーティハリー』は、職務のためなら手段を選ばない刑事、「ダーティ」ハリー・キャラハンの名を世に広めた。マイロン・グッドマンはダーティー・ハリーをお手本にした。規則を破るが、成果を上げたのである。マイロンにとって最大の問題は、モーディが取ってくる悪条件のリース契約だった。それらを投資家に売っても、つなぎ融資を返済する資金には足りなかった。逆に、つなぎ融資を返済する資金は得られても、ＯＰＭが創立者や最高幹部に渡す習慣があった巨額の「前金」を捻出するには足りなかった。

この問題に対してＯＰＭが編み出した解決策はきわめて独特で、彼らのビジネスのやり方全体に浸透していたドタバタコメディそこのけの性質を裏切らなかった。ＯＰＭリーシングの受付にはガラスのコーヒーテーブルが置かれていた。モーディがテーブルの下に潜り込んで下から懐中電灯で照らし、マイロンがテーブルにかがみこむようにしてリース契約者のサインを写し取り、コンピューターの資産価値を書き換えて、つなぎ融資の規模を増やした。融資は必ず返済しなければならないから、ＯＰＭのチームはレスリー・ペインと同じように、同じ資産を担保にふたりまたは三人の貸し手から借金した。あきれたことに、ＯＰＭリーシング事件の公式記録は、この段階を比較的まともな時期として描く傾向がある。雑然としてほとんど整理されていないそれらの記録から読み取れるかぎり、たとえ非合法だったとしても、この段階では彼らは実際に金を盗むのではなく、貸し手からの金の流れが途絶えないように手を尽くしていただけだった。

彼らはコンピューターの再販価値に関する判断が正しかったといつかは証明され、ＯＰＭが利益を出せるようになると本気で信じてさえいたのかもしれない。途方もない想定を出しても決してとがめない従順な会計士を抱えていたために、会社は実際に記録的な利益を報告していた。ルイジアナ州の銀行を買収さえしたが、これほど明白に無能な経営陣が規制対象銀行を経営するという考えそのものが、ゴールドマン・サックスにとってとどめの一撃となった。

モーディは残余価値を過大評価して安値で取引しただけでなく、一九七〇年代のコンピューター産業について少し考えてみればすぐにわかることだが、完全に致命的なひとつの間違いを犯した――気前のいい中途解約条件である。

なぜそれが致命的かと言えば、のちに「ムーアの法則」として知られるようになる指数関数的比率でマイクロプロセッサー技術が進歩しはじめたちょうどその時期に、ＩＢＭ製品のアップグレードサイクルに翻弄される結果になったからである。新しいコンピューターが発売されると、過去モデルの再版価値は急落する。長期リース契約を結んだクライアントは旧型を使い続けなければならないが、リース契約を解約できる会社は新型に切り替え、考えうるかぎり最悪の時期にコンピューターの残余リスクをすべてＯＰＭのような会社に押しつけられる。マイロンとモーディは安値で取引しただけでなく、コンピューターの進歩が停滞しないかぎり大失敗に終わる戦略にすべてを賭けてしまった。

進歩は停滞しなかった。ＯＰＭは数百万ドル相当のＩＢＭ三七〇スーパーコンピューターをロックウェル・インダストリーズにリースし、すべてに中途解約条項と最低限の解約手数料をつけた。一九七七年三月に新型の三〇三三シリーズが発表されたとき、彼らはどれほど衝撃を受けただろう。マイロン・グッドマンは、「あやうく気絶するところだった」と言った。ＯＰＭが購入してロックウェルにリースした三七〇メインフレーム・コンピューターはすでに過去のものだ。

彼らは銀行に対し、ＩＢＭは三〇三三を予定どおり納入できないだろうから、中古のＩＢＭ三七〇の市場はすたれないはずだとか、最大のクライアントであるロックウェル・インダストリーズは今あるメインフレーム・コンピューターを解約して別の機種を導入したせいで工場と業務に相当な支障が出るのを好まないだろうと主張しなければならなかった。こうした見通しはとうてい頼りにならなかったが――ＯＰＭが借金を続け、新たな投資家を探す十分な口実になった。

ワイスマンとグッドマンに良心があったなら、ＯＰＭを廃業して身を引き、ありえない残余価値の見積もりに対する苦々しい感情以外に深刻な影響を残さずにいられたかもしれない。「株主ローン」[★10]によって引き出した金を手放す覚悟があれば、何重にも設定された担保を整理することさえできただろう。しかし、それは決して実現しなかった。さまざまなタイミングで、ふたりはモーディ・ワイスマンがかかわったあらゆる悪質な取引を解消し、マイロン・グッドマンがすべての罪をかぶって、モーディが評判を傷つけずに逃げおおせる戦略を話し合った。だが、彼らはそうする代わりに積極的な企業戦略と正真正銘の窃盗を区別する一線を陽気にダンスしながら踏み越え、シドニー・ハシンとの不健全な関係を利用しはじめた。

ＯＰＭの事務処理のいいかげんさは有名だったが、ロックウェルは一度も書類をチェックしなかった。数々の矛盾点やリース契約を買った投資家からの苦情に自分で対処する代わりに、ロックウェルは数百枚もの正式な社名入り便箋をＯＰＭに預け、そっちでうまくやってくれと指示した。投資家は彼らがコンピューターをリースしているはずの会社と直接連絡を取っていなかった。そのため、たとえばグッドマンはテクトロニク社製のコンピューターをロックウェルに二万ドルでリースする契約にサインし、これはＤＥＣ社製磁気テープデータ保存装置を五万ドルでリースする契約だとフィラデルフィア・セービングス・ファンドに伝えてもバレる心配はなかった。ロックウェルが支払うリース料は、フィラデルフィア・セービングスが受け取るつもりのリース料の半分以下だが、フィラデルフィア・セービングスがこのリース契約を買い取ったときにＯＰＭに支払った余剰資金でしばらくのあいだ差額を埋め合わせることができたし、そのあいだにさらにリース契約をでっちあげて、もっと金を手に入れることができた。

マイロンは優秀な詐欺師ではなかった。偽造したリース書類は間違いだらけで、ある会議と次の会議では言うことが違っていた。自分が買収した銀行で不渡り小切手を振り出し、実質的に連邦準備金から無利子融資を得た。しかし、この手口も急速に破綻し、詐欺には何の役にも立たなかったばかりか、最終的な罪が余計に重くなっただけだった。★11 一九七八年末にＯＰＭは破綻した。新しい不正なローンを受けるグッドマンの才能は使い果たされ、会社はもはや過去のローンを返済することもできなかった。フィラデルフィア・セービングス・ファンドはロックウェルに電話をかけて支払いが滞っている理由を尋ね、ロックウェルはＯＰＭに、こういう誤解が生じているのはどういうわけかと問い合わせた。それに対する返事はいかにもマイロンとモーディらしかった。彼らはほかの人間によって「行き違い」が生じたが、義理の父を直接フィラデルフィアに派遣して支払うつもりだと言った。

この時点で、事態は終わりに近づいていた。実際、ＯＰＭがついに屈して破産した一九八一年に世間が一番知りたかったことは、なぜ三年早くそうならなかったのかということだ。ルーニー・テューンズというアニメシリーズに登場するキャラクターのように、止める手段がなかったようだ。古くからの投資家が嫌気がさして手を引くと、新しい投資家が招き入れられた。つなぎ融資を提供していた銀行のひとつは、マイロン・グッドマンが小切手詐欺によって連邦裁判所で有罪判決を受けたことを知ったが、どういうわけかこの件で銀行業界全体がそっぽを向くことはなかった。リーマン・ブラザーズは毎月発見される「管理上のミス」が増加する一方にもかかわらず、ＯＰＭがリース事業のために投資家を探す手伝いを続けた。ＯＰＭの弁護士は内部告発文書を受け取り、マイロン・グッドマンから事実を告白されたが、どういうわけか、その情報は現在進行中の詐欺ではなく過去の詐欺に関するものだから、弁護士と依頼者間の秘匿特権に入ると判断した。

これは重要な教訓である。弁護士と会計士のような専門家は、通常は有害な人物から組織を防御する役割を担っている。しかし詐欺師が弁護士事務所や会計事務所の専門的サービスにたっぷり支払う金が、それらの事務所の収入の大半を占めるとなれば、防御はいとも簡単に乗り越えられてしまう。詐欺がひとたび防御の壁を突破すれば、拡大するのを防ぐ手立てはほとんどない。

人々は「契約書に署名して締結された」と信じているものをわざわざチェックしようとしない。今や災いは内部に潜んでいるのである。

マイロンとモーディは魔がさして不正に手を染めた正直なビジネスマンとは必ずしも言えない。信心深さで知られ、いくつもの慈善事業（そのうち多くはクライアントの動物愛護活動と関係があった）の重要人物だったにもかかわらず、最初のコンピューターをリースしたときから職業倫理とは無縁だった。しかし、彼らは自分でも気づかないうちに、複雑で競争の激しい市場で着実な債務支払い実績を持つ優良なリース会社として、合法的取引の評判を確立した。コンピューターリースは新しい産業であり、利益が出るかどうかは残余価値の判断にかかっていたが、外部の人間がそれを判断するのは難しかった。リース事業のビジネスモデルはマイロンとモーディに滑稽なほど不向きな倫理的選択をせざるをえない立場に彼らを追い込んだが、ＯＰＭが一手販売権と信用を築けたのはそういう背景があったからだ。最終的にマイロン・グッドマンは法廷に立ち、「二度とこのような間違いを犯さない」と約束したが、彼は一二年の刑を宣告され、モルデカイ・ワイスマンは一〇年の刑を言い渡された。

このような「滑りやすい坂道」効果［一度足を踏み入れて滑ってしまうと、どこまでも止まらなくなる危険性］は、それほど劇的でなく、主要人物の不正直な性格がそれほど突出していない場合にも見られる。ワイスマンとグッドマンとは正反対に、経営危機に陥った会社に対して楽観的な見方をしすぎた結果、ロングファーム詐欺の領域に流されていくビジネスマンがいる。数の多さという点では、このようなほぼ不注意によるロングファーム詐欺の方が供給業者にとって危険性が高い。この種の詐欺師は、苦境に立たされて一時的な支援に値する優良な顧客のように見える(そして本人も心からそう信じている)からだ。

ここまで述べてきたのは、既存の合法会社が堕落して、ロングファーム詐欺を成功させるために必要な信用格付けを得るためのいくつかの方法である。一方で、ときにはもっと手っ取り早く他人の金に手をつけ、でっちあげによって信頼と信用照会を手に入れる方法がある。レスリー・ペインがアルファベットの社名をつけた会社を設立したように、巧妙な偽の信用照会システムを作るか、目的を果たすまでアクセルを踏み込み、スピードに頼ってがむしゃらに詐欺を進める方法もある。この後者の選択肢は、商業詐欺の歴史の中で最大かつ最もだまされやすい標的を相手にしている人間にとって特に魅力的だ。野球のヒットエンドランに匹敵するような詐欺を実行できるケースはきわめて珍しいが、うまくいくとすれば、被害者は効果的な抑止力をほとんど、あるいはまったく持っていない可能性が高い。つまり、とほうもない金が転がり込む見込みがある。

❖——ショートファームと一九八〇年代のメディケア

語源から言うと、「ロングファーム（long firm）」という名称は期間（long）とも会社（firm）ともほとんど関係がない。この言葉が最初に英語の印刷物に登場したのは俗語と隠語の辞書で、longもfirmも古い意味で用いられている。「long」はアングロサクソン語で「詐欺の」という意味で、過ちや不履行を指す「gelang」に由来している。「firm」は（イタリア語のfirmaと同様に）署名を指した。ある種の組織を指して使われるようになったのは比較的最近である。だから「long firm」は、サクソン語とラテン語を組み合わせた「gelang firma」、すなわち物品に対する詐欺の請求書に署名する犯罪を指している。しかし、強力な言葉の引力に長いあいだ引っ張られて、最近では「ロングファーム（long firm）」に対して「ショートファーム（short firm）」という言葉を聞く機会が増えた。

ショートファーム詐欺もやることはたいして違わない——単に中途半端なロングファーム詐欺である。それでもショートファーム詐欺という考え方は、ロングファーム詐欺において詐欺師が決断しなければならない二者択一と、ロングファーム詐欺が正常な経済の仕組にどのように損失を与えるかを明らかにするうえで役に立つ。

これまでに実行された詐欺のうち、件数も利益も最も多かった詐欺について考えてみよう。それは一九八〇年代と九〇年代のメディケア［六五歳以上対象の連邦医療保険プログラム］詐欺である。メディケア詐欺は二〇〇〇年代に銀行業界がその肩書を奪うまで、おそらく世界最大の詐欺のカテゴリーだった。信頼性の高い見積もり[★I2]によれば、メディケアシステムに占める不正請求の比率は二五－三〇パーセントで、金額にして数千億ドルにのぼった。この詐欺の性質は古典的なロングファーム詐欺の手口である――実際に提供していない高額医療サービスの医療費を、メディケアと契約する地元の保険代理店に請求するだけだ。[★I3]しかし、そんな詐欺をやる場合、あなたは大きな選択を迫られる――わざわざ患者とかかわる必要があるかどうかだ？

この選択の有利な点と不利な点ははっきりしている。架空の患者のための架空の請求書を送るだけなら、すぐに何千件という偽の請求書を送りはじめることができる。諸経費はかからず、わずらわしい病人を相手にする必要はなく、不正を告発される可能性もない。一方で、ありもしない医療処置のために大量の不正請求を送ったことが発覚した場合、患者すら存在しなければ、純粋な手続き上のミス、誤解、合法的医事紛争と言い張るのはかなり難しい。[★I4]あなたは詐欺をはじめる容易さと、発覚したときに予想される結末の重大さを天秤にかけなければならない。

では、どちらを選ぶべきだろうか。実際にはメディケア不正請求詐欺師はどちらもやっている。当時の詐欺対策の方法を考慮すると、実現可能なふたつのビジネスモデルがあった。ひとつは実際の患者がいないクリニックを使った「ショートファーム」詐欺である。できるだけ多くの架空請求書を(精査されずに支払われる可能性を増やすため、一般的な病気に対する標準的な治療を標準的な料金で)送り、請求書の締め日から次の締め日までの請求サイクルのあいだにできるだけ多くの支払いを受けてから、クリニックを閉鎖して雲隠れし、また別の場所で同じことをはじめる。当時メディケアが請求書をチェックするために使っていたシステムは、ひとつの医療機関から提出される請求の数が突然増加しても検出できなかった。そのため、個々の請求が標準的な内容であれば、まったくの偶然以外に詐欺がバレる可能性はなかった。

メディケア詐欺には、実在の患者の請求を水増しし、少額の詐欺を頻繁に行う請求サイクルを長期にわたって続ける「ロングファーム」詐欺もあった。この詐欺はメディケアシステムのもうひとつの弱点につけこんでいた。世間は一般的に医療従事者を信頼するのと同じように、医療管理者も信頼してしまう。請求書支払い機関は治療の必要性についてあとから医療機関にケチをつけるのを嫌がり、明らかな矛盾があったとしても、原因は詐欺ではなく手続き上のミスで片づけようとする。このシステムは不正請求を防ぐためではなく、過剰診療と保険治療の乱用を規制する目的で設立された。そのため、医療機関が組織的に不必要な血液検査を追加する、実際に実施した処置より高い料金を請求する、カスタマイズされた高価な車椅子の代金を請求しておいて、実際には安物を届けるといった行為をしたとしても、見過ごす可能性が高い。

メディケア詐欺から得られる教訓は、まともな会社が転落して悪質な会社になった場合と、完全に詐欺目的で設立された会社のあいだには質的な違いがあるということだ。前者の方が通常のチェックでは見つかりにくいが、後者の方がはるかに作りやすい。だからシステムと管理が標準化され、産業化されたメディケアのような環境では、ハーバード大学経営学教授でメディケアの歴史に詳しいマルコルム・スパローが、「まず散弾銃、つぎにライフル」と称したテクニックを利用できる。まず、多種多様な架空契約、請求、あるいは注文をでっちあげ、どれが却下されるか確認する。これが「散弾銃」期だ。こうしてチェック方法について情報収集したあと、「ライフル」期に移行し、うまくいった手口をそっくり真似するか、微妙に変化をつけて、できるだけ大量に撃つ。この手口が手を変え品を変え大量に発生するのは、詐欺の標的となる大きな機関が平均的な事務処理コストを最小限に抑えようとしている場合、そして詐欺がコストを引き上げる潜在的要因であると十分認識していない場合である。政府は犠牲者として他にはない特徴（規模が大きく、顧客を拒否できない。第一〇章参照）があるため、しばしばこの種の手口の犠牲になる。防衛調達詐欺の多くはこれと同じような手口だ。政府だけでなく、民間の大企業も散弾銃／ライフル作戦に弱い――この手口はクレジットカード詐欺と住宅ローン詐欺だけでなく、組織的な保険金詐欺の核心でもある。

一般的に架空会社を設立するにはほとんど投資を必要としないため、詐欺師は架空会社を作って実験してみる余裕がある。実在する合法会社ではなく架空会社を使う利点は明白だ。実在の合法会社の不利な点は、詐欺が発覚したときに不正と共謀の証拠がより多く残ることである。金を盗む方法も選択する必要がある。

❖——罪を免れる

私たちはこれまで、ロングファーム詐欺の第一段階に必要な商業的信頼を築く方法をいくつか見てきた。ここからは第二段階——捕まらずに逃げる方法だ。それを可能にするには、普通の会社の破産に見せかけるか、または詐欺会社と自分との関係をできるだけわかりにくくする方法がある。

状況が混乱しているときは、すべてを否定し、逆に債権者を批判することで驚くほどうまく切り抜けられる。グレガー・マグレガー卿が使ったのはこの作戦だ。生き残った入植者が少しずつ帰国しはじめると、彼は人々を名誉毀損で訴え、入植者を救助しようとしたベリーズの商人を中傷する小冊子を出版しはじめた——マグレガーは、彼らは繁栄するポヤイス国との競争を恐れて商品を盗み、居住地を破壊したと主張した。当然ながらこの紛争はマグレガーが信用を失って終わったが、ロンドンで半信半疑の空気が生まれたおかげで、彼はパリへ行って潔白を主張し、ふたたびポヤイス債を売りはじめることができた。売れゆきは明らかに落ちていたが、彼は一八四五年に世を去るまで、なんとかして債券を売ろうとする努力をやめなかった。

　現代のイギリスでは、詐欺・汚職事件を捜査する重大不正捜査局の運次第で、起訴された詐欺の有罪率は六〇から八〇パーセントのあいだで推移している。ニューヨーク州裁判所はもっとうまくやっているらしく、マンハッタン南部地区の有罪率は常に九〇パーセントを超えているが、これらの数字はもちろん直接比較できない。その理由として、イギリスの裁判所は最近まで司法取引を認めなかったこと、そして扱う事件が違うことが挙げられる。この点は重要だ。法廷で裁かれる詐欺事件は氷山の一角にすぎない。一見したところ、借金を返せないことは刑事事件ではなく民事（契約不履行）であり、公平かどうかは別として、事実と異なる陳述、不正、陰謀があったと明らかにするのは被害者の責任とされる。犯罪者が「被害者をなだめる」[★15]明白なチャンスを与えられる犯罪はほかにほとんどない。しかし、一般的に破産した会社が債権者の四分の三に返済計画を認めさせれば、残りの四分の一が司法当局に捜査の続行を了承させるのはきわめて難しい。

　罪のない顔をして損害の中に立ちつくすのは驚くほど効果的だとはいえ、第二防衛ラインがあれば告訴のリスクをきわめて低い水準まで下げられる。必要なのは支払い不能の責任を取る人物であり、支払い不能になったのは運が悪かったせいだとごまかしきれない場合に備えて、犯罪の尻拭いを引き受ける人物を用意しておくことだ。この役割に選ばれた人が詐欺の片棒を担いでいれば、その人は「フロント」「隠れみの」、そうでない場合は「パツィー」「他人の罪をかぶる人」と呼ばれる。

誰かが詐欺会社のためにフロントを演じる理由はなんだろうか。たぶん金のためだろう。詐欺会社の仲間が路上暮らしのアル中を見つけて散髪させ、新しいスーツを着せて、商社の新しい最高責任者として紹介するのは決して珍しい話ではない。上流の暮らしを数週間続けたあと、彼らはもといた安宿に送り返される。浮浪者がどれだけもっともらしく見えるかに頼るのが少々心もとないなら、詐欺会社のフロントを引き受けるのを得意とする常習犯もいる。[★16] 有罪率と典型的な判決を見ると、リスク（損失）とリワード（利益）の比率は必ずしも悪くない。しかし、誰かが詐欺会社の責任を引き受ける理由はほかにもある。その人物が自分のしていることに気づいていない場合だ。そういう人はパッツィーと呼ばれる。

合法会社の取引上の信用を悪用するもうひとつの方法は、これまでに述べた手口よりはるかに汚い。それは映画『グッドフェローズ』に見られる古典的な「バストアウト詐欺」［信用を利用して最大限に借金をしてから逃亡する手口］のような手法で、組織犯罪と結びついている。そこそこ成功している小さな会社——たとえばバーやレストラン——が新しい共同経営者をオーナーとして迎え入れる。一時的な財政難に陥って高利貸に頼った結果かもしれないし、悪い奴が野球のバットを持って正面入り口から乗り込んできたのかもしれない。どちらにしても、経営権は合法的なオーナーからペテン師の手に移り、新しいいかさまオーナーはその会社のこれまでの取引実績を悪用して、不正な掛買いをどんどん増やす。

しかし、バストアウト詐欺は暴力や脅しを使って実行する必要はない。ロングファーム詐欺師は、安く売り出されていてオーナーに分割払いを認めさせられそうな会社を探す。分割払いで会社を買収する利点はふたつある。前払いの現金支出を減らせるだけでなく、詐欺師にとって会社の所有権をあいまいにしておけるので、非常に都合がいいのである。元のオーナーがまだ会社の成功に利害関係を持っていて、レターヘッドなどに名前が載っていれば、信用調査所と売掛金管理者は経営者の変更に気づきにくく、商品やサービスを発注している人間たちを要注意人物の名簿（詐欺で服役した前科がある人間や、疑わしいほど数多くの倒産にかかわってきた人物）と照らし合わせる可能性は低い。

　他人の会社の取引上の信用を横取りするもっと大胆な方法がある。ある会社に詐欺師が前金を支払ったときでさえ、会社を売却するオーナーが正式に権限を移譲するために最後の取締役会を開くのが驚くほど難しい場合がある。そんなとき、取締役会の議事録はたいてい見つからず、前オーナーは詐欺会社の唯一の代表として取り残されて、悪い奴が詐欺を働いて逃げたのだと警察に必死に訴える羽目になる。[★17] 絶対に会社を現金で売ってはいけない。

　会社のオーナーは、会社を売る相手に注意するだけでなく、レターヘッドつきの社用便箋を使わせる人間を厳しく限定した方がいい。会社には指紋もパスポート写真もないので、レターヘッドはしばしば与信管理者から本物の証明と受け取られ、悪意ある人間の手に渡れば深刻な損害を引き起こすかもしれない——それを使って詐欺師同士がお互いの信用照会を書き、発注さえする可能性がある。犯罪学者マイケル・リーバイ教授は、ロングファーム詐欺に関する古典的著書『幻の資本家 The Phantom Capitalists』の中で、鋼鉄の神経の持ち主ならどんなものを盗んで逃げられるかを明らかにしている。

詐欺師の技術のひとつは口当たりのいい話ができることで、それは銀行に対しても被害者となる取引相手に対しても発揮される。この技術の好例は、一九六〇年代にサウスウェールズで行われたロングファーム詐欺である。アメリカ人のアクセントで話すひとりの男がウェールズの海辺のリゾート地を訪れ、自分はこの町の娯楽アーケードの買収を希望するアメリカのシンジケート(原文ママ!)の代理人だと名乗った。彼は気前のいい金額を提示し、オーナーたちはその話を喜んで受け入れた。しかし残念ながら、思いがけない小さな障害のせいですぐに契約を完了させることはできなかった。資金が一時的に動かせなくなっているからだ。しかし、と彼はオーナーたちに聞いた。売却を保留にしているあいだに、来シーズンのための商品を注文させてくれないだろうか。オーナーたちはこの依頼を聞いて、発注に使えるレターヘッドつきの便箋を渡しさえした。彼はすでに自分がアーケードのオーナーであるかのように多数の供給業者に発注書を送り、およそ三五万ポンド相当のファンシーグッズ、化粧品、食品雑貨類を掛買いで購入した。ある夜、これらの品物は密かに運び出され、男は二度と現れなかった。男の正体は今も不明のままだ。

最後に、「故買屋」——盗品を現金に換える者——について簡単に説明しよう。ロングファーム詐欺で得た品物を売るのは、強盗の戦利品を売るより簡単だ。故買には時間の要素がかかわるからである。車が盗まれれば所有者はすぐさま血眼で探すだろうから、盗難車を売るのは難しく、リスクが大きい。しかし、十数台の車が詐欺会社である自動車ディーラーに盗まれた場合は、被害者はその車が店頭に並んで一般客に現金で販売されているはずだと思っている。期限を過ぎても支払いがなく、債務不履行になってはじめて犯罪が明るみに出る。ロングファーム詐欺師のために働く故買屋は、取引しているあいだはまったく詐欺に見えなかったという強気な言い訳が常にできる。なぜなら、実際に詐欺には見えないからだ。そして一般的に、よほど大きな失敗をしないかぎり故買屋が有罪判決を受けることはない。

しかし、時間の要素は詐欺にかかわる人間にとっていつも仕事を容易にしてくれるわけではない。犯罪から発覚までのあいだに間隔をあけられるのは確かだが、それには犠牲がともなう。ビジネスにかかわる人々は、待つことに対して報酬が支払われるのが当然だと思っている——だから「時は金なり」ということわざがあるのだ。そして時間に金銭的価値がある以上、バレずにいるあいだに詐欺の規模はどんどん拡大している。これが詐欺の経済学を複雑にする原因である。

★01――ビットコインとそれに類似した暗号通貨は明らかに現金の匿名性を模倣して作られたが、その目標は完全に達成されたとは言えない――利用者はビットコインアドレス［口座番号のようなもの］と「ウォレット」［口座のようなもの］が絶対に自分個人と結びつかないように何重もの予防手段を取る必要があり、もしミスをすればビットコインのシステム構造は利用者の取引履歴をすべて明かしてしまう。シルクロードの運営者もそれで正体を突き止められて逮捕された。しかし、ビットコインアドレスをたどって個人にたどり着くためには、一般的にそのために特殊な捜査をする法執行機関の力が求められる。一般人の顧客にはとうてい無理だ。もちろん、ダークマーケットの取引業者の狙いもそこにある。彼らは自分たちの素性を誰にも知られたくない。つまりダークマーケットの利用者は、潜在的な詐欺対策の多くを犠牲にしているのである。

★02――私が知るかぎり、こうした犯罪的なマーケットは驚くほど質のいい迅速な顧客サービスを提供している。

★03――路上のドラッグ売りが企業間信用を得ることもそれほど難しくなかった。ドラッグディーラーが三〇日、ときには九〇日の支払い期間で大量の委託販売品を買い、それを他のディーラーや顧客に流す時間を稼ぐことは決して珍しくない。しかし、物事は往々にして複雑になる傾向がある。ドラッグカルテルが「売掛金」台帳を管理する手段は、これまでに何十本もの低予算映画の題材になってきた。

★04――ソーシャルニュースサイトのレディットでダークマーケットについて書かれた膨大なページを読んでわかった範囲で言えば、これは必ずしも事実ではないようだ――ドラッグビジネスにとどまりたい人にとって、おそらく出口詐欺で一度に得られる利益は、事業を再構築するためのコストと労力に釣り合わないのだろう。ほとんどの出口詐欺は「本物」で、しばしばペテン師は前と同じオンラインフォーラムに出入りして昔の友人に謝罪したり、犯罪から足を洗いたかったと言い訳したりする。まれにだが、自分の扱う商品で薬物問題を抱え、ふたたびドラッグディーリングに戻る危険を避けようとする人が、オンライン上の店舗を消滅させるための良心的行動として出口詐欺を行ったかのように見える場合がある。

★05――驚くなかれ、匿名だとしてもダークマーケットリサーチャーは存在する。主としてブログ執筆者だが、銀行向けコンサルタントと為替ブローカーの役割を演じ、リサーチ報告書を書いてビットコインで支払いを受け取ったり、自分自身のマーケットとエスクロー・サービスを宣伝したりする。

★06――成功した会社が「出口詐欺」を行うと決めたケースについてほかに発見できたのは、他人のロングファーム詐欺の利益を「横流し」して利益を出していた店舗のおかげで成功した家具屋の例だけだった。オーナーは引退を考えており、ロングファーム詐欺の世界の知識と経験とコネを利用したのである。

★07――もしそうだとすると、これは一種の市場犯罪を指す専門用語でいう「市場の独占」だった可能性がある。独占の仕組みと、それが禁止されている理由は、三一一ページ、「ピグリー・ウィグリー株の買い占め」を参照。

★08――正確に言えば、ティノが偽造した証券は別として、倉庫証券は本物で、偽物はオイルの方である。

★09――減税があるからリースの方がいいというのはなぜだろうか。基本的にハイテク企業はしばしば損失を出すが、税金をゼロ以下にはできない。だから減税措置は利益を出している会社がコンピューターを所有していなければ意味がないのだ。節税のためには、大きくて安定した利益を出している保険会社などがコンピューターを所有する方が理にかなっている。国税当局はたいていそれを大目に見ていた。リース会社は減税の本来の対象であるハイテク企業に少なくとも利益の一部を還元するからだ。

★10――「株主ローン」は危険信号とは言わないまでも、「要警戒」である。あなたが所有している会社から配当や役員報酬を受け取るのではなく、自分自身に融資することによって現金を引き出す理由は、詐欺以外にたくさん(主として税関連)ある。しかし、特にあなたが返済するつもりのない「融資」である場合、決算報告書はかなり不可解なものになる。

★11――アメリカの犯罪用語に関する短い注。「郵便詐欺」は米郵便公社を利用した詐欺、「通信詐欺」は通信システムを利用した詐欺である。州の司法権の問題を避けるために米郵便公社と通信システムが創設されたとき、どちらもアメリカでは連邦犯罪となった。不正証券を州境を越えて持ち出す行為に関することがすべてそうであるように、アメリカでは連邦犯罪となった。小切手詐欺もまた、連邦準備制度の支払い準備にかかわるので、連邦犯罪である。アメリカでは連邦管轄権を発動させずに重大な詐欺を犯すことは(不可能ではないとしても)難しい。

★12――メディケア詐欺について参考にしたマルコルム・K・スパローによる『盗みのライセンス License to Steal』などによる推定。

★13――もっとひどい場合には、実際に提供したが、本当は提供するべきではなかった医療サービスの料金が請求される。ある血液検査機関のチェーンは不必要な検査をすれば請求書を水増しできると気づいた。彼らはこの詐欺を貪欲に実行したため、献血を実施しているクリニックをすべて使い尽くしてしまい、もっと増やす必要に迫られた。ニューヨーク地域の病院で週に二、三回、およそ一リットルの献血をしたホームレスが救急搬送されるケースが多発し、「検査機関詐欺貧血」に関する医学論文が発表された。

★14――人間性に対する信頼を疑わせるのがメディケア詐欺のもうひとつの側面である。認知症患者は記憶が混乱しやすく、どの医療処置を受けたか、あるいは受けなかったのかについて信頼できる証言をしなかったため、不正なクリニックと医者に特に食い物にされた。

★15――使いやすいこの表現はカナダの社会学者アーヴィング・ゴッフマンによって有名になった言葉で、詐欺師が被害者にものの見方を変えるようにあれこれと説得する行為をさしている。たとえば自分は正義を求める犯罪被害者だと考えるのではなく、少し不運だっただけ、あるいは投機的な事業の失敗に巻き込まれただけだと考えるように言う。社会学的に見ると、いったんその現象に気がつけば、官僚主義的な日常生活の中で犯罪とは無関係な多くの機関が、おおまかに言えば「被害者をなだめる」行為と似た働きをしているように見えるとゴッフマンは主張した。

★16——口を閉じておく方法を知っていて、刑務所に行く覚悟がある会計士が雇える人は、まさにロングファーム詐欺で稼いでいるか、さもなければやる気がないだけだと言われている。

★17——しかし、そう訴える人々を警察が疑いの目で見るのはもっともだ。フロントが——あるいはフロントを使っていない場合は詐欺師自身が——知らないうちにパツィーにされたふりをするのはよくある言い訳である。

第三章
雪だるま効果

蓄積せよ、蓄積せよ。これがモーセの言葉であり、預言者の言葉である。
——カール・マルクス『資本論　経済学批判第1巻』（中山元訳、日経ＢＰ社）

❖——ポンジスキーム

陳腐な言い方かもしれないが、兆候はあった。チャールズ・ポンジはほぼ一文無しのイタリア人移民として、一九〇三年にボストンに到着した。航海中にいかさまカードゲーム師に有り金を巻き上げられ、手元に残ったのはニューヨーク経由でピッツバーグの親戚のもとへ行く切符だけだった。いくつかの事務職と半端な仕事についたものの、行きついた場所はモントリオール刑務所だった。自分が銀行詐欺でここに放り込まれたのはとんでもない誤解だ、たぶん恋敵のひとりのしわざで、自分はいつか復讐されると言い張った。カナダを出て身を立てる努力をした方がいいと諭されて、不法移民の一行に交ざってアメリカに戻ったが、そのせいでまたも短いあいだ収監された。

ポンジは電力・照明事業への投資詐欺スキームを広め、ニューオーリンズの秘密結社の一員を装い、アラバマの医療保険詐欺師と手を組み、結婚して一九一九年にボストンに帰った。彼はここで一見合法的なビジネスをはじめた。生まれながらの語学と営業の才能を生かし、役に立つ住所、領事館、税関手続きなどの情報の概要をまとめたトレーダーズ・ガイドを発行して輸出入貿易に携わる世界中の会社に無料で配布し、広告欄を売って収入を得るアイデアだった。それ以前にポンジが発行した国際貿易新聞はうまくいかなかった。しかし、新聞を売り込む努力をするあいだに、人生を変える発見をした。スペインにある会社から新聞のサンプルを一部送ってほしいという依頼とともに、送料として国際返信切手券が送られてきたのである。

切手券を現金化しようとして、ポンジはこの切手券が万国郵便連合に加盟しているどの国の郵便制度でも一定額の切手と交換でき、それぞれの国の現地通貨で売却もできると知った。国際返信切手券の制度は価格表に基づいて一定の交換レートを定めていたが、交換レートは市場の為替レートと大きな差があった。この差は特に第一次世界大戦の影響で通貨価値が著しく切り下げられたイタリアやポルトガルのような国々で著しかった。

ポンジはイタリアにいる親戚にドルを送金してリラに換えて切手券を購入させ、それをボストンに郵送させる実験までした。それからこの切手券をミルク・ストリートの郵便局に持っていき、初期投資のおよそ二倍の金額に相当するアメリカの切手と交換した。この方法はまるで無尽蔵に金を引き出せるＡＴＭのようだった。必要なのはより多くの資金を集めることだけだ。彼は借りもののオフィスから「ボストニアン広告出版会社」の看板を下ろし、「セキュリティーズ・エクスチェンジ・コーポレーション」[★01]の看板を掲げた。金を借りる準備は万端だった。

最初の「投資家」は、ポンジが借金していた事務用品セールスマンだった。ポンジはこの商業債務を五〇％の利払いを約束した九〇日間の約束手形とまんまと交換した。ポンジは不満げなこの債権者に自分がただ時間稼ぎをしているのではないと納得させるために、国際返信切手券で利益を得るスキームを説明しなければならなかったが、詳しい話を聞いて、セールスマンはひっかかった。ポンジはたいてい投資してくれそうな人に自分のスキームを詳しく教えるのを嫌がらなかった。ヨーロッパで大量の切手券を買えるつてがある人間は自分のほかにいないから、アイデアが盗まれても平気だと言った。これは本当だったが、ポンジにもそんなつてはなかった。

郵便監察官は何度もポンジのオフィスを訪れ、彼のやっていることは詐欺だと非難した。しかしそのたびにポンジの人当たりのよさと頭の回転の速さにごまかされ、このスキームは合法だと納得させられた。万国郵便連合は合意された交換レートの問題をあらかじめ予想し、投機家がこの制度を利用して金もうけできないように多数の防止策を用意していたが、その規則に精通している人間はどうやら誰もいないようだった。ポンジが実際に彼のスキームを実行しようと試みたとしても、海外にいる彼の手先が切手券を大量に買うのは難しかっただろうし、ポンジは切手券をアメリカで現金に換えることはできなかっただろう。しかし、ポンジが本気で切手券を取引しようとしたことをうかがわせる具体的な証拠はない――ポンジはもうかるはずの切手券取引が軌道に乗らないのは、よくわからない手続き上の問題が原因だと主張したが、ほぼ間違いなくこれは嘘だろう。

事務用品セールスマンに続いて、まもなくほかの投資家も加わった。ポンジは同じ条件を――九〇日後に五〇パーセントの利払い――を提示した(のちに六〇日に短縮された)。話はまずボストンのイタリア系アメリカ人のコミュニティに広まり、すぐにニューイングランドの広い地域に拡大した。ポンジは委託販売員を雇い、集めた金の一〇パーセントを手数料として彼らに支払った。借りもののオフィスはたちまち手狭になり(客が殺到して周辺に深刻な交通渋滞が起きた)、ボストンのビジネス街の中心にあるスクール・ストリートの大理石張りの建物に移転した。ポンジは自動車を買い、太い葉巻を吸って、町中で目立つふるまいをした。

ポンジの拡大計画は、意図的であると同じくらい幸運も手伝っていたようだ。[★02] モントリオール刑務所で囚人仲間だった男が仕事をくれと言って訪ねてきて、ポンジの後ろ暗い過去をばらすと脅した。ポンジは新しい支店を立ち上げるためにこの男をボストン郊外とニューイングランドの町に派遣した。この新しい従業員は持って生まれた才能を発揮し、まもなく支店網はボストン本店に匹敵する数の新しい顧客を生みはじめた。一九二〇年までに、ポンジは三万人を超える個人客と総額数百万ドルの現金を手にしていたが、自分がした約束を果たせる見込みはまったくなかった。

ポンジスキームが、それを模倣したほとんどの手口と違うのは、少なくとも最初のうちはポンジが投資をやめようとする人を引き留めるどころか、むしろ歓迎していた点である。投資家たちに示した販売企画書では、利子は満期にならなければ支払われない——九〇日間待たなくても資金はいつでも払い戻せるが、利子は受け取れないと書かれていた。実際、満期前の解約は彼の資金源を減らすのと引き換えに、根本的な問題の規模を小さくした。反対に満期を迎えた出資金をふたたび新しい手形に再投資する顧客は、現金を減らさない代わりに、彼が抱える問題を大きくした。このスキームが最初の満期日に破綻せず、なんとか持ちこたえたのは顧客の再投資のおかげだった。こうして稼いだ時間を使う点において、ポンジは悪賢いばかりでなく、勤勉でもあった。彼は嘘と架空の資産を使って、現実の富を手に入れようとしはじめた。

剣を取るものは皆、剣で滅びる[新約聖書『マタイによる福音書』二六章五二節]。ポンジスキームは銀行の取り付け騒ぎと同じなりゆきで破綻する運命だったが、そのスキームを操っていたあいだ、彼は銀行に取り付け騒ぎが起きる可能性を自分の武器としてためらいもなく使った。スキームが絶好調だったとき、セキュリティーズ・エクスチェンジ・コーポレーションの現金残高(表向きは切手券を購入する代金をいつでも支払えるように、短期銀行預金として手元に保管されていた)はボストンと周辺地域の通貨供給量のかなりの割合を占めていた。多くの重要な大銀行にとって、ポンジの預金額はそれらの銀行が短い期間で調達できる金額を上回り、経営維持に必要な資金の流動性を保つために欠かせない資金だった。ポンジはこの事実がもたらした絶大な影響力を行使した。

ポンジはハノーバー信託銀行の株をほんの少し買ったあと、大株主になるために各取締役が個人で保有する株を売るよう要求し、さもなければ預金の即時払い戻しを要求すると脅した。こうしてチャールズ・ポンジは銀行をひとつ手に入れ、およそ二〇〇万ドルの出費で、その何倍もの貸し付けができる資金源を支配する権利を得た。彼はこの新しい力を駆使してボストン中の銀行と不動産会社の買収を試み、不要になって売り出された米海軍の船に入札した。ポーランド国債を引き受けようとさえしはじめた(そうすることで新しい民族コミュニティに販売網を拡大した)。

破綻の引き金を引いたのは、ポンジの最初の投資家(とっくに支払いを受け取っていたため、最初の「被害者」とは呼べない)だった。最初にポンジの約束手形を受け取った事務用品セールスマンはその後のポンジの華々しい成功に目をつけ、チャールズ・ポンジは最初の取引でセキュリティーズ・エクスチェンジ・コーポレーション自体の五〇パーセントの権利を自分に売ったのだと法廷で訴えた。訴訟そのものよりも、むしろ問題は訴訟によってポンジの過去、特に彼が不正行為の犯罪で有罪判決を受けた回数に世間の関心が集まったことだ。彼は全力で反撃して名声を死守し、心に一点のやましさもないことを証明するために有名な霊能者による公開試験まで受けた。しかし、疑いは晴れなかった。何より問題だったのは、国際返信切手券で利益を上げたという記録を提出できなかったことだ。そんなものはないのだから。ポンジは一度も自分のスキームを実行に移していなかった。役人に賄賂を送り、銀行は敵だと信じて、自分とハノーバー信託銀行の預金を銀行に対抗する武器として利用した。雇った弁護士は彼よりむしろ大物のペテン師(アイルランド系ボストン市民で政治的策士の「ダッパー・ダン」・コークリー)だった。ポンジはボストンとモントリオール間の電信を妨害しようとさえした。

ついに破綻を迎えたとき、チャールズ・ポンジは詐欺の世界でもうひとつ時代に先駆けた発見をしようとしていた——必要な現金を手に入れるために、ハノーバー信託銀行から自分の会社に融資を行ったのだ。S&L危機[一九八〇-九〇年代にかけて米国で多数の貯蓄貸付組合が破綻した金融危機]で明るみに出た「コントロール詐欺」(第六章参照)を半世紀も先取りする行為だった。しかし、残っていた正直な従業員たちはこの計画に危機感を募らせ、州銀行委員会の介入を要請した。セキュリティーズ・エクスチェンジ・コーポレーションに関する監査報告書(この報告書の評価に対するポンジの反論は要領を得なかった)が提出されると、五〇パーセントの利子をつけて債券を返済できる資産がまったく存在しないことは疑う余地がなく、ポンジは連邦保安局に逮捕された。

ポンジスキームはポンジの名に由来する詐欺の手口だが、詐欺師としてのポンジの腕前を十分表しているとは言えない。現代の多くの「ポンジスキーム」詐欺をたくらむポンジの亜流とポンジもどきに比べれば、彼ははるかに如才ない詐欺師だった。かなり初期段階から、ポンジは自分が時間稼ぎをしているにすぎず、切手券スキームのように鮮やかで、しかも実行不可能ではない新しいアイデアを見つけなければだめだとわかっていた。根っからの悪党にとって、「所有している資産」より「コントロールしている資産」の方が重要であると理解していた点で、ポンジは時代を数十年も先んじていた。しかし彼はボールペンを発明したビーロー・ラースローやディーゼルエンジンの発明者ルドルフ・ディーゼルと違って、投資詐欺を発明したわけではなかったし、年齢、信仰、民族などの特徴を共有するグループをターゲットにするという発想すら彼の専売特許ではない。実際に、チャールズ・ポンジは世界ではじめてポンジスキームを実行したわけではないばかりか、ボストンではじめてでさえなかった。サラ・ハウと彼女が設立したレディーズ・デポジット・カンパニー(一一四ページ参照)の方が、ポンジより五〇年近く早かった。しかしいつものことだが、女性に世界初の栄誉が与えられることはなかった。

詐欺師人生の途中で、ポンジは利益を出して詐欺から足を洗うのに十分な本物の資産を(特にアメリカ政府が実際の価格よりはるかに安く数千隻の船を売り出しているように見せかけた米海軍スキームによって)もう少しで手に入れられるところまでいきさえしたかもしれない。彼に必要だったのは、投資した人々の大半が満期前に未払いの利子をあきらめて償還することだった。しかし、そうなればもちろん払い戻しの現金がもっと必要になる。債券をもっと売って現金の流出を減らそうとすれば、根底にある問題は拡大する一方だ。複利の仕組み、特に九〇日ごとに五〇パーセントの利子は、ポンジの手に負えなかった。ポンジはあくまでも強気な姿勢を崩さなかったが、彼がこねた理屈のようにピンチを切り抜ける可能性があったようには見えない。これが「ポンジスキーム」の本質だ――チャールズ・ポンジの名を冠したその後のあらゆる詐欺に共通する特徴は、古い借金を返すより速く新しい資金を集めて、膨らむ一方の詐欺の赤字を埋めなければならないということである。

❖――ピラミッドスキーム

ポンジのオリジナルの詐欺の手口がベネチアの宮殿だとすれば、現代の「ピラミッドスキーム」は無造作に積み上げられた石ころである。ポンジによるリスクと陰謀の優雅なダンスに比べれば、デザインらしきものはほとんどなく、センスのかけらもなく、どう考えても崩壊しそうな予感しかない。唯一の共通点は、発起人がしばらくのあいだ一般大衆に姿を見せないことと、宗教や人種が同じで親近感を持つ人々のグループを狙う場合が多いことだ。たとえばアメリカの教会ではピラミッドスキームが流行したため、信徒たちのあいだに発生したピラミッドスキーム詐欺に気づく方法を書いた牧師向けの手引書が出版されている。それらの本には約束された富が人を惑わす性質について説教するときに使える聖書の語句のリストがついていた(たとえば旧約聖書『コヘレトの言葉』五章四節「願をかけておきながら誓いを果たさないなら/願をかけない方がよい」)。

最も単純な形のピラミッドスキームは、物品が人の手から手へ移るのではなく、かつては郵便で、最近では電子メールとフェイスブックでコピーされて拡散される「チェーンメール」の形を取る。たとえば「無限ゲーム」と呼ばれるスキームは、一九八〇年代に自己啓発セミナーやニューエイジ・セミナーで宣伝された。このスキームで要求される金融取引の仕組みは、飛行機にたとえて説明される。ゲームは「パイロット」ひとり、「副操縦士」ふたり、「客室乗務員」四人、「乗客」八人で構成される。[★03] 乗客はパイロットに一五〇〇ドル払い、パイロットは「引退」する。次にグループはふたつに分かれ、ふたりの副操縦士が新しい二機の「飛行機」のパイロットになる。四人の客室乗務員は副操縦士に昇進し、ふたりずつに分かれて、ふたりの新しいパイロットの下につく。乗客も同様に分かれて「客室乗務員」に昇進し、新しい二機の飛行機を満席にするために新しい乗客を勧誘する仕事を与えられる。これがずっと繰り返され、乗客として参加し、めでたく機長として引退する人は、最初に支払った一五〇〇ドルに対して、一万二〇〇〇ドルの報酬を得る。

この金はどこから来るのだろうか？　その仕組みの裏には、遅かれ早かれ新会員のなり手が尽きて、誰かに一五〇〇ドル支払ったにもかかわらず十分な数の「乗客」を勧誘できなくなり、自分は機長になれない人が大勢いるという事実が隠れている。無限ゲームでは、新しい飛行機にふたたび乗客レベルで参加する成功した「機長」につられてこの事実はごまかされているが、それで計算が変わるわけではない——ピラミッドスキームはゲームの主催者の懐に入ったのと同じ金額を集めるために、新しい乗客を見つけられるかどうかにかかっている。

あなたが各段階でより多くの会員を集め、より多くの金を払えば、このスキームは上位会員にますます利益をもたらすが、その分だけ破綻するのも早くなる。そこで、利益を最大限にし、逃げ出す時間を稼ぐ前にスキームが破綻する可能性を最小限にするために、うまく微調整する必要がある——これは「ロングファーム」と「ショートファーム」のどちらを選ぶかと同じく、ビジネス上の決断である。

この例からわかるように、本来このスキームは自然に終わるはずで、犯罪者の観点から見れば、その方が好都合だ——自分が現金を受け取ったあともピラミッドが五回も六回もサイクルを繰り返せば、自分とまったく無縁な人々にまで拡大し、当局は必死になって各レベルの会員をたどって最初の詐欺師の正体を突き止めるだろう。
この形で行われるピラミッドスキームは、犯罪の中で最もつまらない人間が集まる醜悪でばかげたスキームである。なぜかというと、ほんの少し先が読めて、世界人口には限りがあるという事実を理解する頭がある人間には使えないからだ。そういうわけで、この種のピラミッドスキームはだまされやすい人ばかり犠牲にする傾向がある――無限ゲームは人生に足りないものがあると感じてセミナーに参加する人々を狙い撃ちした。米国南部諸州では、ピラミッドスキームに関する苦情のおよそ半数は貧困地域の教会から届いたと当局が報告している。★04
進化したピラミッド詐欺には実際の商品がかかわるものがある。新会員は金を支払うのではなく、商品を購入し、一般大衆に売り、新しい販売員を勧誘するよう要求される。あなたが勧誘した販売員が商品を売れば、あなたに「手数料」が入る。この方法の大きな利点はいくつかあるが、第一にピラミッドの本質が見えにくくなる。「贈与型」のピラミッドスキームならすぐに見抜ける人も、そのスキームが普通の会社の外見をまとっていれば、その根底にある経済的仕組みに気づきにくい。新会員になる可能性がある人に疑いを感じさせる「ただで何かを手に入れる」感覚が、このスキームには少ないからである。
第二に、商品次第では、ピラミッドが合法会社になる可能性が高い。新会員が実際に価値のある商品を一般大衆に販売すれば、上位会員への支払いを絶やさないために常に新会員を募集する必要はなくなる。会員が増えなければ上位会員はあまり利益を得られないが、下位会員がなんの報酬もなく金だけを払うことはない。実際に「ダウンライン・コミッション」〔自分より下の階層の会員の売り上げに基づく報酬〕を稼げる能力に基づいて販売員を採用する合法会社は存在する。これによって非常に奇妙なグレーゾーンが形成される。ピラミッドスキームかどうか誰も明言できない会社が存続し、事業を行っている可能性は十分ある。

もちろん、法的正当性があればいいというものではない。マルチ商法の世界には、タッパーウェアもあればアムウェイもある。清掃用品販売のアムウェイは、政府のあらゆる調査を経てピラミッドスキームではないと認定されたが、今なお膨大な数の人々（その多くがホームページを開設しているようだ）が、自分を勧誘した友人や親族にひどい目にあわされたと感じている。これはピラミッドスキームと合法的なマルチ商法の会社の両方に共通する不愉快な性質のひとつだ――それらは親近感を持つ人々のグループを通じて拡大する傾向があるので、険悪と言っていい雰囲気を生みやすく、このスキームの経済的正当性を信じるかどうかがグループの一員でいられるかどうかの条件になり、信じないものは「締め出される」からである。マルチ商法で成功した人がいるのは確かだが、一般的にもの静かな善人タイプの人が集まる場所ではないように見える。

❖──膨らみ過ぎて破綻する

ピラミッドスキームが破綻する原因は、短期的なヒットエンドラン方式のロングファーム詐欺より長く続く詐欺に共通する重大な特徴──雪だるま効果──にある。雪だるま効果は資本主義に本来備わった性質だ──ビジネスに金が注ぎ込まれ、さらに多くの金が生まれる。増えた金は事業資産に再投資され、さらに増える。比較的少額の収益でさえ、銀行預金の利子のように時間がたてば増大する。しかし、詐欺会社と合法会社のひとつの重要な違いは、まっとうな会社にとって成長と利益の原動力となる複利が、詐欺会社にとっては敵になるということである。なぜなら正真正銘の会社と違って、詐欺会社は犯罪者によって金を抜き取られるので、会社自体を維持するための実際の収益を生まないからだ。だから返済期日になるたびに、詐欺師は会社を畳んで逃亡するか、規模を拡大するかの選択を迫られる。時がたつにつれて、スキームを維持するためにもっと多くの金をだまし取らなければならなくなる。

単純な投資詐欺、たとえばポンジスキームや、バーナード・マドフの犯した罪について考えてみよう。細かい点は抜きにして、投資リターン（利益率）の計算だけに着目したい。あなたは二五パーセントのリターンを約束して複数の投資家から一〇〇万ドルを集める。しかし、あなたはそれを投資に回さず自分のものにする。一年たって、あなたはまた別のカモから新たな資金を集めて詐欺を続けようとする。なんでも言うことを聞く会計士に二五パーセントの利益が出たと「証明」させ、この驚異的な投資実績を盾に、さらに金を調達しに行く……いったいどこまで？

少なくともあなたは一二五万ドルを調達しなければならない。元本だけでなく、あなたが増やしたふりをした架空の利益も投資家に支払わなければならないからだ。さらに事態は悪くなる一方だ。これ以上盗むのはやめるとしても、二年目の終わりには、あなたに一二五万ドル預けた人々が一五六万二五〇〇ドルの支払いを求めてくるからである。これを五年間続ければ、最初の一〇〇万ドルの窃盗をごまかすために、新たに三〇〇万ドルを超える詐欺をする必要がある。しばらくすると、再投資した資金の総額は手に負えないほど膨らんで、詐欺は破綻する。

この犯罪の特徴をポンジスキームほどはっきり示すものはない。しかし、二重帳簿を必要とする詐欺ならどんな形の詐欺であろうと、たいてい同様の問題が発生する。金が抜き取られた途端、「実際の」預金口座と「表向きの」預金口座とのあいだにギャップが生じる。このギャップをなんらかのごまかし――会計操作、またはありもしない金があるという単純な嘘――で埋めなければならない。いったんギャップが生じると、それは広がっていく。表向きの帳簿は、投資家の信頼を維持するために利益と有益な投資を示さなくてはならない。一方で、実際の帳簿には同様の成長の印はまったく見えない。そもそも架空の会社と違って本物の会社はうまくいっていないし、現金と価値のある資産は詐欺師にかすめ取られているからだ。だから詐欺は月日がたつにつれてますます拡大するしかない。

借金がある場合、複利はしばしばさらに大きな問題になる。ローンは月々の返済が必要で、架空の金では現実の借金を支払えない。そこでしばしば詐欺師は第一のローンを返済するために第二のローンを組む。残念ながら、古いローンだけでなく新しいローンにも返済が必要になる。架空資産は順調に増え続けているが、そこから実際の金はまったく生まれない。クレジットカード詐欺はしばしばこのように急激に膨らむものだ——ひとりの貸し手に対する少額の詐欺が、最後には複数の銀行を巻き込んだ大きな詐欺になる。コンピューターリース事業のＯＰＭリーシング社はやむをえず犯罪の道を選んだが、彼らが選択した以上に急速に坂を転がり落ちていったのは、雪だるま式に膨らむローンの支払いが大きな原因の一部だったように見える。

素人と駆け出しの犯罪者はこの落とし穴にはまりがちである。万引き犯や強盗は一回か二回盗みを働いたら、いったんやめることができる。ブルーカラー犯罪者［ホワイトカラー犯罪とは対照的に社会階層の低い人々による犯罪］が逮捕を免れるには、そもそも犯罪に手を染めない人間になるしかない。しかし、横領犯や悪徳トレーダーは犯罪の存在そのものを隠す必要がある。一度きりの横領犯になるのはとても難しい。最初の犯罪のせいでさらにいくつもの犯罪を重ねなければならなくなり、規模はたいてい大きくなっていく。小物のホワイトカラー犯罪者はついに捕まったとき、しばしば安堵の涙を流す。レスリー・ペインはこう書いている。

これらの会社はまれにみるエネルギーと知性の持ち主によって経営され、しばしば大きな成功を収める。詐欺会社の経営者が商業的成功を手にしたのに気づいたときほど哀れなものはない。彼らは最初に盗んだものをなんとか返済しようとするが、バラを枯らす病気は容赦なく広がり、バラ全体を根絶やしにしてしまう。

ところで、そのギャップを埋めるひとつの方法は、まだ盗まれていない金を使って大勝負をすることだ。ニック・リーソン［英ベアリングス銀行を破綻させたトレーダー］のような「ならず者」トレーダーが、ひとつの銀行を破綻させるほど隠蔽した損失を拡大してしまうのは、そういう理由による。しかし、小物の横領犯でさえ、会社から少額の金を持ち出したあげく、損失を埋めるために競馬場やカジノで一か八かのギャンブルをする例が知られていないわけではない。

しかし、複利成長率がそれほど致命的なら、詐欺がこんなに長続きするのはなぜなのだろうか。大金を盗みたい、あるいは一回の支払い請求サイクルより長く詐欺を続けたいという野心を持つ詐欺師が直面する最大の問題のひとつは、なんとかして雪だるま効果を抑えることである。大金を手に入れたければ、詐欺を続けなければならない。また、まだ逃げ道を思いつかないなら、あるいはなんの計画もなくうっかり詐欺に手を染めてしまったなら、そのまま続けるよりほかに道はない。しかも詐欺を続けているあいだは、規模を拡大し続けるしかない。あなたが誰かに支払うべき収益と返済は複利計算で増えていくため、自分が倒れないためには新しい詐欺の金額をどんどん増やすしかない。継続的な詐欺をうまくやるための最大の障害になるのは、この雪だるま効果である。

❖——ハトの王

現代版ポンジスキームは、ポンジに倣って少しでも規制のある市場での取引を避けようとする傾向がある。ポンジがスキームの最初に最も重視した点のひとつは、国際返信切手券の取引がマサチューセッツ州の不正証券取引禁止法、通称青空法の管轄外だと確認することだった。青空法は、特段の事情がないかぎり「株式を青空の下で売る」株式プロモーターの活動を規制するために施行された法である。ポンジに続く世代の詐欺師たちは、ポンジの先例に倣って金融規制法の対象にならない資産を扱った。それにはふたつの理由がある。ひとつは宣伝資料に制約が少ないため、どんな大げさな売り文句も許されることだ。もうひとつは証券規制当局に見張られずにすむからである。証券規制当局は、何十件もの技術的な違反や監査ミスのうちひとつでも該当すれば、情け容赦なく独断的な権力をふるって投資スキームを終了させる。規制されていない領域で詐欺が行われる場合、当局はそれらを(単に卑劣で途方もない投資スキームではなく)詐欺として扱うしかない。その場合、そのスキームが露骨なものでないかぎり、たいてい詐欺が破綻するまでは証拠を集めるのは難しい。

現代版ポンジスキームの中で特に興味深い例に、農業や家畜への投資がある。生き物——とりわけ繁殖周期が短い鳥類——は、ポンジスキームを計画する者にとっていろいろな使い道がある。鳥類の販売は、たとえ投機的目的であっても大体において規制対象外で、繁殖率の高さによって二桁の高い収益率が期待でき、ヨットや太陽が輝く島々を夢見る投資家を引き寄せて、彼らの批判能力を鈍らせるからである。

たとえば、レース鳩の繁殖用のつがいは普通一度に二個の卵を生み、ちゃんと世話をしてうまくいけば、オーナーは一年以内にもう一組の繁殖用つがいを手に入れられる。オーナーが最初に買った繁殖用つがいとほぼ同じ金額でこの新しいレース鳩を売れば、初期投資に対する収益率は一〇〇パーセントだ。

このような方法で生計を立てている人がいるのは確かだが、新聞の社会欄に目を通せば、レース鳩でもうけた億万長者はいないし、おそらく百万長者さえいないと気づくだろう。だから三万ドルでレース鳩への投資を開始し、一五年間ずっと一〇〇パーセントの複利収益を稼いだ人が誰もいないのはほぼ間違いない。問題は、レース鳩の世界市場がそれほど大きくなくて、一年間で市場がほとんど成長しない点である。しかし、ごく少額の投資で、天井知らずの複利を期待しなければ、鳩の繁殖で高い収益率が期待できるのは事実だ。

カナダの「ピジョン・キング」、アーラン・ガルブレイスの被害者にとって不運だったのは、投資収益率が必ずしも複利ではなく、市場規模がかぎられているという事実を理解できなかったことだ。ガルブレイスは元農民で、一九九〇年代に破産したあと、カナダの（アイオワ州司法長官が調査を開始するまではアメリカも）農村に行き、自分が開発した「ストラスクライド遺伝学」繁殖プログラムのすばらしさを触れ回り、一〇万ドルかそれ以上のローンを組めば、ひとつがいの繁殖用鳩をおよそ一六五ドルで買えるともちかけた。買い手にとってはリスクの少ない提案のように見えた。ガルブレイスは今後一〇年間、最初の鳩を売ったのと同じ金額で、生まれた鳩をすべて買い取ると約束したからだ。人々は畑を担保にして、副業をやめた。

数年間はうまくいった。最初のうち、アーランの会社「ピジョン・キング・インターナショナル」は、ブリーダーの数を数十名に限定するつもりだ（レース鳩市場に鳩を売るつもりなら当然だ）★05と言って人々を信用させた。しかし、この約束はまもなく反故にされ、たくさんの販売資料（ウェブサイトには有名な鳩愛好家のマイク・タイソンがアーランの鳩を抱いている写真があった）と、基本的なポンジスキームのからくりに取って代わられた。つまり、押しの強い意欲満々の販売員の登場である。ピジョン・キング自身は、自分がどこで鳩を売りさばいているかを誰にも打ち明けなかった。中東のシンジケートの存在をほのめかし、自分だけが持っている世界の鳩市場に関する知識が成功の鍵だとブリーダーに印象づけた。実際には、鳩はブリーダーから買い取られたあと、ほとんどすぐに新しい投資家に売られていた。

あきれたことに、数年間はこの鳩の詐欺ビジネスに加わりたい人々の順番待ちのリストが実際にあった――販売員は鳩よりはるかに生産性が高かったのだ。しかし、鳩を繁殖させる人々の数は急激に増加し、最後にはいつも供給過剰に陥った。二〇〇八年頃、米当局による規制とベターファーミング誌に掲載された批判的な記事のおかげで鳩の売り上げが落ち、一気に崩壊がはじまった。ガルブレイスは鳩を買い取れなくなった。会社は鳩の食肉加工事業★06に「方向転換」し、加工場を建設中だとブリーダーに説明した。経理担当者から迫られて、ピジョン・キング・インターナショナルはついに関係者全員に手紙を出し、破産した――もう鳩は買い取れないし、夢は終わった――と告げた。

ポンジスキームの詐欺師は、投資はいつでも現金で払い戻せると被害者に約束して利益を得るが、カナダの鳩繁殖詐欺はその手口のいい例である。アーラン・ガルブレイスが鳩の持ち主に代わって鳩を売りさばくと請け合わなければ、ビジネスとして鳩の繁殖がいい考えだと思う人はもっと少なかったはずだ。そして初期段階で最初の投資家に安定した現金収入が入ったおかげで、ピジョン・キングへの大衆の信頼は高まり、販売員はすべての損失をかぶる最後の投資家を引き入れることができた。

初期の投資家の中には、アーラン・ガルブレイス自身と同じか、それ以上の利益を得た人も実際にいた。詐欺が破綻するまでに、ガルブレイスは投資家からおよそ四二〇〇万ドルを集めたが、そのうち三〇〇〇万ドルをブリーダーに返済したので、手元には一二〇〇万ドルしか残らなかった。もちろん、彼はこの詐欺を実行するために将来生まれる鳩をすべて買い取ると約束したので、負債総額はもっと大きかった——破産時に回収不能とみなされた金額は三億五〇〇〇万ドルにのぼった。アーランが盗んだ金は総額の五パーセント未満にすぎず、九五パーセント以上はでたらめとたわごとだった。判決は大体において大きい数字に基づいて決定されたが、被害者の真の損失額は低い方の見積もりに近い。

低い方の数字でさえ、ピジョン・キングは全額を自分のものにしたわけではなかった。販売員の手数料は総収入の一〇－二〇パーセントで、ガルブレイスが盗んだ金額のうち六〇〇〇万ドルに達した。ピジョン・キング・インターナショナルは実在する会社で、建物とワゴン車を所有し、従業員を雇っていた。彼らが詐欺に貢献した点と言えば、糞をシャベルで片づけるまともな仕事をしただけだ。成功の絶頂にいたとき、ガルブレイスは四〇万ドルの給与を自分に支払っていた。破産経験のある元農民としてはたいした金額だが、強欲な野望というほどではない。この奇妙な詐欺から彼が実際に得た利益といえば、もっぱら鳩の繁殖に関する独特な理論を使って一〇年間ピジョン・キングでいられたことだ。アーラン・ガルブレイスの罪はどうあれ、彼は純粋に鳩を愛していた。それなのに彼の詐欺の直接的な結果として、破産した投資家は家と農場を失っただけでなく、一七万五〇〇〇羽もの鳩をガスで殺すか、絞め殺さなければならなかったのは残念というほかはない。

ピジョン・キング・インターナショナルは「償還」をコントロールする方法を持っていなかった——会社は鳩の繁殖力によって決まるペースで資金を調達する必要があった。そのため、ピジョン・キング社は非常に押しの強い販売手法を用いて、雪だるま式に膨らむ債務をなんとかしようとした。しかし、それは問題解決の最善の策ではない。投資詐欺では、流出する資金を直接管理できればはるかにうまくいくことが歴史によって証明されている。人々があなたの詐欺からほとんど資金を引き出さなければ、あなたは安泰だ。とりあえず、しばらくのあいだは。このことは、次のような詐欺が生まれる原因となった。

❖——ヘッジファンド詐欺

二〇世紀のヘッジファンド詐欺の代名詞といえば、バーナード・マドフだ。マドフは通常ポンジスキームに結びつけられるような華々しい数字ではなく、一般にわずか八－一二パーセントの収益率を投資家に約束して、長期的にゲームを続けた。しかし、この慎重なやり方のおかげで、投資家たちは金を引き出すよりもマドフに預けたままにしておく方が有利だと考えた。マドフのファンドには投資家が償還を考えるきっかけとなる激しい上昇と下落がなかった。しかし皮肉なことに、このスキームがこれほど長く続いたせいで、複利の仕組みが働いて、彼の作り話は最後には途方もない大きさになっていた。横領した金はせいぜい数億ドルだったが、マドフは最終的に二〇〇億ドルの金を預かり、それを六五〇億ドルの架空資産に膨らませた。盗んだ金に対するただの作り話の比率は、九九パーセントをゆうに超えている。

少なくとも、盗まれた金はマドフ自身が盗んだ分だけで、彼のファンドの投資家全員が――初期に投資し、のちに投資から手を引いた結果、初期投資の数倍もの「利益」を取得した「正味の勝者」でさえ――共犯者ではなく被害者だと考えれば、被害額はそのとおりだ。それが事実ではないと考える特別な理由はないと強調しておかなければならないが、マドフが不正行為の最後の年に支払った多くの払い戻し（総額は一三〇億ドルで、投資金額と比較すれば大金である）は、債権者に害を与える「詐害的譲渡」[★07]と法廷で判断されて、現在は破産管財人に返還されるべきかどうかをめぐる訴訟になっている。

しかし、マドフ事件は金融危機時代に破綻した最初の大規模なヘッジファンドというわけではないし、彼自身が最も興味深い人物というわけでもない。だから私たちは別の誰かに焦点を当てることにしよう。金融危機史上、マドフが償還を求められた金額が突出して大きかった理由のひとつは、異例なほど着実な収益率を維持し、小さな無名の会計会社を監査に使う謎の多いファンドに対し、投資家が突然不安を感じはじめたためである。この恐怖は二〇〇五年に起きたベイユー・キャピタルの破綻の影響で高まった。バイユーはマドフが起こしたあらゆる問題を先取りしていた――ベイユー事件を見ると、償還管理の中心的な問題とヘッジファンドを利用したポンジスキームの独特な性質を明確に理解できる。ベイユー事件は、ハリウッドのある映画会社が『バーナード・マドフ物語』の脚本を依頼し、それをクエンティン・タランティーノ監督に渡して、ほんの少しパンチを利かせてほしいと頼んだ結果生まれた話のようにも感じられる。

❖――ベイユー・キャピタル

サム(サミュエル)・イスラエルは、金は簡単に手に入れられると常に固く信じていた。短期的なオポチュニスティック型[安く買って高く売るハイリスク・ハイリターンな投資戦略]の投機アイデアを専門とする株式トレーダーとして、彼はウォール街の数名の伝説的トレーダーのもとで修業し、全員から完全に誤った教訓を学んだ。新しいヘッジファンド[機関投資家や富裕層から資金を集める投資信託」を立ち上げたとき、サムはふたつの主要な資金源から利益を上げようと計画した。ひとつは自分で考案したコンピュータープログラム、「フォワードプロパゲーション」で、これには過去の株価チャートのパターンを利用して株価を予測する目的があった。もうひとつは、インサイダー情報を売る会社関係者を根気よく探すことである。

表面上は魅力的な価値を提案した（そしてニューオーリンズの裕福なコモディティ・トレーダーの家庭出身という経歴があった）にもかかわらず、サムは資金集めの難しさを痛感した。運用会社ベイユー・キャピタルを設立したとき、運用資金は六〇万ドルしかなく、少額の決まった信託報酬（運用管理費用）と取引利益の二〇パーセントの成功報酬を受け取っていた。これではこぎれいなオフィスの（それどころか実際にはどんなオフィスだろうと）賃貸料を支払うには足りないし、サムの家の地下室で取引しているうちは、これから投資してくれそうな人に好印象を与えるのは難しかった。

もっと多くの運用資金を集めるために、ベイユーは取引利益を出す必要があった。創立一年目に、ベイユーは完全に違法ではないが、危ない手法でこれを達成した――サムが所有する証券会社にヘッジファンドが支払った取引手数料を全額払い戻すよう彼が承認したため、ヘッジファンドの収益は増加した。この強引な会計処理に同意するようファンドの会計監査役（当時はグラント・ソーントン）を説得するには時間と金がかかった。投資家は二か月後に監査済み収益が正式に提出されても満足しなかったし、サム・イスラエルは監査役に目こぼししてもらうために五万ドルを請求されて不満だった。二年目に、サムはもっと安くて言いなりになる監査事務所を探そうと決めた。

こうしてベイユー・キャピタルは「リッチモンド・フェアフィールド」の監査を受けることになった。これは小さな監査事務所だった。実際、「小さい」というよりむしろ「完全に架空」だった。そんな事務所はなかったのだ。サムがファンドのCOO（最高執行責任者）にするために雇い入れた落ちぶれた会計士ダン・マリーノがひとりで設立した事務所である。[★08] おかげで明らかに経費が削減できたが、サムとダンが二年目以降の業績を改善できたのは、単純に嘘をついたからでもあった。

ヘッジファンドの一連の監査済み決算報告書に架空の利益を計上するためには、「この金はどこにあるのか？」という質問に答えられなければならない。ダン・マリーノはこの問題を解決する方法を編み出して、犯罪史に大きな知的貢献をした。この方法は二段階で構成され、第二段階は第一段階よりずっとあざやかである。

ベイユーによる詐欺の第一段階は、単純で危険な嘘だった。帳簿の帳尻を合わせるため——収益のうち架空の要素に相当する資産を作り出すために——マリーノは貸借対照表に「ブローカーに対する債権」という項目を加えた。通常、これは帳簿を締めた日に支払い手続き[★09]の途中にある取引を表し、金額はごくわずかでなければならない。ベイユーの決算報告書では、この項目が数億ドルに急上昇していた。

これは実に危険な嘘だった。「ブローカーに対する債権」残高は、決算報告書を流し読みせず、ちゃんと目を通せば即座に危険信号を発するだけでなく、明らかにブローカーの決算報告書に同じ金額の「ベイユー・キャピタルへの債務」が存在することを意味するからである。その決算報告書は、さまざまな関係会社の中でも特にベイユーのメインブローカーであるSLK証券会社に送付される必要があった。マリーノは決算報告書を金曜日の遅い時間に発送して、この問題を切り抜けようとした。週末をはさんで届いたたくさんの郵便物に埋もれて、ろくに調べられないだろうと予想したのである。マリーノが証券会社の仕事[★10]をよく理解していたのは確かだ。

しかし、マリーノの二番目のアイデアは天才のなせるわざだ。典型的なポンジスキームと違って、詐欺的なヘッジファンドは無限に継続できた。ポンジスキームの仕組みは、投資家が払い戻した分を新しく流入する現金で埋めて維持されている。投資家に約束されたリターンは時間とともに複利で増えていくため、新しい被害者をますます速いペースで勧誘し続けなければならない。しかし、払い戻しがなければどうだろうか。すぐれた運用実績がある（と報告されている）ヘッジファンドは、投資家からあまり払い戻しの請求を受けないだろう――ファンドが好調なら、投資家は自分の金をそのまま預けておきたがるからだ。ポンジスキームが崩壊したのは、彼の「手形」の支払い期日が来たせいであり、ピジョン・キングのスキームが破綻したのは、鳩の雛を買い取る金が尽きたからである。しかし、ヘッジファンド投資口座には決まった満期がない。

サム・イスラエルもまた、正しい種類の投資家を選ぶ巨額投資ゲームを知り尽くしていた。正しい投資家とは、主として他人の金と、「監査済み」決算報告書の分析に基づく決まりきったチェックに基づいて仕事をする働き過ぎの機関投資家である。サムは裕福な個人から金を預かるのはできるだけ避けた。彼らには時間を持て余した息子や娘がいて、ウォール街まで訪ねて来てあれこれ聞きたがる傾向があるからだ。

ベイユー・キャピタルは成長し続けた。二〇〇一年九月一一日に起きたアメリカ同時多発テロ事件のあと、ダン・マリーノはワールドトレードセンターへの攻撃と、それによる市場閉鎖を口実に巨額の損失とファンドの閉鎖を発表しようとサムに懇願したが、ファンドは生き残った。SEC(証券取引委員会)が包括的な取引記録を要求したあとも、詳細な調査をくぐりぬけることができた。(SECはクライアントに対する取引手数料の過剰請求の証拠を探していたため、取引そのものの合計が報告された累積的な運用実績に等しいかどうかはチェックしなかった)。実際の取引による収益と投資家に報告された収益の差は広がる一方だった。結論から言えば、ファンドが破綻した原因は、手っ取り早い金もうけに対するサム・イスラエル自身の強い執着心だった。

その差をなんとか埋めようとして、サムは世界中のあらゆる銀行取引を監視していると言われるCIAコンピュータープログラムの違法コピーを買おうと試みた。それさえあればベイユー・キャピタルが連邦準備制度を出し抜けると考えたのである。もちろん、そんなプログラムなど存在しない。これをきっかけにベイユー・キャピタル崩壊の第二フェーズがはじまった。その後の展開は異様で(気味の悪い)面白さがある。犯罪の経済学的分析と直接的な関連はあまりないが、その顛末をここで簡単に語る価値はあるだろう(きっと信じられないと思われるかもしれないが、このあとに続くエピソードのあいだ、サム・イスラエルは大量のドラッグを摂取していたのを頭に入れておいてほしい)。

サム・イスラエルが問題のコンピュータープログラムを買おうとした相手はロバート・ブース・ニコルズといい、秘密の世界政府とつながりのあるCIAの上級暗殺者という触れ込みだった。ほかの人間に言わせると、連続詐欺犯で、映画『二〇一三年制作『LIFE!/ライフ』』に登場する無能な夢想家ウォルター・ミティのような人物だという(アメリカの諜報機関の歴史を概観すると、これらふたつの人物描写に必然的な矛盾はない)。スパイ映画のようなお膳立てと芝居がかった行動を伴うニコルズとの何度かの面会のあと、サムは秘密のコンピュータープログラムなど取るに足らず、ニコルズがベイユー・キャピタルを有利な「プライム銀行債」市場に紹介してくれれば本物の金を稼げると信じ込んだ。プライム銀行証券とはなんだろうか? いい質問だ。

「プライム銀行債」市場(「プライム銀行保証」、「プライム銀行高利回り商品」とも呼ばれる)は、陰謀論に基づき、陰謀論と共生関係にある世界的詐欺のカテゴリーである。連邦準備制度は破綻し、金本位制の崩壊後、政府の裏づけのある通貨は価値を失って、連邦準備制度は少数の大富豪[★II]に保護され、支配されているという陰謀論である。この比較的ありふれた陰謀論は、各国の中央銀行が数十億ドル単位の債券を実際の価値のほんの一部の価格で「プライム銀行」に売ってマネーサプライを操作し、この信じがたいほど有利なプライベート市場に参加を認められた幸運な人々が巨額の利益を得るチャンスを与えられていると主張している。

厳密には、これは商業詐欺ですらない――単純な信用詐欺だ。裕福で欲深い人間を見つけ、彼らに秘密の市場を「紹介」して高い手数料やあっせん料を受け取って、なんらかの理由をつけて彼らをしばらく遠ざけてから、口実を作って姿を消す手口である。★12 興味深いのは、専門家の知るかぎり、プライム銀行詐欺師の世界的コミュニティがあって、彼らの多くは秘密の市場の存在を純粋に信じているらしい。そして彼らはいつか本物の「ダークマーケット」の内なる聖域に招き入れられると信じて、お互いから手数料を取り、言い訳をしあいながら大半の時間を過ごしているように見える。ロバート・ニコルズはサム・イスラエルから受け取った手数料の多くをプライム銀行債と関連プロジェクト★13への投資に費やしたようだ。彼は同じような約束をしながら、多くの不正な個人投資家とベイユーのあいだを取り持った。こうして、詐欺に投資する詐欺、さらに彼らの金を盗んで詐欺に投資する詐欺が行われた。

サム・イスラエルの物語はでっち上げの自殺、短い逃亡生活、長い刑期で幕を閉じ、彼は現在服役中だ。しかし、ベイユー・キャピタルの物語は間違いなく皮肉で、少々楽観的でさえある終わりを迎えた。ロバート・ニコルズとプライム銀行詐欺コミュニティは、ロンドンのまっとうな証券会社を乗っ取って思うように操れると信じて、サム・イスラエルを——そして多数の金持ちを——証券会社に紹介したのが運の尽きだった。彼らの思惑は外れた。ODL証券会社の清算部門は証券識別番号のチェックに細心の注意を払った。そして最高経営責任者は、圧力をかけられても契約が確認できないときは断固として銀行振替を承認しなかった。★14

サムがプライム銀行スキームに移した金は、実際には二〇〇四年から二〇〇五年にかけて、ほぼずっとロンドンの封鎖された口座で眠っていた。ベイユー・キャピタルの幹部は実質的に何もできず、サム・イスラエルは怒りを募らせた。とうとうODLはサム・イスラエルが自分のファンド資金を動かすのを拒否する理由が尽きて、ベイユーにアリゾナの金鉱を一五二〇億ドルで売ると約束した詐欺師の口座に、サムの指示どおり送金した。ところがいよいよというときに茶番劇のような偶然が起きて、この取引はアリゾナ州司法長官事務所の注意を引いた。職員のひとりがたまたまアメリカの法執行機関のあいだで名の知れたプライム銀行投資詐欺の専門家だったのだ。まったくの幸運で、ベイユーに出資された四億五〇〇〇万ドルのうち、一億ドルは取り戻せた(出資者はダン・マリーノの架空の決算報告書に基づいて七一億ドルの資産があると信じていたのだから、これはたいした慰めにならなかっただろう)。

こうしてベイユー・キャピタルの道化芝居は幕を閉じ、入れ替わるようにバーナード・マドフの長い武勇伝がはじまった。マドフの物語は全体の細かい構造はそっくりで、規模はもっと大きかったが、細かい筋書きははるかに退屈だった。マドフにも相棒がいた。彼にとってのダン・マリーノはフランク・ディパスカリといって、取引報告書の偽造の腕にかけては天才だった。先を急ぐ前にいったん立ち止まって、彼らのようなサンチョ・パンサがドン・キホーテと同じくらい巨額詐欺に欠かせない理由を見てみよう。

❖——信頼の輪

不正な監査人の役割は、不正な決算報告書に承認のサインをすることだ。また、すべての会計士は（ベイユー・キャピタル事件のダン・マリーノのように）、詐欺師が引き出した金をごまかすために有益で専門的なアドバイスを与え、チェックしにくい債権残高をでっちあげて詐欺師の窃盗を隠すことができる。しかし、手練れの詐欺師はこの種のことはたいてい自分でなんとかできるものだ。自分でできないのは、投資家、債権者、そして一般大衆に提示する法的に有効な監査済み決算報告書の作成である。

弁護士、会計士、アクチュアリー（保険計理士）が持つ専門家としての資格と帰属意識が彼らにビジネス界での特別な地位をもたらしている。ある種の文書は会計士の承認がなければ有効にならないが、一度お墨付きを得てしまえば、それらの書類は「監査済み決算報告書」として通用し、それ以上照合されたりチェックされたりする可能性ははるかに低くなる。同様に、たとえ専門的な法律知識より単純な事実確認の方がふさわしい問題(たとえば土地を売ろうとしている人物が本当に所有者かどうかなど)でさえ、資格のある弁護士によって起草され、公証人の判を押された文書は、素人が作成した文書より確実に有効だとみなされる。

なぜかというと、こうした専門職は、当然ながら信頼の輪とみなされるからである。その仕事に就くための長い教育と見習い期間を通じて信頼と誠実さを重んじる価値観が育ち、それらを持ち合わせない候補者は淘汰されるはずだ。また、専門職の地位はその所有者にとって大切な資産だが、懲戒裁判所のサインひとつで簡単に取り上げられるものでもある。だからひとりの専門職を買収するために必要な金額は、素人を買収する金額よりはるかに大きい。逮捕され、通常の罰金を払うリスクに加えて、彼らは専門家の地位を失うリスクと、何もなければ生涯にわたって仕事から得られたはずの収入を失うリスクを補償される必要がある。専門的資格を持つ人が、持たない人より数万ドル高い収入を得ると仮定し、専門職として働く期間がおよそ二五年だとすれば、大半の弁護士と会計士は、たとえ倫理観をまったく持ち合わせず、買収に応じる機会を待っているとしても、利益の分け前が一〇〇万ドル未満の詐欺に加担する価値があるとは必ずしも思わないだろう。

ベイユー・キャピタルの場合、サム・イスラエルを調査するための情報が入手可能だっただけでなく、実際に調査する能力と動機のある人々の手に情報が渡った。ダン・マリーノはベイユーの取引の全記録をＳＥＣに提出し、ＳＥＣは手数料の過剰徴収の証拠を徹底的に探した。誰かがこの取引記録をくまなく調べ、ひとつひとつの利益と損失を合計すれば、全体の業績が明らかに偽装されているとわかったはずだ。もっと簡単に言えば、ベイユーの精算業務を請け負ったＳＬＫ証券会社は、「ブローカーに対する債権」を多数抱えた決算報告書の束を提出された。その合計はブローカーが支払える金額より明らかに数億ドル大きかった。誰かが調査していれば、気づいたはずだ。

しかし、監査済み決算報告書があるのに、誰がチェックしようと思うだろうか？　そんなことをするのはおかしい。マリーノはＳＬＫを出し抜くチャンスを最大限に高めるために、偽の決算報告書を金曜の遅い時間に発送し、それが未決書類を入れる箱の一番下に置かれて、月曜日の朝には新しく届いた手紙の下に埋もれているだろうと（正しく）予想した。確かにリスクはあった。しかし、これは確率の高い戦略だった。なぜならこうした「わかりきった」チェックは、疑念を抱く強い理由がなければ実施されないからだ。すべてのヘッジファンドに対してこのレベルの綿密な調査をするのはとうてい無理だ。一棟の高層ビルを埋めつくす数の会計士を雇ったとしても、その大半は来る日も来る日も決算報告書が正しく提出されているのを確認し、収益ゼロを申告するのに追われるだろう。サム・イスラエルの尻尾をつかみたければ、彼のドラッグやアルコール問題の噂に耳を澄ませておくべきだった。そうすれば追加調査の対象にするべき人物の短いリスト[★15]が手に入ったかもしれない。

信頼の輪の中に入り込むもうひとつの方法はもちろん、ピラミッドスキームで見たとおり、宗教や人種などの類似性があるグループに頼ることだ。原則的に、そこには次のような経済学が働いている。あなたがある人物と社会的結びつきが強ければ強いほど、あなたとその人はより多くの利害関係と絆を共有する。だからその人があなたをだまそうとすれば、より多くのコストが生じる。これがギリシア版「カナダのパラドックス」が成立する理由だ。ギリシア人の船主は酒を酌み交わしながら握手で取引するだけでなく、お互いに知り合いで、毎日顔を合わせ、それぞれの家と婚姻関係でつながっている。もし彼らのひとりが誰かにひどい仕打ちをすれば、仕事と社会生活を一度に失うだろう。しかし、実際に共有する利害関係がかなり希薄だったとしても、人々は類似性のあるグループと自分とのあいだにつながりを感じる傾向があるため、信頼の輪に侵入される危険が生じる。ボストン在住のイタリア人は、ポンジがイタリア系の名字であるという以外に、チャールズ・ポンジを信用する具体的な理由はなかった。また、ボストンの未亡人と年配の未婚女性がサラ・ハウとの結びつきを感じたとしても、夫のいない女性であるという身分以外に彼女との共通点は何もなかった。それだけの類似性では、サラ・ハウから彼女たちを守るには不十分だったのである。むしろその類似性は、こうした女性につけ入るための知識をサラ・ハウに与えたのだろう。

❖――ボストン・レディーズ・デポジット・カンパニー

一八七八年には「保護者のいない女性」が生きていくのは大変だった。夫を通じてではなく、自分の権利として財産を所有する女性は珍しく、生活のために働かずに「人に面倒を見てもらう」ように育てられた女性は特に弱い立場だった。相続財産や一時払い保険金で生活できるとしても、たいてい暮らし向きはよくなかった。貯蓄の利子で暮らしている場合、緩やかだが無視できないインフレが続いていたにもかかわらず、収入が増えるわけではない。つまり、こうした立場に立たされた女性は、安全な投資を続けるだけでは社会的地位を維持するのが難しかっただろう。予想外の出費があれば「元本に手をつけ」なければならなくなり、将来の収入の減少分は取り戻せなかった。[★16]

そのため、未亡人と高齢の独身女性は高い配当を求めて、リスクの大きい投資に驚くほど積極的に手を出した。新しく発行された鉄道株[★17]は上がるか下がるかわからなかったが、弁護士と銀行家が推奨する「賢明な」投資をしていても、いずれは住み込みの家庭教師として働くしかなくなるだろう。証券取引所のひどい詐欺を描いたヴィクトリア朝の数多くのメロドラマでは、悪人がカモにした投資家の中に無力な女性たちがたくさんいて、この男の不誠実さが強調される。作家が思い描く女性像と違って、現実の女性たちはそこまで金銭的に世間知らずというわけではなかったかもしれないが、投資をする女性は実際にいたし、必ずしもリスクを嫌うわけではなかった。

だが、月々八パーセントの配当があり、一〇〇ドルの預け金に対して年間九六ドルの利益を保証する安全な投資話を断れる人がいるだろうか。しかも最初の三か月の利子を前払いしてくれるとしたらどうだろう？　サラ・ハウが一八七八年にレディーズ・デポジット・カンパニー(婦人預金会社)を設立すると、たちまち大評判になった。

ハウはみずから進んで言おうとはしなかったが、自分の銀行が実は倹約の奨励と美徳の保護に熱心なクェーカー教徒の慈善団体の支援を受けていて、そのために一定の制約があるという噂を否定しなかった。預金者は未婚女性にかぎられ、預金のうち利子の部分しか引き出しを認められない。[★18]レディーズ・デポジットは紹介によって(紹介されるたびにハウは顧客ひとりにつき五ドル支払った)急速に成長し、あらゆる階級の女性を含む投資家を急速に集め、一時払い保険金の全額を投資する裕福な未亡人と一緒に、数ドルを預ける召使と商店主が同じ列に並んだ。

切手券やそれに類したものに関する作り話はなかったから、これが詐欺であると見破るのは難しくなかった。ボストン・デイリー・アドバタイザー紙には「レディーズ・デポジット・カンパニー――そのからくり」と題する手紙が掲載された。この手紙はサラ・ハウの手口を解説し、数点の図表とともに、およそ三年以内に潜在的投資家基盤は掘り尽くされ、このスキームは破綻するという(正確な)予想を示していた。それを読んだ読者に急き立てられて、デイリー・アドバタイザー紙はサラ・ハウの身の上を調査し、アメリカ最大の慈善団体のひとつであるはずの団体が、占い師で見世物霊媒師のような人物を金融スキームの管理人に任命したのはなぜかと問いただしはじめた。

悪評を立てられて、サラは疑り深い人々が間違っていると証明するために、満足できない人は誰でも投資金の全額と未払い利子を引き出せるように規則を変更すると発表した。これはとんでもない誤算だった。有り金をはたいてもまったく足りず、レディーズ・デポジット・カンパニーは破産を申し立てた。当然ながらサラ・ハウは刑務所に入れられた。どういうわけか、出所後にまたもや同じ詐欺(ボストン・ウィメンズ銀行、一八八四年)を繰り返した。彼女が何も学ばなかったとは言えない。一八八七年にデイリー・アドバタイザー紙が、ウィメンズ銀行を経営しているのはJ・C・イーウェル夫人ではなくサラ・ハウだと暴露したとき、彼女は破綻するのを待たずにさっさと町から逃げ出すだけの分別があった。投資家から預かった五万ドルを持ってシカゴに到着し、レディーズ・プロビデント・エイド・ソサエティ(夫人倹約扶助協会)を設立しようとしなければ、まんまと行方をくらましていただろう。一八八九年に出所したあと、彼女は占いの仕事に戻った。

★01――頭文字はSECだが、このとき米規制局はまだ証券取引委員会(SEC)を設立していなかった。だからポンジは自分の身分を偽ろうとしてこの名前を使ったわけではない。しかし商業詐欺の世界では、定評のある信頼された既存の会社とよく似た社名がしばしば選ばれる「テネシーフライドチキン」効果と呼ばれる現象は決して珍しくない。

★02――ポンジ自身がそう語っている。スキームが崩壊したあと、収監中に書かれた自伝『ミスター・ポンジの成功 The Rise of Mr. Ponzi』は、自分は決して悪くないと言い切る理由を常に持っている男の心理に対する独特の考察になっている。明らかな不正行為を文字どおり正確に描写しているときでさえ、彼は常に自分は正直に行動していたと主張している。その一点だけでもこの本に書かれた事実に関する主張を必ずしも信用すべきではないし、この逸話も含めて、彼の記述の多くはほかの記録では確認できない。

★03――ピラミッドの各レベルにわざとらしい名前をつけるのが特徴である。「オリジナル・ディナーパーティ」と呼ばれるスキームでは、「サラダ」からはじまって「デザート」に達する。「ワールド・オブ・ギビング」では種をまく人、庭師、刈り取る人、収穫する人がいる。一般的に、各レベルは本当なら「カモ、スカウト、そしてうんと離れたところに詐欺師」と呼ばれるべきだ。

★04――自分なら絶対にだまされないと冷ややかに見てはいけない。二〇〇〇年代に初期の形態のソーシャルメディアを通じて野火のように広がった「ウィメン・エンパワリング・ウィメン(女性を啓発する女性たち)」は専門職の女性、つまり五〇〇〇ドルを寄付してピラミッドスキームの会員になれる女性たちに狙いをつけた。貧しい教会員や認知症患者が犠牲になる場合が多いとはいえ、どんな社会的階級や類似性を共有するグループも、だまされる危険と無縁ではない。余談だが、ウィメン・エンパワリング・ウィメンを創始した誰かは、ざっと計算しておそらく五〇万ドルを手にしただろう。悔しいが、その誰かの腕前には敬意を表さざるをえない。その人物は(きっと)数少ない女性詐欺師のひとりであるだけでなく、本書に登場する発覚を免れた唯一の詐欺師だ。この女性の創造物は彼女の手を離れ、先進諸国全体にはかり知れない悲劇を引き起こした(公平に言えば、五桁の幸運を手にした人の話も相当数伝わっている)。

★05――ところで、レース鳩市場に鳩を売る見込みは、実際にはまったくなかった。「ストラスクライド」遺伝系列はレース鳩界では冗談とみなされていた。ガルブレイスが雇ったトップセールスマンは反旗を翻して検察側の証人として出廷した。レース鳩愛好家のグループと偶然知り合ったとき、彼らがピジョン・キング・インターナショナルという会社を聞いたことがなかったからである。

★06――それもまた無駄だった。レース用に(中途半端に)品種改良された鳩は、小さすぎたのである。

★07――この法律用語は訴えられた人々のあいだに予想できる怒りを巻き起こしたが、マドフに投資した幸運な人々が詐欺に加担したという意味ではない。「詐害的」という言葉はマドフ自身に向けられている。ファンドからの支払いは、詐欺の続行を目的とした詐欺師による「譲渡」だという意味だ。しかし破産法は、すべての人の公正のために、この種の支払いに対して時計の針を巻き戻す許可を出すことがしばしばある。

★08――インターネット上のいたるところに永遠に記録が残る時代には、自分よりはるかに有名な人物と同じ名前であることは、詐欺師にとって大きな財産になるかもしれない。検索しても本人の情報にたどり着くのはほとんど不可能だからだ。このダン・マリーノはマイアミ・ドルフィンズの伝説的クォーターバックとはなんの関係もない。

★09――「支払い手続き」とは取引書類のチェック、株主登録の更新、買い手の預金口座から売り手の口座への支払金額の送金などのプロセスである。経験を積んだトレーダーと投資家でさえ、この種の手続きを考慮しない傾向がある。市場経験のない人々はこうしたことが巨大で高度なコンピューターを介して即座に、そして魔法のように自動的に処理されると思い込んでいるので、かなりの部分がそうではないと知ると非常に驚き、意外に感じる。実際には二〇〇八年以降状況がかなり改善された。それでもあなたが今日この手の詐欺を実行したいと思えば、新興市場かクレジットデリバティブなど、ニューヨーク証券市場より支払い手続きが非効率的な市場でやる方法が残されている。とてつもない規模の詐欺が起きるたびに、支払い手続きはひとつずつ改善されていく。

★10——ブローカーには書類をチェックする義務があるとあなたは思うかもしれない。そうかもしれないし、そうでないかもしれない。SLKはこの件を裁判で争わず、仲裁合意により二六〇〇万ドルの支払いに応じた。

★11——ロスチャイルドやゴールドマン［どちらもユダヤ系］などの富豪で、あからさまな反ユダヤ主義に見えないように、たいてい少数のアングロサクソン系や中国系の名前が含まれている。富豪の数は一般的に一三家族で、五家族ほど増減する場合がある。好みによってトカゲの血を引く人間、ピラミッド建設、第二次世界大戦の首謀者などの陰謀論もあるが、陰謀論から直接（書籍販売やポッドキャストのサブスクではなく）金を稼ぎたい人々は、たいていこういうものは相手にしない。

★12——秘密組織に関する謎めいた恐ろしい裏話を知っていれば、この手口を使う役に立つ。サム・イスラエルはニコルズと口論になったとき、自分を狙った暗殺者を射殺したと信じていたが、遺体は見つからなかったし、そういう事件があったことを示す警察の記録もなかった。彼の伝記作家は、この事件は計画されたものだと確信している。

★13——ここで言う「関連プロジェクト」は、もともと中国の革命家の蔣介石に資金援助として送られ、東南アジアのどこかで行方不明になった米国債の真偽不明の隠し場所を探す宝探しである。その隠し場所と「山下財宝」の存在に基づく詐欺は、プライム銀行債に群がる人々との共通点がかなり多く、実際にそれらの詐欺はベイユー・キャピタルが急激に転落した段階でもほんの少し登場している。余談が長くなったが、本題に戻ろう。「参考文献と出典」にこの種の陰謀論に関する本を何冊か載せたが、あまり本気にしない方がいい。このウサギの穴にのめりこめば、話はますます複雑で混沌とするだけでなく、本当に何かあるのではないかと信じ込む危険がある。それは失うものが大きい過ちであり、そもそも伝記の値段すら高すぎる。

★14——正直者が馬鹿を見るということわざがある。ODLはこれらの顧客に面会したことさえ後悔する羽目になった。レターヘッド入りの社用便箋が一冊なくなり、それから数年間、ほかの人間たちによる詐欺に使われたのである。

★15——率直に言えば、リストは必ずしも短くなかった。深刻なコカイン中毒かどうかを分ける境界はかなり高かったので、潜在的な問題を抱えるヘッジファンドトレーダーはリストに載らなかった。

★16——ボストン市民の倹約ぶりは一九世紀末の卑猥な冗談の種になった。サラが町のいかがわしい場所を歩いているのを見かけて、「まあ、こうなるか、元本に手をつけるかのどちらかだわ!」とモードが言うのが冗談の落ちだ。

★17——あるいはもっと夢のある投資先もあった。『白鯨』(富田彬訳、株式会社KADOKAWA)の初めの方の章で、捕鯨船ピークォド号は「年老いた年金受給者たちが寄ってたかって持ち合っているのだ。未亡人や父のない子供たちや被後見未成年者といった連中が、めいめいに船中の留索杭《ぐい》の頭か板の尻《し》っぽか釘《くぎ》の一、二本ぐらいがとこの値打ちを持ちあっているのだ」と書かれている。同じ階級のドイツ人女性なら、寡婦産として「小工場」を所有しようとするか、へそくりを蓄えておこうとするかもしれない。

★18——言いかえると、「元本に手をつける」ことはできなかった。ボストンの人々はその点がとても気に入った。しかしもちろん、利率を考えると、わずか数年預けただけでもすべての口座の「資本」比率は未払いの利子に対して相対的に小さくなるから、この規則は予想するほど取り付け騒ぎを防止する役に立たなかっただろう。

第四章 偽造

僧服は僧侶を作らず。

——フランソワ・ラブレー

❖——ポルトガル銀行券事件

偽造と聞いて真っ先に思い浮かべるのは紙幣で、二番目はたぶんブランド物のジーンズだろう。偽札が作られて使用される場合、それはどんな性質の詐欺になるのだろうか。重要なのは、それがある物の模造品[★01]だという点ではない。肝心なのは、それが「本物」の製品だという主張である。ヴァン・ゴッホの絵の正確な模写は、所有者がそれをヴァン・ゴッホが描いたものだと主張しようと、偽物であることに変わりないし、ラコステのジーンズは、たとえ同じ生地と型紙を使って、同じ下請け工場の労働者によって作られたとしても、「偽物」とみなされる。

同様に、通貨当局の印刷機で作られた完璧な偽造紙幣であっても、中央銀行の許可なく製造されれば、それは偽造だ。こうした事件は実際に何度か起きている。最も注目に値するのは、マクロ経済学的にも政治的にも大きな影響を与えた詐欺のひとつだ。一九二五年に起きたポルトガル紙幣事件は、アルトゥール・ヴィルジリオ・アルヴェス・ドス・レイスの短いがとてつもなく野心的な人生の集大成だった。

アメリカで文化と経済が空前の繁栄を見せ、狂騒の二〇年代と呼ばれた一九二〇年代初めに、アルヴェス・レイスとポルトガルはどちらも経済的困窮にあえいでいた。ポルトガルは第一次世界大戦後の財政赤字を補填するために通貨発行に頼り、通貨発行権を持つポルトガル銀行の規約を変更してそれを可能にした。ポルトガル銀行は現代の偽造防止技術（シリアルナンバーなど）を取り入れる財政的余裕がなく、通貨の製造をイギリスのウォーターロー・アンド・サンズ社[★02]に委託していた。一方アルトゥールは家族が財産を失ったあと、アンゴラで一旗揚げる道を探すしかなかった。

アルヴェス・レイスはポルトガルの大学の卒業証書を手に入れ、それを模倣して「オックスフォード大学工学部職業訓練科」の卒業証書に書き換え、工学、地質学、幾何学、物理学、冶金学、数学、古文書学、化学、力学、土木設計の資格があると偽った。ポルトガルの公証人はあらゆるものに捺印するという知識を得たのはこのときだ。彼は偽造した卒業証書を使って、アンゴラ鉄道主任技師の仕事に就いた。学位は偽物だったにせよ、仕事を無難にこなせるだけの工学技術を独学で身につけ、一九二三年に多少の財産と信用を得て母国に帰った。

　財産も信用もどちらも長持ちしなかった。彼は大型金融取引の世界に野心を持っていたが、アンバカという会社に敵対的買収をしかけた手口がバレて刑務所に行く羽目になった。獄中で彼はためになる本を熟読した。聖書やシェークスピアではなく、ポルトガル銀行に関する法律である。

　一九二〇年代のポルトガル通貨制度のいくつもの特徴が重なって、事件のおぜん立てが整った。第一に、ポルトガル銀行はエスクード紙幣を発行する独占権を持っているにもかかわらず、株主のいる民間企業だった（これは珍しいことではなく、一九四五年に国有化されるまでイングランド銀行もそうだったし、アメリカの連邦準備銀行は現在も名目上[★03]は株式を発行する法人である）。第二に、アンゴラで使われる通貨はアンゴラ・エスクードで、価値はポルトガル・エスクードの一〇分の一だった。第三に、アンゴラ・エスクード紙幣はポルトガル・エスクード紙幣とまったく同じで、ただ「アンゴラ」のスタンプが押されているだけだった。第四に、流通しているエスクード紙幣のシリアルナンバーに対する組織的なチェックは行われていなかった。最後に、ポルトガル政府とポルトガル銀行は政治的反感を買いそうな目的で紙幣を発行する場合は、「秘密」発行を許可する慣例があった。

アルトゥールがすでに知っていた事実――ポルトガルの公証人はほとんどすべての書類に捺印する――と併わせて、これらの事実が結びついてひとつの計画が生まれた。彼は手頃な値段で作った偽物のレターヘッドつき政府用便箋を使って契約書を偽造し、それが本物であることを公証人に四、五回証明させた。契約書の内容は要するに、ポルトガル銀行総裁はアルトゥール・アルヴェス・ドス・レイスにアンゴラ融資のための投資家団体の結成を委託し、投資家たちに報酬として五〇〇万ドル相当のアンゴラ・エスクード紙幣を印刷する権利を付与するというものだった。彼は偽の契約書をオランダのポルトガル公使に見せて、アンゴラ融資は機密事項であり、ポルトガル銀行総裁は株主にそれを知られたくない。だから紙幣の発行を可能にするために資金のある友人とポルトガルの公式レターヘッドつき便箋が必要なのだと訴えた。偶然か、それともあらかじめ計画していたのかは不明だが、公使もまた腹黒い人間だった。この話を信用したのか、あるいは約束された手数料に目がくらんだのかわからないが、公使は融資グループを招集した。

　融資グループはサー・ウィリアム・ウォーターローに接触したが、彼はたちまち疑念を抱いた。こうした契約には、言うまでもなくポルトガル銀行総裁から直々に証書を受け取る必要がある。しかしどういうわけか、ウォーターローはポルトガル銀行に直接確認を取るのではなく、総裁から自分宛に手紙を送ってほしいと融資グループに依頼した。手紙は届いた――またもやアルヴェス・レイスの偽造である。★04 残るはシリアルナンバーの問題だった。

アルトゥールは支持者を説得して多額の現金を前借りし、何十枚もの五〇〇エスクード紙幣を調べてポルトガル銀行券のシリアルナンバーの形式を分析した。これはかなりうまくいったが、ウォーターロー・アンド・サンズが保管しているシリアルナンバーのリストの原簿を写しておかなかったのが運の尽きだった。アルトゥールが指定したシリアルナンバーのいくつかはすでに使われていたのである。彼はすばやく頭を働かせた。これらの紙幣はアンゴラでしか流通しないから、まったく問題ない！　ウォーターローはこの言い訳に納得して印刷を続行した。もちろん、アルヴェス・レイスは新しく印刷した紙幣にアンゴラのスタンプを押して価値を下げる気はさらさらなかった。同じ番号を持つ二枚の紙幣の存在を検出する組織的なチェック体制がないことに運を託したのだった。

印刷された紙幣がリスボンに届けられ、使用されると（紙幣はポルトガルで「雄蜂」を意味する「ザンゴン」と呼ばれる多数の違法両替商に持ち込まれた）、経済は大きな影響を受けた。偽造紙幣の総額はポルトガルのGDPの一パーセント弱に達した。市場は小さなにわか景気に沸いた。アンゴラへの融資がいっこうに実現しない理由をアルヴェス・レイスの三人の協力者が問いただした形跡はなく、彼らは印刷された紙幣を四人で山分けして満足していた。アルヴェス・レイスはもっと大きなアイデアを膨らませていた。

ポルトガル銀行が偽造紙幣をチェックする立場にある唯一の機関だったことを思い出してほし

い。そしてこの機関が株主のいる民間企業だったことも。アルトゥール・アルヴェス・ドス・レイスは今や自分の銀行(偽造紙幣で設立されたアンゴラ・アンド・メトロポール銀行)の所有者で、突然信じられないほどの金持ちに成り上がった。論理的に考えて、次に目指すのはこれしかなかった——ポルトガル銀行の株を買収して総裁になり、詐欺が決してバレないようにすることだ。

こうした動きが噂を招くのは当然である。ポルトガル銀行は自身に関する噂を抑えるために手を尽くした——違法両替商の活動が突然活発化したので、市民はすぐに、おそらく外国の侵略行為によってこの国に偽造紙幣が大量に流入していると考えた。ポルトガル銀行は自国通貨への信頼を維持するために疑わしい紙幣の調査を続けたが、リスボンで流通しているすべての紙幣は、当然ながらウォーターロー・アンド・サンズによってイギリスで印刷された正真正銘の本物だった。

詐欺がバレたのはまったくの偶然だ。アンゴラ・アンド・メトロポール銀行がポルトガル中央銀行の株を買収しようとしていることに不安を感じた人々が、この銀行に関する批判的な噂を新聞で広めた。メディアの圧力によって当局はアルトゥールの金庫に保管された紙幣を捜査せざるをえなくなった。紙幣は本物だと確認されたが、捜査官は重複したシリアルナンバーを持つ二枚の紙幣をたまたま発見した——本物の紙幣がまったく同じ番号の紙幣と並んで置かれていたのだ。探すべきものがわかった途端、捜査官はさらに多くの重複した番号を持つ紙幣を見つけた。

アルヴェス・レイスは投獄され、今度は服役中に聖書を読みはじめた。

通貨に対する信頼が落ちこむと、インフレが発生した。ポルトガル銀行はすべての五〇〇エスクード紙幣を回収し、一〇〇〇エスクード紙幣と交換しなければならなくなった。軍はクーデターを計画し、一九七四年までポルトガルを支配した独裁政権「エスタド・ノヴォ」が成立した。この時期の大半を通じて、ポルトガルはひとりの経済学者、アントニオ・サラザールによって支配された。サラザールは自分を権力の座につかせた一連の事件について、折に触れてじっくり考えたに違いない。

ポルトガル銀行券事件は、高信頼社会を構成する鎖の弱い部分(この場合は公証人)が、信頼の骨組み全体を崩壊させた非常に残念な事件だ。一九五五年、エコノミスト紙はアルヴェス・ドス・レイスの死亡記事を掲載し、彼のスキームはケインズ経済学の原則上はポルトガルにとって利益になったと述べた。おそらく新聞が掲載した記事の中で、これほどばかげたものはなかっただろう。

もちろん、紙幣はそれ自体の正当性を証明しているにすぎないという点で、独特なものだ。だから紙幣の偽造は閉じた円環のようなものである。いったん紙幣を作ってしまえば、詐欺は完了するからだ。偽造がかかわる詐欺の場合、より大きな信頼のシステムを利用する手口の方がずっと典型的である。たとえば書類や書類と同様の権限を委託された機関が、ほかの何か、たとえば地下の金鉱床の価値を証明するために利用される事件だ。

❖――鉱山詐欺とブリエックス事件

鉱業、特に貴金属の採掘には詐欺師を引きつける何かがある。投資家にとって、金鉱という言葉にはしばしば批判能力を麻痺させる魅力がある。鉱山業者の側からすると、基本的に正直な人間でさえ、あとほんの数メートル掘れば主鉱脈に行き当たるはずだと自分自身をだます場合があり、それはしばしば、あと数か所掘るために必要な資金を調達する目的で支援者につく悪意のない嘘になる。バンクーバー証券取引所[★05]では、鉱山を「嘘つきが地面に掘った穴」と称する冗談がはやった。

鉱山業は、正直さの基準があいまいで、巨額の資本を必要とし、結果を出す前に長期的に資金を集め続けられる経済セクターである。当然ながら、仕事をはじめたときは正直者だったかもしれないが、結局は夢が破れて泥棒になってしまう人々を磁石のように引きつける場所なのだ。金鉱を掘り当てるのは、金鉱を持っているふりをして投資家のポケットの中にある金《かね》を引き出すのに比べれば、途方もなく難しい。

昔よく行われたのは、散弾銃のカートリッジから弾丸をすべて取り出し、そこに砂金を詰める手口だ。それを持って鉱山に行き、散弾銃に装填して、岩に狙いをつけて引き金を引く。それから自分が撃った岩を拾って、検査機関に送って砕いて分析させる。驚くなかれ、鉱山から送られた岩のサンプルに微量の金が混ざっていたという検査結果が試験所から届く。それからこの分析レポート（信頼された試験所の定評のある鉱業化学者の署名つき）を持って、実際の金もうけのプロセスを開始するために投資家を訪ねる。

しかし現代では……、と言いたいところだが、このプロセスは一八四九年のゴールドラッシュ時代からたいして進歩していない。当時と同じように現代でも、鉱山詐欺を実行する過程で最も重要な作業は、分析レポートと地質学者の調査を巧妙に操作することであり、その方法は現在でも、どこか別の場所から金を持ってきて、それを地中から取り出したサンプルに混入させることである。サンプル中のほんの数マイクログラム［一〇〇万分の一グラム］の金でも、分析レポートでは一トン当たり五グラムの含有量になり、商業的にきわめて高い利用価値があると判断される。だから金の結婚指輪をやすりで削る程度で十分なのだ。

一九世紀以降、このプロセスに多少の進歩があった。サンプルを採取し、それがいつどこで（できれば）不正開封防止機能のついた袋に入れられて密封されたかを記録する標準的な手順が決められた。ドリルで岩石に穴をあけて採取した円筒形の岩石サンプルを「二分割」して、後日二回目の試験ができるようにしておくよう推奨されている。地質学者と分析試験場は専門化され、法で規制されている。しかし、いかさま地質学者を味方につけて、偽鉱山が遠い場所にあって立ち入り検査ができなければ、詐欺師はやりたい放題だ。最近では一九九七年にインドネシアの地面に掘られたほぼ価値のない穴が、史上最大の金鉱発見というレポートに基づいて、カナダ人投資家によって一二〇億ドルの価値があると評価された。

ボルネオ島カリマンタン地方のブーサン鉱山を発見したというブリエックス社の主張は、今日にいたるまで史上最大の鉱山詐欺であり、この種の偽造がどのようにして行われるのかを示す典型的なケーススタディである。金に困った野心的な地質学者ミゲル・デ・グスマンは、抵当流れの家の地下室で仕事をする一文無しの株式プロモーター、デーヴィッド・ウォルシュに雇われた。彼らは道具を借りる金をなんとか調達し、ボルネオのジャングルの奥地でいくつかの穴を掘削した。グスマン自身による厳しい監視のもと、コアサンプルが採取され、密封されて(異論はあるが、分割されずに)、分析のために発送された。

地中に金はあった——その点は誰もが認めている。現地の村人はときどき川で土砂から砂金をより分けるパンニングという方法で金を取って生活の足しにしていた。しかし、カリマンタンで採掘権を主張していたほかの鉱山会社はすべて、商業的価値のある鉱山ができるほどこの土地の岩石に金は含まれず、本当に価値のある採掘権は別の場所にあると判断していた。そういうわけで、当然ながらブーサン地域の採掘権は破産同然のカナダ人株式プロモーターでも簡単に手に入れられるほど安く売られていた。

しかし、ミゲル・デ・グスマンには彼なりの理論があった。彼は鉱山地質学者のあいだで「ダイアトリーム」――地中深くまで開いた逆円錐形の噴火口――の専門家とみなされていた。ダイアトリームに多く見られる石英脈には金が豊かに含まれる。グスマンはウォルシュに雇われてまもなく、ブーサン金鉱はまさにそのダイアトリームだと世間に強く信じさせた。彼はそれについて一見学術的な論文を書き、いくつかの鉱業会議で発表した（ところで、これは小さな鉱山会社の地質技士にとってごく当たり前の行動である。資金集めの一環であり、それ自体は決して不正の証拠ではない。しかし、酒場の隣のビリヤード場のように、投資家がいる会議での地質学的発表は、しばしば問題が発生する場所になりやすい）。

グスマンのコアサンプルの分析データが戻ってくると、ブリエックス社の株価★06は急騰した。サンプルを砕いて加熱したところ、岩石中の金の含有率が非常に高いという結果が出たのである。ブリエックス社は投資家向けプレゼンテーションで数枚の新しいスライド――表面が滑らかな微細な金の粒がはっきり見える粉砕された岩石の顕微鏡写真――を使いはじめた。

この段階で、地質学の知識を持つ読者は岩石の中に金が見つかった場合、表面が滑らかな金の粒の形をしているはずがないと気づくだろう。流れる水の作用で浸食されて川底に堆積した金（「沖積」「砂金」）なら、表面が滑らかな金の粒になる。たとえばブーサン鉱山より下流でパンニングによって砂金を採取した村人から砂金を買って、それをコアサンプルに人為的に交ぜれば、表面が滑らかな金の粒が見つかるだろう。

しかし、それ以外の点ではお手本のような鉱山詐欺の中で、これはブリエックス社が犯したほぼ唯一の過ちだった。あらゆる種類の証明書詐欺の秘訣は、鎖の中の最も弱い輪を利用することだ。この場合、それはコアサンプルの最初の採取と密封である。それが行われたのはインドネシアのジャングルの高地にある遠く離れた採掘地で、そこにいるのは労働者か、グスマンに個人的に雇われて脅されていたごく若手の地質学者だけだった。コアサンプルに不正な工作がされると、そのあと詐欺が見破られるチャンスはなかった。岩石破砕機からサンプル偽造にいたる道のりと同様に、明らかに架空の金の埋蔵量に対して客観的で信頼できる第三者機関から証明書が出されるまでの道のりは、平坦でなんの障害もなかった。カナダにいる分析官と投資家は、ブリエックス社のデータが三人の独立した別々のコンサルタントによって分析されたと信じ、この三人がブリエックス社によって提出された偽造データ以外の資料を調べる機会がなかったことを理解していなかった。

残念ながら、最も弱い鎖の輪はほとんどいつもそこにあった。証明書システムの目的は、検査に必要な時間と労力を省くことだ。つまり、検査プロセスはそれ自体が面倒で困難なのである。理想を言えば、検査プロセスの段階はできるだけ少ない方がよく、すべての検査は同じ検査官か、少なくとも同じ機関で行われるのが望ましい。しかし、これはなかなか実現しない場合が多い。

コアサンプルが地中から取り出された瞬間から監視するために、分析会社が採掘地まではるばる人員を派遣するのは途方もなく高くつく（しかし、ブリエックス詐欺の規模の大きさを考えると、そうする価値はあったと考える人もいるだろう）。

過ちは簡単に起きるものだ。ブリエックスがコアサンプルの中に砂金を入れている事実がこれほど長く気づかれなかった理由について、カナダの数多くの鉱山分析家は議論を避けたがる。のちにすべてが明るみに出たとき、ブーサン鉱山の採掘地を訪れた経験のある人々は、コアサンプルがある特定のパターンで注意深く整えられていた点に疑いを持つべきだったと感じた。地上に取り出したサンプルをそのまま袋に入れた場合、もっと無造作になるはずだ。しかし、サンプルを偽装するなら、地中の鉱石の構造の一貫した「見本」を念入りに組み立てる必要がある――ひとつのドリル穴には金が大量に含まれ、二メートル離れた別の穴にはまったく見つからないというわけにはいかないだろう。

信頼に基づいて有効に利用されるはずの証明書を発行するプロセスでさえ、そのプロセスそのものに信頼が求められる。ときには証明プロセスによって実際に何が証明できるのかを明確にしておく必要がある――そのコアサンプルに金が含まれていることは分析によって証明できる。だからといって、地中の岩石に金が含まれているという証明にはならないのだ。

このようなギャップ――権威ある機関が実際に確信をもって証明できることと、一般の人々ができると考えていることのギャップ——は、偽造詐欺の元凶である。いくつかの事実が証明されると、詐欺師はあたかも事業全体が承認されたかのような顔をして仕事を進める。ブリエックスはまさにそのとおりに行動して大成功を収めた。彼らは「埋蔵量」について明言しなかった。埋蔵量は明確な技術的主張であり、監査を求められる可能性があるからだ。デ・グスマンと上司のジョン・フェルダーホフはブーサン鉱床の規模について表向きの「推定」を積極的に発表した。推定が正しければ、ブーサンは世界最大の金鉱山だ。しばらくのあいだ、ブリエックスは完全にペニー株［一株一ドル未満で取引される投機的安物株］が大化けするおとぎ話そのものだった。数ペニーだった株価は分割調整ベースで二六四ドルに上昇し、数百人のカナダ人株主と投資家が大金を手にした。★07

しかし、結局悪事が暴かれるのは避けられなかった。インドネシア政府はブリエックスに対し、分析サンプル採取用の穴を掘り、株式市場向けのプレスリリースを出すだけでなく、鉱山開発を進めるよう要求した。同社にはその能力がまったくなかったため、しかたなく実績のある鉱山会社との合弁事業にせざるをえなかった。この会社（フリーポート・マクモラン）は鉱石の集合体である鉱体の存在を確かめるために、独自のサンプル採取を希望した。マイケル・デ・グスマンはフリーポート社のコアサンプルに金が含まれていなかったという事実について話し合うためにブーサンで招集された会議に向かう途中で、ヘリコプターが墜落した。事故の状況について、満足のいく説明はなされなかった。遺体の身元はのちに歯科記録によって確認された。遺体は調査官に発見される前にイノシシによって荒らされていた。ブリエックス社の株券は現在でもトロントのギフトショップで土産物として買うことができる。その大半はブリエックス株の熱狂的人気に巻き込まれて財産の一部を失ったカナダの中流家庭が手放したものだ。

ブリエックス事件はそれ自体が救いようのない話だが、証明書詐欺は悪化の一途をたどっている。これは詐欺が暴力犯罪に転じる可能性のある分野のひとつだ。証明制度は価値と真実性を証明するためだけに用いられているわけではない。安全性と純粋性の証明に基づく信頼の輪も存在する。これらが偽造されはじめれば、命にかかわる問題になりかねない。

❖——証明と医療詐欺

まぎれもない紙幣偽造事件でさえ、その犯罪の奥深い部分には証明制度に対する攻撃が含まれている——偽造とは、あるものが実際は安くて不正な方法で生産されたにもかかわらず、特定の由来と出所を持っているかのように提示する行為である。本物であるという証明、監視、立証に多大な時間と労力をかけている経済領域のひとつは、製薬業界と医療業界である。すでに述べたとおり、詐欺は均衡現象なので、これらの業界に多数の潜在的詐欺が存在するからこそ、強力な証明制度の構築に膨大な労力が費やされてきたのだろう。この推測は当たっている。実際には医療詐欺には主にふたつの種類がある。医療業界に対して行われる詐欺、そして医療業界によって行われる詐欺である。どちらがより深刻な問題かは明らかではない。

しかし、製薬業界でこの二種類の詐欺を両方とも可能にしているのは、証明は一度きりで終わるプロセスだという思い込みである。公証人などの専門家と同様に、専門家の役割のひとつは、チェックする手間を繰り返さなくてすむように相手側に保証と信頼を提供することだ。そのため、専門家の判断や意見を疑ったり、あとから批判したりすることを嫌う強い社会規範が存在する。こうした社会規範が、病気や死の概念と必然的に結びついている感情的で文化的な問題と一緒になると、人々は強い集団的思考停止状態に陥ってしまう。

たとえばメディケア制度に適切な詐欺対策ができない理由のひとつは、まさにその問題――医者が信用できないと言ったりほのめかしたりするのを誰もが嫌がる――である。メディケア制度には乗り越えるべき困難な政治的問題があり、医者と患者のあいだに官僚的なコスト管理を持ち込んだため、事態はいっそう悪くなった。医療費請求管理者の社会的地位が医者に比べて低いせいで、正直な医療提供者でさえなかなか時期と規則を守って書類を提出しなかった。さらにあらゆる異常が「事務手続き上の間違い」や「ミス」とみなされ、修正のために書類が医療従事者に送り返されるという風潮が生まれた。簡単に言えば、メディケアは九七ページで述べた「散弾銃とライフル」作戦を容易にし、請求管理プロセスを詐欺師の訓練プログラムに変える危険があった。

権威ある人に服従する文化はそれだけでも悪いが、現実には医者に対する特別な配慮と信頼はメディケア制度にサービスを提供するあらゆる機関に及んだ。医療の専門家は信頼できるゲートキーパー［患者に専門医の受診が必要かどうかを判断するかかりつけ医や医療関係者］になりうる――彼らは長期的な教育を受け、強い倫理規範を持ち、不正行為が摘発されれば失うものが多い――が、医療機器会社の経営者、車椅子販売業者、高齢者の生活支援施設の管理者を縛るヒポクラテスの掟は存在しない。こうした会社は（すでに重罪の判決を受けた者でも新しい会社を設立し、いくつかのおおざっぱなチェックを受けるだけでメディケアプログラムの承認された提供者として登録できる場所では）、病院やかかりつけ医と同じようにゲートキーパーの地位を与えられた。彼らから提出される書類はすでに最初の防衛ラインを突破している。最終的にメディケアがプログラムの全支出の三分の一を詐欺で失った背景には、そういう事情がある。事態は手のつけようがないほど悪化した。

❖――偽造医薬品

伝説的ポップスターのプリンスが亡くなったとき、所持品の中に鎮痛剤のバイコディンのジェネリック薬の瓶があった。この薬は偽造医薬品だった。モルヒネの数倍の強さを持つ合成オピオイドのフェンタニルを含んでいたのである。最悪の場合、医薬品の偽造は弱い患者をだまし、治療に関する十分な説明と同意を経ずに患者の体内に薬物を入れる暴力犯罪になる。

医薬品を偽造する動機は、製薬業界ではすべての価値が証明制度に結びついているという事実から生じる。医薬品製造は困難で競争が激しく、結果的に薬の収益性はつねに苦しい状態にある。医薬品偽造で金が稼げるのは、薬の原料である分子から患者にいたる道のりの最後の部分だ。ここまでくれば、強いブランド力または特許権の保護のどちらかによって、製造コストを上回る大きな利幅が期待できる。その結果、薬を製造する能力はあるが、独自のブランドも特許もない人間にとって、ほかの誰かの製品を偽造する誘惑が常に存在する。

医薬品を偽造する犯罪は、本質的に証明制度への攻撃であるという事実をあらためて思い出してほしい。偽造医薬品が「本物」の薬と化学的に同じだとしても、特許制度によって利益を受け取る資格を与えられた会社や人から利益を奪っている点に変わりはなく、偽造医薬品はどこまでいっても偽造にすぎない。大事なのは、医薬品の証明制度は安全を守るための制度だということだ。偽造医薬品製造者は、製造工程と成分の純粋さについて正規の薬と同じ監査とチェックを受けられない。製造者に関してこうした要素を証明する資格のあるすべての機関もまた、特許の裏づけとなる証明制度の一部だからだ。いったん犯罪に足を踏み入れてしまえば、コデインを含んでいるはずの錠剤にフェンタニルを平気で入れるようなろくでなしが取引相手になる。

偽造医薬品との戦いは、詐欺を完全に防げる制度を作ろうとしたときに直面する問題のケーススタディである。製薬業界は、しばしばかなりの不便を自分自身に課しながら、事実上ほかのどの産業よりも労力を注いで製造工程の最初から最後まで製品を追跡する仕組みを作ってきた。たとえば医薬品卸売業者はこれまで、薬の在庫を業者同士のあいだで半合法的市場《グレーマーケット》で取引して管理してきた。医薬品は変質しやすく永久に保存できるわけではないから、この慣行は医薬品卸売業のビジネスモデルにとってきわめて重要だった。しかし、半合法的市場は偽造医薬品の中継所として使われたので(特にフロリダなどの州では詐欺や麻薬中毒の犯罪歴があっても卸売業者の免許が与えられたため)、半合法的市場は規制されて、今では見る影もないほど縮小された。

それでも詐欺はふたたび忍び込んでくる。過去一〇年間に、ますます多くの市場で義務づけられた「トラック・アンド・トレース」システムは、錠剤シート[錠剤をプラスチックとアルミで挟んだシート状の包装]一枚ずつにランダムなシリアル番号を印字し、ひとつひとつのシリアル番号をサプライチェーンの中で紐づけて、製品が人の手から手へ渡っても監査記録を維持できるようにした。このシステムによって原則的に偽造医薬品は市場に入り込めなくなったはずだった。

実際には、詐欺は均衡現象であるという最初の認識から予想されるとおりの事態になった。監査されるサプライチェーンが不便さを増すにつれて、現実にそぐわなくなってきたのである。先進国で買われた偽造医薬品の大半は、今ではインターネット上の無認可薬局で販売される。偽造医薬品詐欺をもくろんでいる人間が、ダークネット上の出口詐欺の被害者になる可能性は十分ある。「泥棒が泥棒から盗めば、神様が笑う」というガーナのことわざのとおりだ。

トラック・アンド・トレース・システムは、信頼の輪の内側にいる人々によって偽造が行われた場合は防ぐことができない。たとえば製薬会社ランバクシー・ラボラトリーズは二〇一三年に、アメリカおよび世界各国で販売する目的で製造したジェネリック薬に関連する七件の刑事告発に対して有罪を認めた。ランバクシー社は基準を下回る成分と製造工程でジェネリック薬品を生産し、ライバル社の正規ブランドの製品を何箱も買って試験結果を捏造して検査機関に提出していた。

❖――バイオックス

ランバクシーの詐欺は極端な例だ（しかし明らかに、信頼の輪から完全に締め出されるほど極端ではなかった。同社は経営陣を一新して現在も営業し、医薬品を製造している）。しかし、医薬品詐欺は小規模な、あるいは吹けば飛ぶような会社だけの犯罪ではない。トップクラスの会社、非の打ちどころのない経歴を持つ人や会社にも例がある。製薬会社メルクが生産するバイオックス（薬理学者からロフェコキシブ★08と呼ばれる化合物のブランド名）に問題が発生したとき、この薬はすでにアメリカ食品医薬品局

(FDA)の承認を受け、鎮痛剤として処方を認められていた。
バイオックスは最初に変形性関節症と月経困難症の治療薬として一九九九年五月に承認されたが、メルクはさらに広範囲の効果を証明するために、継続的な研究プログラムを実施していた。ひとつはアルツハイマー病の患者を救えるかどうかの試験で、もうひとつは関節リウマチ治療薬の競合製品(ナプロキセン)に比べて胃腸への副作用が少ないことを示すための大規模な研究である。バイオックス胃腸症状調査研究(VIGOR)は八〇〇〇人の患者を対象に、半分はバイオックスを服用、もう半分はナプロキセンを服用して実施された。

研究の初期段階で、このプロジェクトに携わった研究者のあいだで二回の再検討会議が開かれ、ふたつの発見があった。第一に、バイオックスを服用した患者のうち、実際に潰瘍と出血を起こした人数は対象グループに比べて少なかった。だが、第二に、深刻な(ときには死に至る)心疾患を発症した患者数は二倍だった。これは明らかに科学的かつ倫理的な問題を投げかけたが、明確な解決策はなかった——代替薬のナプロキセンが心臓発作のリスクを下げたのかもしれないし、このデータはまぐれだったのかもしれない。試験の継続と、心疾患に関するデータ分析の追加が決定された。研究者自身がよくわかっている理由から、心臓発作については二月末までのデータを分析するが、胃腸の疾患はその一か月後に研究が終了するまでのデータを使用することになった。つまり彼らが医学誌ニューイングランド・ジャーナル・オブ・メディシン(NEJM)に発表した論文は、バイオックスの効果を過大評価し、リスクを過小評価したものになった。

メルクではこのやり方が標準になっていた。バイオックスは関節炎患者の生活を一新する「スーパーアスピリン」として大々的に宣伝された。メルクの販売員は心臓病の副作用に対する懸念を払拭するために徹底した訓練を受けた（営業研修チームはバイオックスを疑う敵と外宇宙で戦う「Vマン」が登場するSF漫画を作製しさえした）。年末になって、FDAは心疾患リスクについてメルクがVIGOR調査に関する仮説をあたかも事実であるかのように見せかけた点と、彼らの強気な販売戦略全般を非難した。

懸念される証拠は増え続けていたが、この薬は市場で売られ続けた。外部の統計学者がバイオックスの調査報告書を集めてデータを分析すると、同じ心臓病の副作用の発見が続いた。VIGORのデータの中に、NEJM誌の論文には含まれなかった三件の心臓発作も見つかった。彼らの研究は分析が不適切だとしてメルクから批判され、メルクは心疾患リスクに絞った調査を実施すべきであるという提言は無視された。

メルクはバイオックスを処方できる条件を拡大するために研究を続行したが、それによってはからずもこの薬が心臓発作を引き起こす証拠を積み重ねる結果になった。メルクの販売員は新しくもっと如才ない反論例文集を与えられ、高まっていた議論を医者との話し合いに持ち込まないように指示された。FDAはバイオックスのラベルを変更してVIGOR調査の結果に関する注意書きを追加し、レベル不明のリスクが発見されている点に注意喚起するよう要求した――販売員は「不明の」という言葉を強調するよう指示された。腸への効果を強調し、心疾患リスクを最小限に見せることでバイオックスの市場シェアを拡大する「攻撃プロジェクト」と呼ばれる販売活動を支援するため、「反論」文集が配布された。

最終的に、大腸ポリープとアルツハイマー病の治療にバイオックスが使えるかどうかを研究した二〇〇四年のデータがとどめの一撃になった。メルクの管理体制は完全に崩壊したわけではなく、バイオックス問題の取り扱いは、この薬を売り続ける努力から、すでに発生した損害の法的コストの最小化へと切り替えられた。バイオックスは市場から回収され、訴訟がはじまった。バイオックスはすばらしい販売実績を上げていたため、販売されていた五年間におそらくおよそ八万人の患者が心臓発作を起こし、そのうちおよそ四万人が死亡したとのちの調査で推定されている。

この事件がひとつのきっかけとなって、二〇〇四年以降、数多くの業務、特に医薬品製造会社のコンサルタントを務める医療研究者の利益相反の開示が厳重になった。しかし、バイオックス事件の全体像は決して過去のものではない。会社は最終的に調停に応じ、販売活動において犯罪行為があったと認めたものの、具体的な偽造行為に関する決定的証拠は出ていない点に注意が必要だ。バイオックス事件が残した教訓は、証明制度に対する犯罪という概念――つまり最も一般的な意味での偽造——は、ロングファーム詐欺と違って個別の被害者に対する単独の攻撃ではなく、信頼のシステム全体に対する侵害であるということだ。

ここで言う信頼とは、処方薬は商業ベースではなく、臨床的で科学的な根拠に基づいて管理・規制される生産プロセスの産物であるという医薬品業界への信頼である。バイオックスを服用した患者は、メルクが楽観的ではなく客観的な姿勢で臨床的なリスクに対処し、同じように客観的な態度で薬を処方する医師とコミュニケーションを取るはずだと考える権利があった。別の観点から見たバイオックス事件の歴史は、メルクの上級科学者がどこまでリスクを理解していたか、新しい驚異的な薬の発見から得られる科学的栄光の夢にどの程度目がくらんでいたかについて、意見が分かれている。しかし、一連の裁判による調停で認められた事実から明らかになったのは、チェック・アンド・バランスのシステムが崩壊し、科学的に裏づけできない主張が横行していた状況である。

医薬品は営利企業によって生産されるという前提の上に経済が組織されている以上、そこには不安が生じるが、チェック・アンド・バランスのシステムはまさにこの不安を管理するために作られている。バイオックス事件において「偽造」されたのは、薬や警告ラベル、または科学論文でさえなかった。偽造されていたのは、医薬品ビジネスがどのように運営されているかというイメージだった。

★01――その点でコピー自体が犯罪となるソフトウェアの不正コピーや特許侵害とは異なる。

★02――紙幣の印刷は、今も昔も競争の激しい仕事である。ウォーターロー・アンド・サンズは一八一〇年頃から存在する会社だが、ポヤイス国紙幣を印刷する契約を取り損ね、その仕事はパーキンズ、ベーコン・アンド・カンパニーが受注した。

★03――あくまでも名目上である！　アメリカにある一二の地域連邦準備銀行は各地区の銀行によって所有され、ときには決済システムのために必要なさまざまな預金に生じる利子収入から配当を支払う。しかし、株主にはそれ以上の権限はいっさいない。このテーマについてはこれ以上突き詰めて考えるのはやめた方がいい――連邦準備銀行の技術的な仕組みに関する過剰な関心は、プライム銀行保証詐欺の被害者の初期症状である。

★04――中央銀行総裁の署名を偽造するのは決して難しくない。流通しているあらゆる紙幣に、署名の見本がくっきりと印刷されているからだ。アルトゥールは写図器を使って署名をいくらか拡大した。

★05――バンクーバー証券取引所はもう存在しない。バンクーバー証券取引所はまともな会社に対する不正な鉱業振興会社の割合が度を超えて、カナダ国内のほかの証券取引所に悪評を与えていたため、閉鎖は歓迎されただろう。全盛期には金融ジャーナリストに「世界の詐欺の首都」と呼ばれていた。

★06――当初、ブリエックスはカナダのアルバータ証券取引所で取引されたが、取引の規模が大きくなり、より多くの株を売る必要が生じたため、トロント証券取引所に移った。ブリエックスが破綻すると、調査委員会は鉱業株詐欺(バンクーバー証券取引所を閉鎖させた詐欺)に対する過去の一連の株主保護対策が役に立たなかった理由について検討しはじめた。規制に関する豆知識が好きな読者のために言っておくと、カナダの証券法は州ごとに運用されているにもかかわらず、金融詐欺は王立カナダ騎馬警察と呼ばれる連邦警察によって捜査される。騎馬警察はつばの広い制帽が有名だが、インサイダー取引で誰かを逮捕するときには帽子はかぶらないそうだ。

★07——またもや私は話を単純化しすぎている。ブリエックスは複数種類の株式を発行していて、ブリエックスとブーサン・プロジェクトの関係は明らかに単一の所有権ではなかった——ほかの多数の会社が採掘権の所有権を少しずつ持ち、合弁企業があり、インドネシア政府はあいまいさを利用してできるかぎり利益を得ようとした。このような混乱は、しばしばふたつの点で詐欺師の利益になる。第一に、裁判になったとき、複雑すぎて陪審員がうんざりし、混乱して、無罪判決を得る可能性が高くなる。第二に、要領をえない話を大量に聞かされると、資本市場はものごとを単純化してひとくくりにする傾向がある。この場合はブリエックスといえばブーサン、そしてブーサンといえば世界最大の金鉱だった。

★08——医薬品の名前の解読は困難で、ジャズシンガー、エズラ・フィッツジェラルドが歌うスキャットと区別することさえ、頭をひねらなければ無理だ。この薬の場合、最後の「コキシブ」の部分は、バイオックスが医薬品の分類の中で「シクロオキシナーゼ－2(COX－2)阻害薬」というクラスであることを意味している。当時、世界の最も権威ある研究者たちが、COX－2阻害薬はあらゆる種類の炎症に使える驚異的な薬の可能性があると信じていた。バイオックスが引き起こした数々の問題は、人々がこの理論に魅了されたあまり、積み重なる証拠に目を向ける仕事を怠った結果のように見える。

第五章

粉飾決算

ああ、ありがとう……ご親切に……このクソ野郎。

――あなたの会社はなぜ貸借対照表を提出できないのかという質問に対するエンロン社CEOジェフ・スキリングの返答

帳簿をごまかす理由はいくつもある――たとえばロングファーム詐欺の被害者に財政は健全だというイメージを与えるため、あるいは一定の金額が横領されたのではなく正当に使われたふりをするためである。しかし、最も一般的な理由は、資金を調達する目的で不正な決算報告書を投資家に提示するためだ。だから不正会計はつねに株式市場詐欺の観点から論じる必要がある。前者はたいてい後者の核心になっているからだ。それを念頭に置いて、株式市場に嘘をつくと、どうやって金が盗めるのかを説明しよう。

一般の金融市場は、正直な会社に対して提供するのと同じサービスを嘘つきにも提供する――それは物語を金に換えることだ。機能的な株式市場がある経済社会で収益性の高い会社を所有していれば、ファンドマネジャーで作家のジョージ・グッドマンが著書『スーパーマネー Supermoney』で指摘したように、一種の「スーパーマネー」を所持しているようなものだ。どれくらいスーパーかというと、会社があなたに着実な収入をもたらすだけでなく、株式市場はあなたがまだ生み出していない数年先の利益を獲得したり費やしたりする手段を提供する。

最初の一歩は、会社の株を一株売るだけだ。ざっと計算すれば、その仕組みがわかるだろう。あなたがサンドイッチを売る会社を経営し、年間一〇〇万ドルの利益を出しているとしよう。あなたは五〇〇万ドルのヨットを買いたいが、貯蓄は嫌だし、借金もしたくない。そこで投資銀行家に会うと、今なら株式投資家はサンドイッチ会社の株を年間利益の一五倍の価格で売買する気があると教えられる。現在あなたは会社の全株式を所有しているから、一五〇〇万ドル相当の資産を所有していると考えていい。所有している株の三分の一[★01]を売れば、ヨットが買える。もちろん、そうすれば年間の利益は六六万ドルに減少するが、それだけの金で暮らしていけないなら、ヨットを買おうとするべきではないだろう。

この非常に単純な例では、株の売買にはまったく面白みがないように見える。これでは一〇〇万ドルの家賃収入が入るビルを所有して、それを担保に融資を受ける場合のような、もっと単純なケースとほとんど変わらない。もっと刺激のあるケース――たとえばあなたの会社は今のところ利益を出していないが、そのうちオンライン小売市場を支配するかもしれないというささやかな可能性に基づいて株の市場価値が割り当てられるようなケース――に手を広げるのは、実際にはあまり賢明な挑戦とは言えない。ここで重要な理論的考え方は、株式市場は将来の利益の期待を資本化するということだ――文字どおり、株式市場はこの期待される将来の利益の権利が、ある金額の資金と交換される場所である。物語が現金に変わるのだ。

ということはもちろん、株式市場はひとつの嘘が詐欺に発展する場所になりうる。会社が利益の一五倍で取引されるとすれば、会計上の一ドルの過大申告は、潜在的に一五ドルに直接変換される。

実際には、ひとつの嘘につき一五倍の利益は理論上の最大値だろう。詐欺がバレる前に短期間で詐欺会社の全株式を売る★02のは、不可能とは言わないまでも難しい。会計上の虚偽記載を利益に変えられるかどうかは、大衆にどれだけ多く株を売れるかにかかっている。しかし一方では、不正な決算報告書を作るのに金はかからない――まやかしの一ドルにつき、たった三ドルの利幅でも相当な利益になる。

原則として、物語を金に変えるのは株式市場自体ではなく、会社の株を売買する制度である。

サンドイッチ店の取引の例で言えば、会社の株をひとりの投資家に売ることもできるが、株式市場に対するのと同様に、プライベートエクイティ(未公開株式)業界に嘘をつくことも可能だ[★03]。本書を執筆している時点では、インターネットに関するばかばかしい作り話をヨットを買う金に変えたければ、民間のベンチャーキャピタルを狙うのが一番いい方法だろう。しかし、公共の市場にもいくつかの利点がある。

第一に、あなたの身元を調査するプロセスはある個人の責任ではなく、市場全体に分散される。もっといいのは、責任が多数の個人に分散され、彼らの大半はあなたの物語にわずかな利害関係しか持たないという点である。偽造詐欺が行われるほかの多くの業界と同様に、株式市場は証明に基づいて運営される。あなたがはじめて市場に参入するときは、数多くの調査(「適正評価手続き《デューディリジェンス》」)がなされるはずだが、いったん参入してしまえばもう安心だ。潜在的な詐欺のチャンスの大きさに比べると、すでに株式市場で株価がついた会社に対する継続的な監視は驚くほど少ない。会社が提示する数字は大体において事実として扱われ、それを外部の人間が否定するのは非常に難しい。

公共の株式市場のこの性質が、投資詐欺に不可欠な時間の要素を提供する。最初の適正評価手続きをすり抜けて偽の会社の株式を公開できれば、その会社は存続して、破綻するまでかなり長いあいだ虚偽の決算書を出し続けられる。ついに資金が尽きて会社が破綻するときが来ても、最初の詐欺があなたに結びつけられる可能性はきわめて低い。株式ブローカー、ジョーダン・ベルフォートのキャリアに汚点を残した証券詐欺はこのタイプだった。

株式仲介会社ストラットン・オークモントを創業したベルフォートは、自分の自伝に『ウォール街狂乱日記――「狼」と呼ばれた私のヤバすぎる人生』（酒井泰介訳、早川書房）というタイトルをつけた。おそらく『寄生虫物語』などというタイトルでは売れ行きが期待できないと思ったのだろう。恐ろしく不愉快な本で、薄ら笑いやにやにや笑いが目に浮かぶ自画自賛と口先だけの後悔だらけで、最初の四章は自宅の前庭でドラッグに溺れて過ごした日々について書かれている。しかし、ひとつの段落にはこの本の残り全部を補ってあまりある価値がある。それは「ボイラールーム」「顧客に電話をして強引な販売手法で株式を売る方法」と呼ばれる株式売買業のビジネスモデルを端的に表した部分だ。

では、生意気な青二才がこれほどまでの金をもうけるために発見した秘密とは、いったい何だったか？　それはおおむね、ふたつのシンプルな真実だった。まず、アメリカの最富裕層トップ一％★04は、おおむね退廃的なギャンブラーのような人物で、不利ないかさま博打とわかっていてさえ、さいころを回し続けなければ気が済まない連中だったこと。もう一つは、世間の常識に反して、盛りのついた水牛か、ＬＳＤを二、三発キメたフォレスト・

ガンプ並みのＩＱの若い男女に、ウォール街の天才トレーダー風に見せかける演技を仕込むことは可能であることだった。どんなバカな若者にも、話すべき内容を一字一句紙に書いて、一日二回、一年教え続ければ、そういう話し方を仕込めるのだ。

ストラットン・オークモントが扱う典型的な株式は、防衛産業やハイテク産業のような最先端産業の新会社による新規発行株で、それらの会社はかなり過大申告された不正な決算報告書を出しているか、もうすぐ発表される予定の新製品についての「物語」以外まったく収入がないかのどちらかだった（バイオテクノロジー企業は、奇跡のような癌の治療薬を簡単に信じ込んでしまうような医者に売り込めるため、よく使われた）。ストラットン・オークモントはそのような会社の株の一般向け販売を請け負い、かなりの割合の手数料を取った。ストラットンが所有する株式はたいてい、大株主の開示に関する証券取引規制法を避けるために所有者が秘匿され、「ネズミ穴」というかわいらしい名前で呼ばれるお飾りの人間が名目上の所有者として使われた。

いったん会社が株式を発行し、株式市場で値段がつけば、詐欺の第二段階がはじまる。市場操作の専門家が新株の値段を急騰させて外部投資家の関心を引けば、ストラットンがネズミ穴に隠しておいた株が売れるようになる。ボイラールーム詐欺の「ポンプ」フェーズが進行しているときは、ベルフォートに雇われた十代のブローカーが被害者を説得し、株価が高騰しているあいだにもっと多くの株を買わせる。最後にこの会社と投資家は野心家の不正ブローカーに見捨てられ、何日もたってから決算報告書は偽物で会社は無価値だと知らされる。★05

株価操作はベルフォートを刑務所送りにした罪状の大半の根拠となったが、これらは「市場犯罪」――証券取引所独自の規則に対する違反である。この規則は時がたつにつれて経済全体の運営に大きくかかわるようになり、州当局と警察当局が扱う問題とみなされるようになった。ストラットン・オークモントが犯した実際の詐欺は、偽の決算報告書に基づいて投資家から資金を集めて、最初は多数の会社の株式公開を可能にした。つまり、これは偽造のもうひとつの例だ。一見信頼できる証券会社は、決して架空の会社とかかわりを持たないはずだと信じる人々を狙い打ちした証明詐欺なのである。

最後に、株式市場が将来の収入を資本化する方法について、知っておく価値のあることがひとつある――市場は必ずしも効率的ではないということだ。原則として、誰もが現金のみで、かなり長期的な予想に基づいて取引しなければならない。しかし、それは非常に難しいので、実際に株を取引する必要のある人々はしばしば近道を探す。近道のひとつは、短期的な利益だけを見て、それが長期的キャッシュフローの合理的な予測になると考えることだ。だから詐欺師はたとえ将来の数年間を犠牲にしても、一年間の利益を操作すれば株価が上昇し、不正な金を手に入れられる。もうひとつの重要な近道は、急成長している会社を評価するとき、利益ではなく収益(または売上)を見て、会社の設立費用のために縮小された利益より収益の方が長期的な指針としてすぐれていると考えることだ。これは不正会計を行う詐欺師にとって有利に働く。収益はしばしば利益より操作しやすいからだ。資産もまた操作可能で、ときには(ブリエックス社がそうだったように)決算報告書に記載されていない金の埋蔵量について噂するだけで株価を操作できる。しかし、不正会計がどのようにして行われるかを感覚的に理解するには、少々専門的な話が必要だ。

❖──会計詐欺の手口

不正会計には二種類ある。一方を「不正会計」、もう一方を「会計操作」と呼ぼう。しかし実際には、どちらも詐欺であることに変わりはない。それぞれを、「あなたが会計監査人に嘘をつかなければならない行為」と「会計監査人があなたを助けるためにする行為」と考えればいい。

ところで、これらふたつのカテゴリーのうち、後者は冗談のつもりではないし、会計監査の専門家に対する侮辱では決してない。資本市場がはじまって以来、監査法人は、いくつかの一流監査法人も含めて、不正な経営者が非常にまぎらわしい決算報告書を提出する手伝いをしてきた。多くの場合、監査法人は自分たちが会計規則を守っている自信があるとはとうてい言い切れないところまで規則を拡大解釈した（それだけでも十分悪いことだ）。会計監査は専門職であり、重要な監視者の役割を果たしているにもかかわらず、そういうことはままある。本章では、こうした事例があとを絶たない理由についてあとで考察するつもりだが、とりあえず会計監査人に嘘をつくだけでなく、同じ会計監査人の手を借りて決算報告書を偽造するケースもあるということを覚えておいてほしい。不正会計の手口をすべて網羅すればそれだけで一冊の本が埋まってしまうが、定期的に使われる七つの手口を挙げれば、何が行われるのかおおよそ見当がつくだろう。主にごく最近の不正会計の黄金時代、つまり一九九〇年代から二〇〇〇年代初めにかけてのドットコム・バブルと通信バブル時代から例を取ることにしよう。

❖——完全な架空売上

実際には取引が行われなかったにもかかわらず、あたかも取引があったかのように記録し、架空の取引記録を会計監査人に提出するケースである。通常は偽の売上を海外で、たぶん新興市場で作るのが一番いいが、どんな場合も時差が大きいか、言葉の壁があり、商業登記が不明瞭な場所が向いている。そうすれば会計監査人がチェックするとしても、あなたの共謀者が監査人からの問い合わせを受けて、架空の注文は間違いなく存在すると答える手はずを整えられる。現金が工面できなければ、地元の銀行に預けてあると言い訳し、期限が迫っていて監査人があなたの偽の報告書を疑う余裕がないことを期待しよう。ベルギーに本社を置くコンピューターソフトウェア会社のレルナウト・アンド・ホスピーは、この手の詐欺で韓国での数百万ドルの売上を計上した。

完全な架空売上を計上したもうひとつの例に、マドリードに本社のあるゴーウェクス（レッツ・ゴーウェクスとも呼ばれる）がある。この会社はヨーロッパ各国と南北アメリカで実際のおよそ九倍もの公衆フリーWi-Fiを設置したと主張した。これはいくつかの点でレルナウト・アンド・ホスピーよりさらに大胆な詐欺である。なぜならゴーウェクスの場合、完全な架空売上を捏造するには、購入されて設置されるはずの架空の資本的設備［生産に必要な建物や機械など］が必要で、それらはソフトウェアのライセンスにくらべればチェックしやすいはずだからである。少なくとも監査人はゴーウェクスがフリーWi-Fiを設置したと主張する都市のどこかを歩いてみれば、それが嘘だと確かめられたはずだ。実際にはゴーウェクスの監査を行ったのは地元の小さな監査事務所で、ゴーウェクスの役員とともに起訴された。しかしレルナウト・アンド・ホスピーの監査を担当したのは大手監査法人ＫＰＭＧで、こうした問題は最も秩序ある集団の中でさえ起こりうることを明かにした。

❖――経済的に無意味な取引による架空売上

私がアメリカの長距離通信会社（たとえば二〇〇一年のキューウエスト・コミュニケーションズ）で、あなたもまたアメリカの通信会社（たとえば二〇〇一年のグローバル・クロッシング）だとしよう。どちらも多数の通信ケーブルを所有し、その使用料を他社に請求している。この二社が「容量取引」を行って、お互いに妥当な限界まで通信ケーブルを無料で使用させたとしたらどうなるだろうか。どちらもいくらかの収益、そして同額の費用を計上しなければならないだろう――つまり容量取引は、相互に相殺される一対の売上のようなものである。通常、売上の数字を確定する方法は、その分量の通信容量を販売する際の市場価格を推定し、決算報告書の収益と費用の両方にそれを追加することだ。しかし、株式市場が注目するのは利益ではなく収益であると知っていれば、私たちはもっと大きい数字を収益として書き込み、これは「戦略的」取引だと会計監査人に説明するか、公開市場価格が妥当でない理由を言い訳するだろう。

この手口は一九九〇年代のドットコム・バブルの時期に濫用された。ウェブサイトが広告インベントリ［ウェブサイトに掲載できる広告枠の数］を相互に交換するスワップ取引を行って、それを販売したかのように見せかけたのである。現金のやり取りは一切なく、ふたつの会社はどちらも実際に所有している量よりも多くの広告枠を売ったふりができただけでなく、彼らの広告枠の市場価格が実際より高いと見せかけることがいくらでもできた。このスワップ販売の性質は、ほかの状況でも非常に役に立つ。なぜならスワップ販売によって設定される「市場」価格が、資産評価の根拠になるからだ。たとえばふたつの不動産開発業者が開発した土地の一部を誇張した評価に基づいて相互に売買すれば、捏造した「最近の取引」によって会社全体の評価を上げ、銀行に担保の価値を信用させて融資を継続させられる。

架空売上の手口がさらに拡大され、一般化されると、もはやふたつの相殺される取引さえ必要なくなり、公開市場で現金販売をするように、世界中で架空の売上を作ることができる。あなたは自分が支配できる会社をひとつ見つける。その会社はあなたの関係者が直接所有しているか、実際には独立した会社だが、その取引の「隠れみの《フロント》」になることに同意している。そしてあなたがその会社を支配していることを会計監査人は知らない。あなたはこの会社に、ある金額を融資（通常のローンとして、あるいはその会社の新規発行株式を買うことによって）し、その金であなたの会社の商品を買わせる。こうしてあなたは投資家から集めた資金を循環させ、実質的に自分で自分の会社の商品を買って、それを利益のように見せかけられる。これは大手通信事業会社ワールドコムによって何度も繰り返された修正再表示「過去の財務諸表における誤謬の訂正を財務諸表に反映させること」の一例で、その後まもなく同社のＣＥＯ（最高経営責任者）とＣＦＯ（最高財務責任者）は有罪判決を受けた。

❖――商品販売前の収益認識

ＯＰＭリーシングのマイロンとモーディは、会計監査人を説得して彼らの不正会計の手口に同意させた会計士の名前にちなんで、その手口を「カッツ・メソッド」と呼んだ。リースのように長期的な契約の場合、通常の会計方法では、顧客の支払いはリース期間全体に分割された収益として計上されるのが普通だ。★06 しかし「カッツ・メソッド」では、契約が締結された当日に支払い総額を収益として記録する。この手法は明らかに決算報告書の見栄えを短期的にかなり向上させるが、モーディ・ワイスマンが取り決めた中途解約条項をクライアントが利用した場合、会計は同じく明らかに大惨事になる。新たな収益が入ってこないだけでなく、カッツ・メソッドのもとで過去に計上された収益の大部分が「未収」となるからだ。

これは二〇〇〇年代の老舗通信会社も好んで使った手法で、特にジェフ・スキリング率いるエンロン社が立ち上げたＩＴベンチャー企業の得意技だった。スキリングのカッツ・メソッドはさらに極端だった。エンロンは契約による収益にかぎらず、ただ単に手に入ると期待される収益を前もって会計報告に入れた。注目に値するのは二〇〇〇年のエピソードである。エンロンのＩＴベンチャー企業は、彼らが所有するインターネットケーブルを介してビデオ・オン・デマンドサービスを提供するジョイントベンチャー契約を大手ビデオレンタル会社のブロックバスタービデオと締結し、以後二〇年間に予定される利益総額を収益として計上した。翌年、ブロックバスターはジョイントベンチャーから下りる決断をした——エンロンはブロックバスターとの動画配信サービスから得られる利益を共有するという、もはや実現不可能な新しい想定を反映して莫大な収益を計上してしまったあとだった。結局、実際にほとんど収益は出ず、動画配信サービスのアイデアは、エンロンの経営が傾いて破綻にいたるまでに発表された決算報告書を特徴づける膨大な修正再表示の注記のひとつに加えられた。

❖——費用の遅延認識

商品販売前の収益認識と明白に対をなしているのは、将来に費用を先送りする会計処理である。ワールドコムはこの方法で利益を三八億ドル水増しした。この詐欺の性質は、新規事業を思いつくやいなや収益を計上したエンロンの会計処理と、ある意味で対称的だ。ワールドコムは彼らの長距離通信ケーブルを顧客の電話につなぐために地域の通信会社に回線使用料を支払っていた。これは費用であり、費用として会計処理されるべきなのは明らかだ——これは長期契約ではないし、通信容量を蓄えておくことはできないからである。しかし……一〇年後にマーケットシェアを確立し、もっと利益の出る地位に到達するために短期費用を負担して、多額の回線使用料を地方の、たとえばウィスコンシン州の通信事業者に支払うのは悪くない戦略だと考えたとしたらどうだろう。さらに、現金が支払われた年に全額を費用として計上するのではなく、支払う回線使用料を分割して一〇年間の戦略的プランの期間に徐々に費用として計上すれば、もっと理にかなっているのではないだろうか？

答えはノーだ。そのやり方はまったく理にかなっていなかったが、スコット・サリバン(当時のワールドコム最高財務責任者)は、短期的にはそれでつじつまが合うと自分自身と監査法人アーサー・アンダーセンの両方を納得させた。費用の計上を怠っても費用が消えてなくなるわけではないから、ワールドコムは投資家への報告をはるかに下回って現金が不足し、それが最終的な破綻の要因となった。

❖——完全な架空資産

会計をごまかす場合は実際の資産を過大評価するのが普通だが、完全な作り話をする例もまったくないわけではない。ゴーウェクスがヨーロッパ各地にWi-Fi接続可能な公共ホットスポットを設置したという話はそのひとつの例だが、大規模な架空資産詐欺はオフショア銀行口座が絡んでいる場合が多い。会社がオフショア口座に多額の現金を置きたがる場合には、いくつかの合法的な理由がある[07]――その現金は再投資のために必要な大きな資産の売却益か、オフショア銀行からのローンもしくは債券発行によって調達した資金かもしれない。しかし、オフショア口座は本質的に不透明になりがちで、ときには口座が横領犯によって使い込まれたり、その口座を決算報告書に記載している会社とは違う会社が実際の所有者だと判明したりする。自分の銀行口座に金を振り込んで、なんらかの書類を偽造することさえ可能だ。イタリアの乳製品製造会社パルマラットは、一時的に(エンロン事件からワールドコム事件が起きるまで)不正会計による世界最大規模の破綻の記録保持者だった。破綻の主な原因は、債務支払い能力の有無を分ける四九億ドルの預金があるはずの銀行口座が実在しないと会計監査人が突然発見したためだった。

❖――未報告債務

貸借対照表にあまり大きな債務を載せるのは気が進まないが、多額の借金をしたい――そんなとき、自分が支配する法人団体で借金をするのは、詐欺によって現金を手に入れる基本的手段である。では、どうすればいいのか？　借金をするために別会社を作り、銀行には自分が債務を保証すると請け合って、融資を(その別会社を支配しているのは自分なので)自分の会社のために使えばいいい。会計規則ではこれは禁止されている。一連の決算報告書における「連結」の考え方では、あなたの会社が支配するすべての資産と債務、そして融資書類上は会社名が違っていても、あなたの会社に責任があるすべての資産と債務を貸借対照表に記載しなければならない。では「支配する」とはどういう意味だろうか？　この言葉は実際には何を意味するのだろう。「保証する」という言葉の正確な定義は？　大学でビールと酒を酌み交わしながら語義に関する議論をするのが好きな人は、一見単純なこれらの概念に関する規則がぎっしり書き込まれた何冊もの分厚い本が出版され、ある会社の債務が別の会社の債務としても記録されなければならないのはどういう場合かについて、文字どおり終わりのない議論ができると知るだろう。そこには会計監査人に圧力をかけて言うことをきかせる余地が十分あるが、いつもそうする必要があるわけではない――多くの場合、あなたはただ会計監査人に「この借金を貸借対照表に載せたくない」と言えば、監査人はすぐさま何冊もの本をひっくり返して抜け穴を見つけ、囲みと矢印で埋め尽くされたおかしな図表を持ってきて、しばらくのあいだ、あなたの望みどおりにしてくれるだろう。

エンロンが多数の「簿外特別目的会社」を設立したのにはそういう理由があった――これらは海外で登記された名ばかりの会社で、独自の事業活動は何もなく、エンロンが管理したがっている大きな資産を買うために国際資本市場から借金をするためだけに存在していた。もちろん、そもそもこうした見せかけだけの会社が融資を受けられる唯一の理由は、それらがエンロンによって保証されているからで、今思えばそれらの借金はエンロン自身の借金として、エンロンが計上すべきなのは明らかだった。あるいは少なくとも、最後に登場した破産調査官はそう考えた——説得力のある反対意見があったとしても、それはおそらくエンロン本社があったヒューストンのアーサー・アンダーセン事務所でシュレッダーにかけられて消えたのだろう。

❖——期待外れの会計監査人やアナリスト

これらの詐欺はすべて会計監査人によって防がれなければならなかった。すべての決算報告書を外部の中立的な第三者として精査し、それらが真実で公正な会社の全体像であると証明することが会計監査人の仕事だからだ。しかし彼らはそうしなかった。なぜだろうか？　答えは簡単。会計監査人のうち何人かはペテン師で、何人かは簡単にペテン師にだまされるからである。会計基準と会計士を管理する規則にどのような改革がなされようと、同じ問題は何度も発生した。繰り返しになるが、あるできごとが異なる時間と場所で何度も起きる場合、それは根深い基本的な経済的構造に結びついた均衡現象である可能性が高い。

第一に、会計監査人の大多数は正直で有能だという問題がある。これはもちろん歓迎すべきことだが、その問題点は、ほとんどの人が嘘つきで無能な会計監査人に会った経験がないため、そういう監査人の存在が実感として理解できないことである。ビッグフォー★08と呼ばれる四大会計事務所で本物のペテン師に出会うには、かなり不運(あるいはペテン師を見つけようとするなら、かなり幸運)でなければならない。しかし、不正な会社経営者は、不正な人を見つけるまで会計監査人を次々に取り換えて、見つけたが最後、決して手放そうとしない。つまり不正な会計監査人は引力に引かれるように不正な会社の監査に引き寄せられ、この仕事に就く人の大多数は、そうしたことがいかに起きやすいかを世間の人々よりよく理解している。

第二に、会計監査人に気骨がなければ、せっかくの正直さと有能さを貫けない。詐欺師は粘り強く威圧的なのに対し、大学を出て会計事務所に入った人(そしてもっと刺激的な分野ではなく会計監査の仕事に落ち着いた人)は、必ずしも支配的なアルファタイプ[自信があり意欲的]の人格を持ち合わせているわけではない。さらに詐欺師は会計監査人の頭越しに会計事務所の上司に苦情を言い、監査人が非協力的で官僚的で、彼らの会社のCEOが合法的な判断で自社の業績を発表しようとするのを認めようとしないと文句を言う。ひとつには会計監査人は確かにしばしば頭が固く、決して冒険しようとしないため、そしてもうひとつには監査が驚くほど競争が激しく利益の出ない仕事であり、概してもっともうかるコンサルティングとIT事業を売り込むための客寄せとして使われるため、たとえその会計監査人が一連の決算報告書に署名する(そして監査業務全体の評判を決める)

立場であっても、上司が部下である会計監査人を守ろうとする可能性は低い。詐欺につながりやすいほかのいくつかの行動パターンと同様に、気難しい監査パートナー［監査報告書の最終責任者］の発言を封じたり、排除したりする力がたびたび働き、まったく同じことが何度も繰り返されてきた。それを見ると、なかなか排除できない根深く普遍的なインセンティブ上の問題が反映されているのは間違いない。

❖――アナリスト

投資家と証券会社は第二次防衛ラインとして独自に「アナリスト」を雇い、公表された決算報告書に問題がないかどうか確かめさせる。アナリストはひとつの業界の専門家で、会社の決算報告書を読み、会社とそのほかの資産を評価するために必要な金融上の経験を十分に積んでいることが求められる。彼らの第一の仕事は、証券取引において利益が見込まれるチャンス――非常に過小評価または過大評価されている株式や債券――を見つけることだが、不正行為によって極端に過大評価されている会社を見抜くことも仕事に含まれているのはたぶん間違いないだろう。

それがうまくいく場合もある。不正な決算報告書はしばしば、バレるきっかけとなる「気配」を漂わせている――特に焦っている詐欺師、あるいは会計監査人に圧力をかけて言いなりにする力が足りない詐欺師は、偽造した利益に合うように貸借対照表を偽造できない。だから在庫もなく、手に入れたはずの現金の証拠もないのに売り上げが膨らんでいれば、いやでも目立ってしまうだろう。★09 また、アナリストはしばしば「押しつけ販売」と呼ばれる手法を見抜くのがうまい。これは会社（通常、意欲が高く目標達成を重視する営業チームを持つ会社）が四半期末に卸売業者と仲介業者に大量の製品を売りつけて帳簿に売り上げを記入し、在庫を帳簿から削除する手口だ。そうすることで、将来の売上（そして売れ残った場合の返品契約による返金、卸売業者の在庫品として放置されて古臭くなった大量の製品が店頭に並ぶことによる全般的なブランドイメージの低下）と引き換えに、短期的な成長率をよく見せられる。

圧力に屈した正直な会計監査人は、しばしばどのような会計処理が用いられたのかを釈明する文章を決算報告書の注記事項に謎めいた法律用語で紛れ込ませ、それを読んだ誰かが主要な数値はすべて偽造だと気づくだろうと期待した。エンロンが採用したほとんどすべての不正な会計方針は、どこを見ればいいのか知ってさえいれば、公的な書類から推察できただろう。この種の綿密な分析でキャリアを築いているアナリストもいるが、これはニッチな業務で、特に利益が期待できるわけではない。なぜならほとんどの会社は正直で、「危険信号」の大半は空振りに終わるからだ。

さらに一般的なのは、世界金融危機の直前に数多く見られた状況である。[★10] アナリストはときおりつじつまの合わない点に気づいて指摘し、報告書を書く者もいた。その報告書が真剣に受け止められていれば、先見の明のある警告とみなされただろう。しかし、たいていの場合、アナリストは物事がうまくいっているときは万事順調だと報告書を書き、事態が悪化しているときは、うまくいっていないと報告書を書く。ITバブル期、そして南海会社以来のすべてのバブル期にも、同じことが起きていた。市場主導型の独立した監視役も、法の定める地位と後ろ盾を持つ監視役も、まったく同じ弱点を持っている。

問題は、詐欺を見抜くのは難しいということだ。大半の投資家にとって、詐欺を見抜く努力をしても無駄になる。つまり、大半のアナリストにとっても努力する価値はないということだ。詐欺はめったに起きず、注意深い分析によって見抜ける詐欺はもっと少ない。見抜くのが難しく、めったに起きないにもかかわらず、発見できる可能性に賭けて莫大な報酬を手にできるほど大規模な詐欺は、景気循環がひとつのサイクルを終えるまでのあいだにおよそ一回、まとまって発生する。

アナリストもまた、会計監査人に妥協を迫るのと非常によく似た圧力にさらされる。この会社は詐欺だと公の場で批判する人は誰でも大きなリスクを負い、深刻な報復を受けるかもしれない。詐欺は一般的に非常に成功した会社らしく見えること、そしてそれには納得のいく会計上の理由があるということは、覚えておいて損はない。決算報告書をいじると決めたら、平凡であるよりは飛び抜けて見える方がいいというだけの理由ではない。成長する会社は雪だるま式に大きくなる。つまり不正に現金を引き出せば、さらに高い比率で架空の利益を増やさなければならないのだ。だから誰かが正確に詐欺を見抜いても、しばしば成功をねたんで批判しているように見えてしまう。また、詐欺師はしばしば数多くの金融取引を行って投資銀行に多額の手数料を支払うため、投資家は自分たちがもうかっていると信じこむ。成功したCEOを疑うことに対する心理的障壁は、医師や弁護士の誠実さを疑う場合ほど強くないが、なかなか手ごわい壁であるのは間違いない。

最後に、ほとんどのアナリストの意見は読んでもらえない。詐欺師は全員をだます必要はなく、金を手に入れるために必要な人だけをだませばいいのである。ロンドンの文学・政治雑誌クォータリー・レビューは一八二二年に、トマス・ストレンジウェイズの著書『モスキート海岸の概要』の書評の体裁を装って、ポヤイス国詐欺の徹底的な分析を発表した。この書評の匿名の著者は、この本の大部分は西インド諸島のガイドブックからの盗作だと指摘し、ホンジュラスに対するスペインの領土権の主張に関する本当の事実と、先住民族の部族長がイギリス人の企業家に統治権を譲渡するのがいかにありえないかを明らかにした。著者はグレガー・マグレガーの軍歴を嘲笑し、過去に働いた詐欺を暴露した。さらにマグレガーの肩書として使われる「KGC」はポルトガルの緑十字騎士(Knight of the Green Cross of Portugal)ではなく、ペテン師騎士(Knight of the Gull-Catchers)の略だとさえ主張した。しかし、投資家の資本をケネルスレー・キャッスル号とホンジュラス・パケット号に乗せないために手を尽くしたにもかかわらず、投資家は聞く耳を持たなかった。

★01——投資銀行家は販売手数料を取るから、実際には三分の一より少し多めに売る必要がある。

★02——たとえ売れたとしても、銀行家の販売手数料が差し引かれる。

★03——「プライベートエクイティ業界」とは、通常の株式市場以外で会社の株を買収する人々とその資金を指す。これには主にふたつの種類がある。ひとつはマネジメントバイアウトで、名前のとおり経営陣(マネジメント)が経営権の取得を目的として自社株を購入することである。もうひとつは「ベンチャーキャピタル」で、一般から資金を調達するだけの十分な利益を出していない会社への投資である。前者は会計上の虚偽記載による詐欺にあいやすく、後者は最初から最後まで詐欺にすぎない会社の被害者になりやすい。どちらも自分が有力なコネのある天才投資家だというイメージを顧客に示す必要があるので、被害者はなかなか一杯食わされたと認めようとしない。

★04——この本の欠点をほぼ埋め合わせているようなこの段落でさえ、ベルフォートはあきれるほど自分勝手な嘘をついている。彼の証券詐欺の多くの被害者はごく普通の中流アメリカ人だった。自分が富裕層からしか盗まなかったロビン・フッドのような人間だと繰り返し主張しているが、それはまったくの嘘だ。

★05——例外がひとつある。靴デザイナーのスティーブ・マッデンはストラットン・オークモントの共同経営者のひとりと幼馴染で、彼らはマッデンの婦人靴会社の株を上場した。もともとスティーブ・マッデン・シューズの上場はほかの会社と同じようにいかさまで、マッデン自身がネズミ穴の役割をしたとして起訴された。

しかし実際のビジネスが大成功して、悪い評判は打ち消された。まったくの偶然から、ストラットン・オークモントは利益の出る会社を上場することができた(その一方で、ストラットン・オークモントによるあらゆる新規公開株の空売りを手っ取り早い金もうけの手段とみなしていた小規模ヘッジファンドに多大な損害を与えた)。

★06——収益と費用を計上する時期と、商品やサービスが提供される時期を一致させる会計処理方法を「発生主義会計」といい、会計士はこれをいかに適切に行うかをめぐってほとんど信じがたいような聖戦を繰り広げている。会計の教科書では、たいてい新聞の年間定期購読が発生主義会計の例として挙げられる。購読料は現金上では前払いされるが、会計上は一年間にわたって、一日に一部の新聞の売上として処理される。

★07——税金主導の仕組みの構築に対して倫理面から批判の目を向ける人は、ここで「合法的」という言葉を使うのは問題があると思うかもしれない。この言葉の意味はただ、「本質的に不正ではない」ということである。

★08——最大の会計事務所がビッグファイブ、ビッグシックス、ビッグエイトと呼ばれた時代もあったが、会計事務所の統合が進み、エンロン事件の影響でアーサー・アンダーセンが解散に追い込まれたため、現在はビッグフォーとなった。このままいけばおそらく三大事務所から二大事務所へと減っていき、残りひとつになるのを防ぐために規制当局が介入することになるだろう。世間は選択肢の少なさに不満を漏らすが、監査費用をめぐる市場の競争がわずかに減る以外に、悪影響はそれほど多くないだろう。率直に言えば、同じ会計事務所が提供するコンサルティング業や顧問業に比べて監査業務は極端に利益率が低いという点に多くの問題がある。

★09——実際の現金が存在しない偽の会計上の利益に有り金をはたいて税金を払うのを詐欺師も嫌がる。だから平均税率の異常な低さはしばしば危険信号である。

★10——言っておかなければならないが、私は二〇一四年まで「証券アナリスト」だった。私の実績は、ここで述べたように平凡だった。何が行われているのかうすうす気づいた点はあったが、実際にどれほど犯罪が多いかよくわかっていなかった。

第六章

コントロール詐欺

ラリー・ホームズは自分から金をかすめ取るドン・キングと一緒にやる方が、ほかのプロモーターからファイトマネーを一〇〇パーセント受け取るよりも稼げると言った。

――二〇〇一年の記者会見に出席したボクシングプロモーターのドン・キングの言葉

ブラジリアン・ストラドルとコントロール詐欺の関係は、レスリー・ペインの電気製品倉庫とロングファーム詐欺の関係と同じだ。ブラジリアン・ストラドルはきわめて単純な形式の犯罪で、主要な要素はすべてさらけ出されている。この犯罪が興味深いのは、個々の構成要素はすべて合法的で、詐欺は全体的な構造の中に存在するという点で、私たちがはじめてお目にかかるケースだからだ。

この名称は一種の冗談だ。金融オプション取引にはしばしば、トレーダーがその取引特有のルールを覚えやすくするために、その取引が最初に発案された場所にちなんだニックネームがつけられる。たとえば「ヨーロピアン」、「アメリカン」、「アジアン」、「バミューダン」オプションなどがある。「ブラジリアン・ストラドル」はオプション市場の特殊な取引戦略にちなんで命名され、下落と上昇のどちらの大幅な値動きに対しても備える保険を市場に売るようなものだ。たとえば株価指数が一万五〇〇〇ドルで取引されている場合、将来のあらかじめ定められた期日に一万五五〇〇ドルの価格で購入する権利をある人（株価指数を買いたい人）に与え、別の人（株価指数を売りたい人）に一万四五〇〇ドルで売る権利を与えて、それぞれからプレミアム［権利の購入代金］を受け取る。あらかじめ定められた決済日までに市場の値動きがなければ、前もって受け取ったプレミアムはあなたのものになる［権利を買った側は売買の権利を放棄できる］。しかし、株価指数が暴落した場合、少額のプレミアムを支払って株価指数を売る権利を買った人は、株価指数が一万二〇〇〇ドルで取引されているときに、あなたに一万四五〇〇ドルで売る権利を行使できる（ここまで説明すれば、将来のリスクと引き換えに現金の前払いを受けられる構造が、いくらか詐欺の危険をはらんでいることに気づくだろう）。

前の段落で説明した内容は、通常の「ストラドル」――一万五五〇〇ドルで買うオプションと一万四五〇〇ドルで売るオプションを組み合わせたポジション［未決済のまま保有している買いと売りの注て、一方でブラジル行きの航空券を準備しておく手口である。オプション決済日の前日の午後遅くにポジションを得るのが一番いい。そうすれば翌朝目覚めたときに身の振り方を決められる。株価指数が上昇していれば証券取引所に行って利益を手に入れればいいが、下落した場合には空港へ行って、犯罪人引渡条約を結んでいないどこかの国に逃亡しなければならない。

この種の詐欺は昔からあった。株価の値動きではなく、船に保険をかける状況を考えてみると、この手の詐欺の歴史はロイズ保険市場そのものと同じくらい長い。この詐欺には、それが仮定の犯罪で、詐欺の大きさはあとで振り返ってみなければわからないという面白い性質がある。すべてがうまくいけば、被害者は自分がだまされたことすら気づかない。

企業間信用がロングファーム詐欺の原動力であるのと同じように、ブラジリアン・ストラドルのような手口はコントロール詐欺の基本的原動力になる。被害者はたいてい、経済生活にはリスクがつきものだと理解しているが、信頼できる第三者に任せればリスクを管理できると期待している。

❖――ニック・リーソン

英ベアリングス銀行を倒産させたトレーダー、ニック・リーソンは、有罪判決を受けた数多くの詐欺師に比べれば、彼の手記を元にした映画でユアン・マクレガーが彼を（そしてアンナ・フリエルが彼の妻を）演じたという点でラッキーだった。実物の彼はハリウッド俳優のような歯並びも、映画スターの体格もどちらも持ち合わせていなかった。ストレス発散のために大量のフルーツグミを食べ続けたせいで、逮捕されたときは歯のエナメル質がボロボロになっていた。「エラー・アカウント（架空取引口座）」の管理者として相当なストレスがのしかかっていたのだろう。この口座に隠蔽された損失はおよそ六億ドル――勤め先だった二〇〇年の歴史を持つ投資銀行ベアリング・ブラザーズ（ベアリングス銀行）を倒産させるには十分すぎる金額だった。

ベアリングス銀行シンガポール子会社のベアリング・フューチャーズでのリーソンのキャリアは、金融機関経営の通常の形式に真っ向から反していた。そこで規制当局はリーソンがあのような行動を取るのを可能にした管理上の欠陥を封じるために、何年もかけて新しい規則を作成した。これらの新しい規則によって、一五年後にジェローム・ケルビエル（四九億ユーロ）とクウェク・アドボリ（二〇億スイスフラン）による驚くほどそっくりな事件を防げたはずだったが、そうはいかないのが金融というものだ。

ベアリングス銀行事件は従業員が自分の利益のために、他人の会社を経営する責任者の地位を利用して行う、支店長レベルによる典型的なコントロール詐欺である。リーソンとその他の不正トレーダーが利益を得た手口は、投資銀行のボーナス制度――取引に成功すれば自分が生んだ利益の上澄みをボーナスとして支給されるが、失敗しても損失の影響を受けないという特徴がある――のおかげだった。つまり、彼らにはできるだけ大きなリスクを取る計り知れないインセンティブがあった。実際、彼らを管理する秘訣の大部分は、いかにこの傾向を暴走させないかにかかっていた。リーソン事件の根本的原因は、事務処理にたけた人間を自分で自分を監督する立場に昇進させたことにある。

ニックが最初に上司の目に留まったのは、やっかいな事務処理問題を解決したからである。イギリス南部のワトフォード出身のリーソンは、当時としてはごく普通のルートで金融街のシティに職を得た――ベアリングス銀行の「バックオフィス（後方の事務処理担当）」に加わって、支払い指示と証券取引記録を照合する仕事に就き、どうしても避けられない（そして驚くほど頻繁な）間違い[★01]の発見に尽力した。この仕事を見事にこなした彼は、アジアの新市場で特殊なプロジェクトに抜擢された。ベアリングス銀行はインドネシアの株式と債券を取引する事務所をジャカルタに開設し、成果を上げて多大な利益を得ていた。少なくとも、建前上は。

当時インドネシア証券市場は電子化されておらず、実物の株券と債券のやり取りに頼っていた。ベアリングス銀行ジャカルタ支店はその整理と保管がめちゃくちゃで、取引相手に証券を提示できなかったため、計上された利益を現金化するのが難しかった。（普通はブローカーの言葉が証文であるという善意と一般的な感覚のおかげで、支払いが済んだあとで証券が見つかれば、こうした初期の問題は解決できる。外国から見慣れない人間が現れて現地の人々を食い物にしはじめたとき、この種の善意は低信頼社会ではたちまち通用しなくなる）。ニック・リーソンは到着して半年で事務所内の証券を整理し、さらに数か月で弁護士を雇い、数百万ポンドを「建前上」の金から「銀行預金」に転換した。彼が目に留まって昇進したのは当然だった。新しい地位には新しい難題が伴っていた。シンガポールでベアリングス銀行の先物取扱い証券会社を設立することである。コスト削減のため、運命を左右する重大な決定がなされた。リーソンは「フロントオフィス」の役割、すなわちトレーディングと新しい証券会社の管理運営の仕事を与えられたにもかかわらず、事務方の責任の多くはそのまま受け継ぎ、「バックオフィス」の記録管理も担当した。これらの職務の兼任が現在ではほとんどの金融の中心地で禁止されているのは偶然ではない。

ニック・リーソンの部下のひとりがうっかり（やや）小さめのミスをして、外部顧客のために売りと買いの注文を逆に実行してしまい、わずか数分で二万ポンド相当の損失を出した。顧客の損失を補うには、ベアリングス・フューチャーズ・シンガポールの取引口座全体から金を引き出す必要があり、この種の金の出入りを記録するために、新しい「エラーズ・アンド・オミッションズ」口座が作られた。★02 幸運を祈って、この口座にはラッキーナンバーとみなされる八を並べて八八八八八という番号がつけられた。

八八八八八番口座の開設は、それ自体が不正行為というわけではなく、ごく普通の措置だった。それが大惨事になったのは、事務処理の大家であるニック・リーソンが口座を管理する責任と照合する責任（「バックオフィス」の責任者としての役割）の両方を兼ね備えていたからだ。リーソンが取引をして（トレーダーとしての役割）、間違いを起こせば損失は口座に入るが、どの項目を口座に入れるかを決定する（管理職としての役割）のもリーソンだった。だから彼自身が取り返しのつかない過ちを犯しても、リーソンは完全に隠蔽できる立場にあった。

落とし穴を完成させた最後の要因は、ロンドン本部の管理能力の欠如と、主要な決定がされる場所とシンガポールの時差だった。ロンドン本部では誰ひとり、八八八八八番口座を所有しているのは会社そのものなのか（これが正しい）、匿名の大口顧客なのか（のちにリーソンは繰り返しそう主張したが、これは事実ではない）はっきりわかっていなかった。上級管理職の中には八八八八八番口座にある金額がどれくらいなら妥当なのか、ベアリングス・フューチャーズ・シンガポール子会社にどれほど資金が必要なのかを理解できるほど数字に明るい人間はいなかった。シンガポールでリーソンにトレーディングと事務処理の両方を兼務させ、ロンドンからの監視が行き届かなかったせいで、もともと大きな穴が開いていた場所にコントロールシステムが設置された。そしてこのコントロールシステムは商業の大海原に船出してしまったのである。

詐欺のはじまりはすべて、厳密に言えば規則違反だが、誰もがやっている少々狡猾な慣行のひとつだった。リーソンの場合、表面的にはまぎれもなく、彼を坂道の上に立たせたのは多かれ少なかれ規則ぎりぎりだが正当な行為だった。ベアリングス・フューチャーズ・シンガポールは成長する必要があり、そのために顧客を集める必要があった。しかし先物取引は規模が拡大すればするほど有利な取引である。既存の売り注文と買い注文が多ければ、顧客から入った新しい注文に対して、売りと買いのバランスを取るのは容易である。

注文が多くなければ、増えるまで注文をでっちあげればいい。注文が来ているふりをして、他社より有利な価格を提示する。顧客に提示した価格と、実際に契約できる価格の差が損失となるため、本部に取引上の損失を報告しなければならない。これは戦略的な判断で、スーパーマーケットが客寄せのために赤字覚悟の値段でパンを売るのとそれほど変わらない。この判断は現地にいるトレーダーと、本部にいる経営陣との合同でなされる。

しかし、このトレーダーが取引上の損失をすべて貸方に記入できるエラー・アカウントを持っているとしたらどうだろう？　トレーダーは本部と補助金に関する面倒な話し合い抜きで格安価格を提供できるだろう。トレーダーは酒と美食を楽しんでいるだけで顧客との取引を引き寄せ、抜け目なく市場を知り尽くしているというだけで有利な価格で取引を実行でき、まるで才能あふれる若き天才のように見えるだろう。リーソンがしたのはそれだった。競争相手より価格を下げて、いわば取引を金で買い、そこで生じるコストを八八八八八番口座に突っ込み、この口座が顧客のものかベアリングス自身の金なのかがよくわかっていないロンドン本部の無知につけこんだ。

この最初の不正行為以来、数々のよくないことが続いた。損失が出ている先物ポジションに資金を供給しなければならず――毎夕シンガポール証券取引所に負債を支払うためにロンドンからシンガポールに送金してもらう必要があった。なぜそんな大金が必要なのかロンドンからしつこく聞かれるのを防ぐために、ビジネスは成長してもうかっているという印象を作る必要があった。そこでリーソンは「指数裁定取引」にも手を出した。これは日本とシンガポールの同じ先物取引のわずかな価格差を取引する手法である。リーソンは通常、日経平均株価指数を大阪証券取引所で売り、同じものをSIMEX（シンガポール先物取引所）で少し安く買った。

万事うまくいっているときは、わずかな価格差を利用するこの取引はポジションを取るより安全な金もうけの手段である。だから一九九三年の株主総会で、ベアリングス銀行会長のピーター・ベアリングは「証券業界でもうけるのはそれほど難しくない」と発言する余裕があった。この言葉はのちに彼を悩ます結果になる。問題は、異なる証券取引所で売買される同じ先物取引の価格差は、安定しているとはいえ小さいことだ。だからそれを利用して金を稼ぐには、大量の先物取引が必要だ。ここで問題になるのは、ひとつの間違い、あるいは予期せぬ急激な短期的変動があった場合、売買している多数の先物取引によって何倍にもなって跳ね返ってくることである。運用規模が大きいと、小さなミスも許されない。だからほかのほとんどの銀行は大阪／ＳＩＭＥＸ間の指数裁定取引を断念していた。しかしリーソンはうまくいった取引を報告し、損失は隠すことができた。

もちろん帳簿上は収支を合わせる必要があり、ベアリングス銀行の経営陣は会計監査人を派遣して、なんの問題もないことを確かめさせた。しかし、リーソンは事務処理の天才であり、地元で採用した経験の浅いスタッフは彼に強い個人的な忠誠心を抱いていた。だからリーソンは顧客がベアリングスに負っている債務の架空の記録を作って会計監査人の目をごまかせた。しかし、架空の利益から現実の現金需要をまかなうことはできず、リーソンはあいかわらずロンドンからの継続的な送金に依存していた。最初に八八八八八番口座を使った詐欺は、その穴埋めのためにさらなる詐欺を要求した。

これは犯罪が雪だるま式に膨らむ現象のもうひとつのお手本のような例だ。損失を最小限に見せかけるためにリーソンが使った戦略はすべて、あとになってさらに大きな損失をもたらした。四半期の初めに市場の急激な変動に備える保険[★03]を顧客に売って、前払い支払い金を受け取る。市場が実際に変動した場合は四半期末に清算しなければならず、新たな損失をごまかすために、そして利益は順調に増加しているという印象を保つために、さらに取引を増やした。また、卓越した事務処理知識を活用して、自分の顧客ビジネスには証券取引所へもっと多くの証拠金を預ける必要があるのだと言って、必要以上の金を要求した。

リーソンのストレスによる過食がはじまったのはこの頃だ。そして阪神淡路大震災が発生した。日経平均株価指数はひと晩で二〇〇〇ポイント下げた。

リーソンが大阪とシンガポール証券取引所の大物トレーダーになると、人々はしだいに彼のやり方に疑問を口にしはじめた。大手投資家の中にはリーソンが提示する有利な価格で大もうけした者もいて、リーソンは自分の取引の陰に匿名の大口顧客「ミスターX」[★04]がいるとほのめかすようになった。自分が先物を買い続ければ市場の値下がりを食い止められ、オプション取引でこうむった負債を削減できると考えたのである。

要するに、リーソンはすでにまともな判断力を失っていた。ニュージーランドの古い交通安全標語が言うように、「スピードを上げれば上げるほど損害は大きくなる」。この最後のやけくその戦略が保証したのは、最終的な損失の拡大だけだった。数週間後、リーソンは命運が尽きたのを悟って、妻とともに逃亡を図った。数日間の捜索ののち、彼はフランクフルト空港で逮捕された。

ニック・リーソンは多数の大物詐欺師に比べれば、ただの小物だった。詐欺はうまくいったが、それで手に入れたのはせいぜい六桁のポンドで支払われる銀行員のボーナスだけで、彼がベアリングス銀行に与えた損失のおよそ一〇〇分の一にすぎなかった。彼を駆り立てていたものは、競争の激しい社会で認められたいという最初の欲求だったように見える。いかさまトレーダーはほとんどいつも恵まれない環境の出身で、自分はよそ者であり、逆境と戦ってきたという感覚を持っている。しかしもちろん、多数の非常に優秀な合法的トレーダーの中にもそういう人はいる。★05 鍵となる心理的要素は、自分の失敗を認められないことだ。ニック・リーソンは二〇〇〇年の歴史を持つ名門銀行を、過ちを認められない性格のせいで潰したと言っても過言ではない。

詐欺が発覚したあと、リーソンはつらい日々を送った。シンガポールの刑務所で七年間服役し、そのあいだに大腸がんを患ったが、幸いにも命は助かった。自伝を元にした映画で自分を演じるユアン・マクレガーを見ることはできたが、印税の大半は訴訟費用に消え、最初の自伝のあとは売れる本を書いていない。現在は詐欺のリスクについて企業に助言を与えるコンサルタントとして生計を立てている(もっとも彼のウェブサイトを見ると、真剣なアドバイスを求めるよりも、軽い気晴らしや興味本位で呼ばれているようだ)。本書の執筆時には、リーソンは知られているかぎりでは二度と罪を犯していない。日経平均株価指数は二〇一七年一〇月九日にようやく彼が取引した当時の水準まで回復した。

リーソンの詐欺と、彼と同じようないかさまトレーダーの成功の秘訣は、ポジションの大きさに関する情報をコントロールする能力と、銀行を説得して送金を続けさせられるほど信頼される地位に就き、その金で損失を補塡し続ける能力である。いかさまトレーダー事件から、銀行全体が詐欺師の手に落ちたら、そしていかさまトレーダーがそのトップに立ったら一体どうなるのかと考えるのは決して途方もない発想ではない。

❖──貯蓄貸付組合危機

一九八〇年代のアメリカ貯蓄貸付組合（S＆L）危機は、その後の数多くの金融危機の流れを作る事件だった。ブレトンウッズ体制時代後のはじめての真に重大な金融危機で、一九七〇年代のインフレからアメリカの金融引き締め時代への転換、そして金融市場全般で安定した状態が続いたグレートモデレーション（大いなる安定期）への移行の区切りとなった。また、金融規制緩和は危機につながる傾向があるという事実の最初の兆候でもあった。当時の経済情勢とふたつの主要な規制緩和法案の相互作用は、とりわけ重大な悪影響をもたらした。これについて言えば、S＆L危機は偶然にもレーガン政権時代のはじまりと重なっている。政府の権力が縮小され、企業の権力は膨張し、力を持った銀行家と彼らを監督する当局との関係性に大転換があった時期だ。しかし本書の目的から考えると、「コントロール詐欺」という言葉が実際に広まったのはS＆L業界に関してだったという点に注目しておきたい。

有識者の観点から見れば、S&L危機の経済的歴史は議論の多い分野だとここで指摘しておくのがフェアというものだろう。市場志向型の経済学者と政府寄りの経済学者は、この危機に関してそれぞれにお互いを非難する研究論文を発表してきた。おおまかに言って、シカゴ大学で経済学の学位を取り、リバタリアン、あるいは小さな政府を説く保守主義者を自称する人は、この危機はS&L業界の基礎となるビジネスモデルを破壊した制御不能なマクロ経済学的要素の結果だとみなした。イエール大学で経済学の学位を取り、民主党に投票する人は、暗黙の政府保証を維持したまま銀行に課した制約を解除し、不正行為への必然的なインセンティブを作り出した金融セクターの規制緩和の当然の結末だと考える。どちらの見解にも一理ある。なぜならS&L危機は、実際には少なくともふたつの危機であり、第一の危機を解決しようとして部分的に成功した政策が、第二の危機を招いたと言えるからである。

この危機は一九七〇年代に行われた金利上昇によるインフレ緩和政策に起源がある。S&L(「貯蓄金融機関」とも呼ばれる)は開拓時代に発達し、狭い地域で預金を集めて融資を行う一種の小銀行だった。一九八〇年代以前には、アメリカ開拓時代の数々の銀行取り付け騒ぎと不安定な金融システムの記憶が残り、大規模な、あるいは複数の支店を持つ銀行経営に対する不信感があった。しかしS&Lは業務内容を厳格に制限し、競争相手の少ない地方市場で事業を行った。このため、

S&Lは銀行審査官による監督があまり必要ないと考えられていた。S&Lの業務スタイルにまつわる冗談に、三―六―三ルールというのがあった。預金に三パーセントの利子を払い、ローンに六パーセントの金利を課し、午後三時には必ずゴルフ場にいるという意味だ。

これはこれで大変結構なことだ。しかし、それは明らかな故障の原因を備えたビジネスモデルだった。S&Lのローンは三〇年間の固定金利の住宅ローンだったが、預金は短期金利あるいは変動金利だった。金利が上昇すると、預金に対して支払われる利息は金利とともに増えるのに、住宅ローンの利息は一定のままなのだ。三－六－三ルールは一二－六－一二ルールになった。預金に一二パーセントの利子を払うのに対し、ローンの利息は六パーセントのままなら、一二か月以内に破産は免れないという意味だ。

時代は一九八〇年代初期で、レーガン革命が形を取りはじめたばかりだったため、S&L問題の解決には規制緩和がかかわらざるをえなかった。金融の主要な問題は過剰な官僚主義であり、すべての問題は市場に委ねれば解決するという考えは、ヴィクトリア朝の鉄道狂時代から常にあった。こうして立て続けに規制緩和が行われた。

最初は「トラブルから脱出」できるだろうという期待のもとに、S&Lの規模の制限が解除され、たちまち合併の波が起きた。これには状況を改善する短期的な効果があった。会計上の奇妙な現象――それ自体不正ではないが、悪用の危険がある――が原因で、支払い不能に陥ったS&Lと支払い能力ぎりぎりのS&Lが合併すると、決算報告書が改善する傾向があった。★06 合併したS&Lは、成長のための資金調達を目的として、ジャンク債市場など少額預金者以外の資金源からの借り入れが認められた。しかし、現金の観点から言うと、成長は破綻したS&Lを大きくしたが、それでも破綻していることに変わりない。破綻したS&Lは負債コストを上回る総資産利益率を獲得する必要があった。そこでS&Lにビジネスローン、商業用不動産ローン、そして――何より重要な――投機的不動産開発の直接所有を禁止していた規制が緩和された。これらはみなハイリスク・ハイリターンの原則に基づいていたが、それこそ彼らが必要とするものだった。

まもなくS&L業界は小さな地方銀行の歴史を脱し、巨大組織に変貌した。それらはしばしば不動産開発業者によって所有、あるいは支配され、そのうちいくつかはジャンク債投資家の(そしてのちに証券詐欺で有罪判決を受けた)マイケル・ミルケンとつながりがあった。S&L危機の第二段階がはじまったと言われるのはこの時期である。

驚くべき詐欺師、ペテン師で偽善者のチャールズ・キーティングほどS&L危機を体現している人物はいない。彼はアリゾナ州フェニックスに本社を持つ不動産会社アメリカン・コンチネンタル・コーポレーション(ACC)の所有者だった。ACCの子会社のひとつにリンカーン貯蓄貸付組合があり、特に規制緩和が進んだカリフォルニア州で認可を得ていた。

キーティングがこのゲームに持ち込んだ金融構造は、現金引き出しの鮮やかな手口だった。規制当局を納得させるため、リンカーンは巨額の利益を申告する必要があり、実際にそうした。一方ACCは、建築途中の住宅開発の資金調達のために金を借り、マイケル・ミルケンがジャンク債取引を一時的に置いておく場所として使う以外、利益の出る事業をしていなかった。そこでこの二社は「納税分担協定」を結んで、法人税上はACCの損失がリンカーンの利益を相殺できるようにし、それにともなってキーティングが支配する規制対象銀行であるリンカーンのキャッシュフローを、彼が所有する規制の少ない不動産会社ACCのキャッシュフローと合体させた。

キーティングは忘れがたい印象を与える人物だった。長身でハンサムな元水泳選手で、高級なもの――プライベートジェット、一流ホテル、政治家――を好み、多額の金を使ってそれらすべてを買収した。また、彼はポルノを忌み嫌い、当時の道徳改革運動の重要な資金援助者でもあった。中にはドライバーがわき見運転をしないように、女子高校生に短パンの着用を禁止するという活動まであった。検閲推進団体「道徳的文学を守る市民の会」の設立とドキュメンタリー映画『利益のための堕落』の制作に加えて、猥褻物に関する大統領諮問委員会にも参加した。彼は自分の得意分野である性的潔癖さと、金融規制当局弱体化のもくろみをある点で結びつけようとさえした。サンフランシスコ連邦住宅貸付銀行にはゲイの不正検査士の秘密ネットワークが職員として入り込み、舌鋒鋭く歯に衣を着せない同性愛嫌悪者のキーティングに仕返しをたくらんでいると裁判官を納得させようとしたのである。

キーティングの手口は成長だった。銀行業では時間は重要な生産要素のひとつだ。借り手が支払う利息は新規ローンの初日から収益として蓄積され、不良債権は将来のある時点ではじめて問題として浮上する。そのため、一般的に急速に成長する銀行は、成長の遅い、あるいは縮小しつつある銀行に比べて経営状態がよく見える――新規ローンの割合が高く、新規ローンはすぐには不良債権にならないからである。キーティングは銀行業におけるこの基本的な事実を極限まで利用し、結果的にアメリカ随一の成功と利益を手にした銀行家のひとりとみなされるまでになった。しかし、成功の幻想を作り出すために急成長を利用すれば、新規ローンはいずれ新規ではなくなり、問題があとから追いついてくる。だが、キーティングはそれに対しても解決策を持っていた。嘘をついたのだ。

キーティングが支配するリンカーン貯蓄貸付組合は、金融規制緩和の恩恵を最大限に利用した。S＆Lはそれまで住宅ローン貸付だけに業務を制限されていたが、不動産開発業者に対するローンへの投資が認められた。不動産開発業者は全体として、ほとんど貪欲なまでに借金を必要としているため、開発業者に一〇〇万ドルの融資をする方が、個人客に五桁の住宅ローンを貸すより急速に成長できた。一九八〇年代初期に業界を牛耳り、沈滞して半ば破綻しかけたS＆L業界の模範として持ち上げられた一群の「スーパースター」S＆Lは、こぞってキーティングのやり方に追従した。それらはすべて、あとで詐欺だと判明している。それは偶然ではなかった。それらのS&Lを現実世界で破綻させた手法はみな同じで、会計基準のもとではそのS&Lをスターのように輝かせるという副作用があったのである。

しかし、不動産開発ローンには担保が必要だった。S&Lは不動産価格がローンの額を上回っていると証明できたときにかぎり融資が認められる。だから成長がS&L詐欺の鍵とすれば、成長の鍵は「鑑定詐欺」――カリフォルニア州南部のインランド・エンパイアと呼ばれる大都市圏に建設中のショッピングセンターに実際以上の価値があると鑑定人に信じさせる技術である。

鑑定詐欺の最初の一歩は鑑定士を買収するか、圧力をかけることだ。不動産資産は専門の鑑定士と不動産業者によって評価されるが、不動産鑑定業は競争が激しいビジネスである。銀行は常に数十人の鑑定士の候補を持っていて、住宅ローン証書を完成させるため、あるいは会計監査人または不正検査師に提出する第三者評価が必要なとき、その数十名の中から鑑定士を選ぶ。だからチャールズ・キーティングのようなペテン師は従業員に鑑定士を「物色」させて、楽観的な見解を持つ鑑定士に多くの仕事を与え、悲観的な見解の持ち主には、もっと明るい面を見なければお得意様を失うぞと思い知らせた。この種の圧力は、最初は穏やかで気づきにくいが、すぐに無遠慮であからさまになる――協力的な鑑定士にはステーキディナーをご馳走し、ジェット機に乗せ、ポルシェのスポーツカーさえ贈るのに対し、扱いにくい鑑定士には脅迫と怒りの電話で攻撃する。一九八六年までに、リンカーン貯蓄貸付組合は完全に意のままになる鑑定士の小さなグループを作っていた。

しかし、鑑定詐欺が買収された鑑定士からはじまるとしても、そこで終わることはまずない。銀行検査官は、不正な銀行の帳簿の裏づけが、名目上独立した「専門家」の主観的な意見のみであれば苦労しない。言うまでもなく、鑑定士は評価するにあたって、一般公開市場で最近締結されたよく似た条件の取引からかけ離れた価格を算定する余地はあまりない。評価額を組織的に操作したければ、市場も操作する必要があるのだ。

コントロール詐欺において、「コントロール」の要素が重要な役割を発揮しはじめるのはここからである。コントロールしているものが多ければ多いほど、架空の資産から得た架空の利益を裏づける架空の評価を正当化する架空の証拠を作り出す能力は高くなる。組織のトップをコントロールできれば、すべてのコントロールを骨抜きにし、外部の攻撃から組織を守るために作られた信頼とチェックの基盤を完全に破壊できる。だからチャールズ・キーティングのような人物が架空の「公開市場」取引をでっちあげようとすれば、驚くほど多様な手段の中からよりどりみどりで選択できた。連邦住宅貸付銀行(のちにサンフランシスコ連邦住宅貸付銀行)の取締役会でキーティングの宿敵となった弁護士ビル・ブラックは、かつていくつかの異なる手口に次のような呼び名をつけた。

死んだ牛と死んだ馬の交換。ある不正なS&Lが建設中の住宅団地を所有している。別のS&

Lは幹線道路の数キロメートル先によく似た物件を所有している。彼らはそれぞれの物件を水増し価格で相互に売り、その地域におけるその種の不動産評価額にふたつの新しい市場データを作成する。

ゴミを金に換える。借り手はたぶん八〇〇万ドル相当の不動産を担保に、なんとか一〇〇〇万ドルの融資を受けたがっている。あなたはその依頼を断り、代わりに三〇〇〇万ドル貸そうと言う。ただし、そのうち二〇〇〇万ドルを使って、チャールズ・キーティングが所有する不動産会社のひとつからまったく同じような別の不動産を購入するという条件つきだ。これはキーティングの巧妙な手口のひとつだった。彼は八〇〇万ドルの不動産と引き換えに二〇〇〇万ドルの現金を引き出した――利益は一二〇〇万ドルである。S&Lにとってもこれはいい話のように見える。どうしても借金が必要だった借り手の不動産はこの「公開市場」取引に基づいて再評価され、借り手は八〇〇万ドルの建物を担保に一〇〇〇万ドルのローンを組む代わりに、四〇〇〇万ドルの不動産ポートフォリオを担保に三〇〇〇万ドルのローンを組むことができる。

牛と馬の交換戦略はぴったりな呼び名だが、ゴミを金に換える取引は、実際にはコントロール詐欺の気配がある。これは経済的に可能な速度をはるかに超える速さで成長を促進するだけでなく、コントロールする人々のために現金を引き出し、融資残高を実際よりはるかに安全に見せるために決算報告書を捏造する合わせわざである。見ればわかるとおり、この詐欺の原材料はまた別の詐欺だ。つまり成長を続けるためには、借り手を必要とするのである。そしてこの手の取引に加担するような借り手は、金に困っていて、問題の多い資産を形成している質の悪い不動産開発業者ぐらいなものだ。だからS＆Lのコントロール詐欺による成長戦略は、この種の借り手を見つけ、その数を増やせるかどうかにかかっている。

ビル・ブラックのような人間を自分の銀行に寄せつけないことも重要だ。キーティングは常に、木を見て森を見ることができる人々、すなわち大局を見逃さない人々にてこずらされた。鑑定詐欺や牛と馬の交換戦略などはすべて、専門鑑定士が鑑定し、市場取引と照らし合わせて承認したと証明する検査リストを示しながらひとつずつ提示されて、はじめて従順な監査人に対して効果を発揮する。そのようないかさまが失敗するのは、人々がポートフォリオ全体を見て、無味乾燥な幹線道路沿いに過剰な建築計画がいくつもあるのに気づき、それらがすべて同じ貸し手の小さなグループによって資金調達され、所有者の借金のほんの一部でも返済できる現金を手に入れる見込みが少しでもある物件はその中にひとつもないと感づいたときだ。

そういう理由から、キーティングはポルノ反対運動をしていた時期に培った政治的影響力を駆使し、リンカーン貯蓄貸付組合とACCの資金を使ってさらに多くの政治家を買収した。彼はもう少しで——あと一歩というところで——自分が雇った弁護士を連邦住宅貸付銀行の取締役会に押し込むのに十分な政治的影響力を手に入れ、取締役会に働きかけてリンカーンをサンフランシスコ事務所の監督から外し、経験の少ないシアトルの監督官に引き継がせた。彼がある時期に選挙活動に果たした重要な貢献のおかげで、五人もの現役アメリカ上院議員が彼を代弁して連邦当局に働きかけた。「キーティング・ファイブ」と呼ばれた彼らはのちに捜査対象になり、関与を批判された。

しかし結局、チャールズ・キーティングが破滅に追い込まれたのは、規制が一定の成果を上げた結果だと考えるべきだ。巨大な政治的影響力を行使できる立場にあったにもかかわらず、銀行監督官の首をすげ替えようとする彼のたくらみは実を結ばなかった。彼は自分の支持者よりも、自分を攻撃する人間の方が官僚的内部抗争にたけているのを思い知らされた。持ち株会社ACCがマイケル・ミルケンのジャンク債帝国とますます深くかかわり、莫大な損失を出して破綻したことも、キーティングがACCの資金調達のために未亡人と孤児に債券を売りつけるやり方が規制当局の注意を引き、不正なS&Lを通じて築いた信用と政治的影響力を失ったことも、事態をいっそう悪くした。リンカーン貯蓄貸付組合は一九八九年四月に規制当局によって破綻処理された。三四億ドルの損失は、破綻した全S&Lの中で最高額だった。いよいよ終わりが近づいたとき、キーティングは従業員に向かって長く理解しにくいとりとめのないスピーチをして、破綻の原因は共産主義、不道徳、そしてポルノの影響を受けたアメリカの全般的衰退のせいだと訴えた。

S&L危機はコントロール詐欺の「コントロール」の要素を示すいい例だが、私たちがコントロール詐欺とリスクの関係をもっとしっかり理解する必要があることも示している。チャールズ・キーティングのような人間が行うローンは、調査委員会の報告書でしばしば「ハイリスク」と表現され、ある意味ではそのとおりだった。しかし、小規模貯蓄銀行の資本の数倍の金額が供給過剰なショッピングセンター開発に投資され、実際の価値の数倍の金額で関係者に不正な再融資が行われているとしたら、最終的に支払い不能に陥るのは確実であり、それを「リスク」と呼ぶのはもはや筋が通らない。確かに、開発中の土地のひとつから石油が出るかもしれないし、地域の自治体が道路建設のために突然その土地を買収する必要が生じるかもしれない。[★07] しかし現実には、破綻したS&Lが突然奇跡的な利益の供給源になったとしても、もっと大がかりな詐欺にふたたび利用されるだけだろう。線路を走って横切る度胸試しと同じで、ひとつひとつのプロジェクトはすべて「ハイリスク」と考えてもいいが、最終的な結末は決まっている。こう考えると、よい借り手と悪い借り手の違いは可能性の問題ではない――それは質の問題である。

❖――分散型コントロール詐欺

S&L危機は典型的なコントロール詐欺の一例である。詐欺師はひとつの会社の支配権を握り、それを利用して架空の利益を作って、「合法的な」(巨額の架空利益によって利益の正常な分配方法である高額給与、ボーナス、配当が正当化されたという意味で、窃盗とは対照的な)手段で金を引き出すことができた。コントロール詐欺は窃盗の手口の変化という点で興味深いが、それはあくまでも会社をコントロールするひとりの人間が金を盗む決断をしたケースである。

しかしコントロール詐欺は、よりいっそう抽象的な犯罪になりうる。二〇〇〇年代の金融危機の直前に、「分散型」あるいは「自律的」コントロール詐欺と呼ぶべき現象が起きた。これについて議論を進める前に、話がじれったいほどあいまいで、たとえ話が多く、受動態が多用されがちなのをあらかじめ謝罪しておきたい。というのも、ここに登場する人々の大半はまだ存命で、ほとんどが有罪判決を受けておらず、彼らについて書かれた文脈で「詐欺」という言葉が使われるのは不本意かもしれないからだ。そういうわけなので、どうかご容赦いただきたい。

二〇〇〇年代のコントロール詐欺の実行犯の多くがいまだに大手を振って暮らし、利益を享受している理由は、S&L危機を招いた当時の詐欺師の雑な手口よりはるかに高度なコントロール詐欺の手法を発達させたからである。コントロール詐欺の重要な一面は、現金を引き出す手法がたいてい本質的に犯罪ではないという点である。あなたはある会社を設立し、配当、ボーナス、そしてあなたが支配しているほかの会社との商業取引を通じて、その会社の価値の何パーセントかを合法的に受け取る。続いて莫大な借金をして会社の規模をありえない水準まで膨らませ、通常の合法的な会社の仕組みにしたがって、不正な価値の一部を自分のポケットに入れる。
こう考えてみよう——自分で会社の価値を不正に膨らませるのではなく、他人があなたのために会社の価値を膨らませたくなるようなインセンティブと(非)チェック・アンド・バランスの仕組みを作ったらどうなるだろうか。言いかえると、自分自身で会社の価値を膨らませて罪を犯す代わりに、社内に犯罪誘発的[★08]な土壌を作り上げ、あとはなりゆきに任せたらどうなるだろうか？
これこそ完全犯罪だ——あなたのポケットに流れ込む現金はすべて合法的な供給源からで、会社を不正に膨らませてその金を押し出す操作はすべて他人がやってくれるのだ。犯罪誘発的なスキーム作りとあなたが下したいくつかの判断とのあいだになんのつながりも見つからなければ、犯罪として立件するのはほとんど不可能に近い。うなずきや目配せ[★09]だけで会社が思いのままになる仕組みができれば、書類の手がかりを一切残さず、内部告発する者さえなく、自律的な詐欺をやってのけるのは難しくない。
この説明はかなり抽象的だ。しかし、これから先、話はもっと抽象的になる。仮に——具体例を挙げるので、ぜひ先を読んでほしい——犯罪誘発的なスキームを作る意図がまったくなかったとしたらどうだろうか？　偶然にも不適切なインセンティブと内部統制を持った会社を設立し、しばらくのあいだ自分の決定に肯定的な反応しか受け取れないとしたら——会社はもうかっていて、雪だるま式に成長しているように見える。そういう状況で、自分が多額のボーナスにふさわしいかどうかを自問する上級管理職がいるだろうか。仮説の上では、大規模なコントロール詐欺は全体的なスキームに対する刑事責任をいっさい問われることなく、まったくの偶然で起こりうる。ここから生じるのは、まったくさえない事件だ。多数の犯罪行為と虚偽表示はあるが、それらはみな比較的低レベルの従業員によって実行され、彼らの大半はその行為からほとんど利益を得ず、多くは自分の行為が違法だと認識できなかったと確実に主張できる。一方で、あなたは途方もなく裕福な上級管理職の最上層にいる。彼らは何が起きているのかを知っていたはずであり、誰もが「知っていたに違いない」と疑っているが、彼らが知っていたという点について、誰かが刑事事件の立証基準を満たす証拠を出せる可能性はまったくない。なぜなら実際に彼らは知らなかったからだ。近代的資本主義制度の中で、大衆の信頼の一般的な基準をこれほど損なう可能性のあるものがほかに考えられるだろうか。一九九〇年代と二〇〇〇年代初期の数々の事件において、実際に何が起こっていたかをこれほど明確に語るものはほかにない。

❖——返済補償保険不適切販売事件

これまで見てきた詐欺事件は、他人を犠牲にして大金を手に入れ、結果的に人々の人生をめちゃくちゃにした個性豊かで伝説的な人物がかかわっていた。返済補償保険（ＰＰＩ）の販売に関連してイギリスの金融制度で起きた奇妙なエピソードは、多くの点でこれらの詐欺事件とは正反対で、本書で金融詐欺の歴史をたどりはじめた当初はまったく考えられなかった水準の抽象性に達している。この事件はほとんど無計画な分散型コントロール詐欺であり、主として独立して行動した数千人もの人々によって実行された。それらの人々は誰ひとり大金を得られると期待していたわけではなく(実際に得られなかった)、被害者が一般的に犯罪者よりかなり得をしたまれな詐欺事件だった。この事件は、単に機能不全に陥った業界が、追い詰められた状態で弱点だらけの経営構造と出会った結果起きる当然の結末として、組織がどのように意図せず犯罪誘発的な環境になりうるかを示している。

イギリス金融業界が直面した問題の背景には、一九九〇年代末にイギリスの主要市中銀行は競争が激しいと同時に、収益性が信じられないほど高い業界だったという事情がある。一九八〇年代末にはじまった規制緩和の時代の末期に、銀行業界は「スイートスポット」に位置していた。「ビッグフォー」と呼ばれる四大商業銀行(当時はナショナル・ウェストミンスター、バークレイズ、ミッドランド/HSBC、ロイズの四行で、これにスコットランドの二行が加わっていたが、この二行は規模がはるかに小さく、地域限定的だった)のカルテルは規制緩和を脅威だがチャンスでもあるとみなし、一〇年かけて店舗網からの過剰コストの削減——支店の閉鎖、小切手と決済処理の集中化、支店と中間管理職のいくつかの階層の全面的廃止——に努めた。各行は住宅ローン業界において新しい金融商品を開発し、銀行のホームグラウンドである当座預金提供業務に住宅金融組合が参入する脅威に備えた。

コストを削減したにもかかわらず、それに応じた価格設定はされず、市中銀行カルテル時代から続く横並び意識は変わっていなかった。多くの当座預金は利子をまったく払わず、その一方で当座貸越、消費者ローン、住宅ローンの利率はイングランド銀行の基準金利をはるかに上回っていた。ほんの数年間だったが、イギリスの銀行は世界一もうかる金融機関だった。

しかし、この「スイートスポット」は長続きしなかった。銀行は配当を支払い、ときには自社株を買い戻したが、投資家は利益の大部分を事業の成長に再投資することを期待した。今年の利益は翌年の資本に加えられ、増加する貸付の維持に使われるはずだった。実際、そのとおりだった。しかし、資本に対してそれほど高い収益を得ている場合、全額を同じ市場で再投資するのはまず無理だ——イギリスは狭すぎるのである。二〇〇〇年代初めになるとイギリスの銀行は意図的に、現実的に可能な量の需要を上回るローンを組むようになっていた。

自然な需要を上回る供給量を拡大しようとすれば、市場経済にある影響が生じる——価格の下落である。高い収益性と、規制緩和された市場で高い競争力を持つ数多くのプレーヤーの組み合わせは、教科書にあるとおり、持続可能ではない。しかし、人生は経済学の教科書とは違う。人間が経営する現実の会社では、この自然で理にかなったプロセスが、ときには異常な結果につながりかねない問題をもたらす場合がある。

このようなエピソードの中ではたいてい、コストを削減し、記録的な収益を上げて拍手喝采を浴びた最高責任者がしばしばその機会に勝利宣言をし、経営権を後継者に譲るケースがよく見られる。莫大な利益を上げて、それを自慢するのは気分がいいものだ。反対に莫大な利益を競争相手に奪われて、株主の期待をふたたび引き下げるのはつらい。大手銀行でトップに立つような自尊心の持ち主にとって、いったん決めた目標を縮小する、あるいは輝かしい業績のピークは単に通常の産業ライフサイクルによるものだったと認めるのはとても難しい。引退してしまえば、あなたの名声は永遠に保たれる。

しかし、あなたは自分が残したものをただちに否定し、自分が設定した目標に背を向ける人物を後継者に選びたくはない。あなたはとにかく自尊心が強くて、永遠に続く巨大企業を作ったのは自分だと純粋に信じているかもしれない。さまざまな理由で、英銀行はブライアン・ピットマン卿（ロイズ）やウィリアム・パーブス卿（ＨＳＢＣ）のような巨人が引退し、彼らより性格は控えめだが、同じように持続不可能な利益目標に向かって邁進する人物が後継者になるのを見てきた。この時代にトップの役職に昇進するのは、ラグビーで言うところの「ホスピタルパス」［相手チームから激しい身体的接触を受けて病院送りになりかねないパス］のようなものだ――絶対に落とせないタイミングで投げられ、それをキャッチすれば誰でも賞賛の的になること間違いなしのボールである。

一方、返済補償保険不適切販売事件のもうひとつの構成要素は、コスト削減そのものの影響だった。一九九〇年代末になると、古いタイプの銀行支店長──貴族、ロータリークラブ会員、フリーメーソン会員、地域のビジネスコミュニティの顔役など、誰もが恐れ、敬う人物──は過去のものになった。副支店長の肩書を持つ人々は一般的にファストフード店の店長よりはるかに収入が低く、銀行の窓口担当の給与はガソリンスタンドのそれと比べても見劣りした。リテールバンクの支店網から人材が着々と奪われていた。自分の仕事をしっかり理解しているスタッフが減り、仕事の手を抜く影響を心配する理由が減った──銀行の仕事は首になっても惜しくないものになったからだ。金融制度から専門的な銀行員がいなくなるとともに、支店勤務の銀行員の専門的地位にともなう保証もすべて失われた。

こうした状況で、現代の私たちにとっておなじみの特徴を持つ新しい金融商品が導入された。長期保険商品で、掛け金は前払いだが、保険金はかなり時間がたってから支払われる。繰り返すが、こうした商品のすべてが本質的に詐欺なわけではない。しかし、あなたが何かすべきではないことをしようとたくらんでいるとしたら、これは道具箱に備えておきたい道具のひとつだ。返済補償保険は不適切な時期に不適切な価格で出された、不適切な商品だった。

ＰＰＩは、あなたの収入が何らかの打撃──解雇や長期の病気など──を受けたとき、ローンや住宅ローンの返済を補償する保険である。保険料に対する課税とアイルランド子会社の状況に関するきわめて技術的な理由から、銀行は顧客に数回の返済免除を約束するよりも、保険契約を結んだ方が安上がりだった。このような保険契約は昔からいろいろな形で提供されてきたが、顧客にはあまり人気がなかった。

しかし、銀行の支店経由で販売されたＰＰＩは、この種の保険のうちでもとりわけ出来が悪かった。ひとつ例を挙げると、保険が売られたときの説明から期待されるほど補償範囲が包括的でなかった。返済補償保険という名前にもかかわらず、この保険では給与所得しか補塡されなかったため、自営業者は一般的に保険金の請求ができなかった。二点目として、多くのローンが早期に返済し終わるという事実が保険契約に反映されていなかった。最後に、銀行はローン契約を結ぶと同時に顧客にＰＰＩを販売するため、ほかにはない強力な販路を持っていると自覚していた。そこで銀行はＰＰＩに過剰な保険金を請求した。ＰＰＩ不適切販売が行われていた時期に、独立した保険業者は銀行が請求する価格のおよそ四分の一で同等の契約を提供できた。

しかし、保険商品の出来が悪かったとしたら、その販売方法はそれ以上に悪質だった――管理の行き届かない原子力発電所のように、有毒物質を周辺にまき散らしたのである。支店の銀行員は強気なＰＰＩ販売目標と、途方もない数の顧客に販売しなければ達成できない全体的な収益目標を与えられた。行員がこの圧力に抵抗するのは難しかった。同じ銀行業界の過去の世代と比べると、窓口係の行員は能力も訓練も十分ではなかった。また、二〇〇四年まで、彼らは企業別組合に所属する最後の大規模な労働者グループだった。

訓練不足の販売員に質の悪い金融商品を与えて、売上が悪ければ懲戒もしくは解雇だと脅せばどうなるだろうか。ろくなことにならないのは確かだ。しかし実際には(決してあと知恵ではなく、労働組合は最初からPPIについて不満を申し立てたが聞き入れられなかった)、PPIが不良化した明確な経緯は予測できたことでもあった。大量のPPIが、そもそも原則的に保険金の請求ができない自営業者に売られた。ローンの構造上、保険金を請求できる可能性がきわめて低い人々にも大量に販売された。大量のPPIは「売られ」さえしなかった——行員は顧客が気づかないだろうとたかをくくって、PPIをローンの書類と金額に追加し、契約書にサインさせた。

圧力をかけられた行員はPPI販売時に数えきれないほど嘘をついた。給付金を誇張し、費用総額を明らかにせず、これは法的義務である、あるいは融資の条件であると伝え、借り手は希望しなくてもPPIを契約しなければならないと臆面もなく語った。このような事態はすべて、長年のコスト削減の末に、銀行業界が支払う給与ではその程度の質と経験の行員しか雇えなくなったという事実を反映していた。

しかし、銀行の支店の販売員は私腹を肥やす悪役にはなれない。この詐欺で大金を得た行員はひとりもいなかった。彼らは全員、販売実績を増やすための絶えがたい圧力にさらされていた。しかし一方で、彼らは純粋な倫理的選択を迫られてもいた。イギリス中の支店の行員は、大量に、組織的に、間違った選択をしたのである。銀行の責任者たち（もっと直接的には支店網の責任者だ。多くの場合、実際のＣＥＯはさらにばかげた行動をして、もっと窮地に陥るのに忙しく、売上目標にじきじきに注意を払う余裕はなかった）には、イギリスの銀行支店網が犯罪誘発的な環境に陥る状況を作り出した責任があった。しかし、わかっているかぎりでは、彼らはＰＰＩの契約内容をごまかすよう指示したことはなく、問題が発覚して衝撃を受け、適切な対応を取った。非難すべきは、彼らがその問題を発見しなかったことだ。そのための十分な努力をしなかったからであり、なぜ努力しなかったかというと、大体において彼らは規制緩和後の経済で直面したあからさまな競争の現実と、何年も前にした約束との折り合いをつけるのが自分の仕事だと考えていたからである。

ＰＰＩの件で誰ひとり有罪判決を受けなかったのはそういう理由である。小物を起訴して大物を見逃すのは体裁が悪いし、共謀者が多額の個人的利益を得た醜悪な人間たちだったＬＩＢＯＲ詐欺のような事件でさえ、後味の悪さが残った。ＰＰＩ事件でそれをすれば、「体裁が悪い」どころか「猛反発」を受けるだろう。しかし、経営のトップにいた人々を起訴するのは、彼らが大なり小なり罪を犯して利益を得た状況でなければ通用しない。腹立たしいことこの上ないが、販売員に無理難題を押しつけても犯罪にはならないし、彼らを監視しそこなっても罪にはならない。

ＰＰＩ事件が起きた時点では、ずさんな銀行経営をしても、それは犯罪ではなかった。[★10]犯罪ではなかったとしても、それは重大な規制違反だったし、そうでなければならなかった。

四〇万ポンドの住宅ローンに関するアドバイスには、どちらのジーンズがお尻を大きく見せるかのアドバイスとは比べものにならない真剣さが要求される。第九章では「市場犯罪」を取り上げる予定だが、有責性はその行為が本質的に不正かどうかよりも、しばしば市場に参加する人々の当然の期待に基づいて決定される。洋服屋の店員が心にもないお世辞を言おうと、不動産屋が大げさな宣伝をしようと、自動車のセールスマンがあの手この手で売り込んでこようと、それはいつものお約束だ。しかし人々は金融機関の販売員には高い期待を持ち、その期待が規制として明確な形を取るようになった。イギリス英語に「不適切販売」という言葉が導入されたのはそういう背景があった――これは規制に関する専門用語で、販売の過程でなんらかの不正があり、外見上はかなり詐欺に近いが、規制当局はわざわざ犯罪の意図や責任を証明するつもりはなく、その代わり処分と補償命令を出すという意味である。

私はたぶん前章の「期待外れの会計監査人やアナリスト」という小見出しに要約される種類のささやかな有責性を告白しなければならないだろう。私は当時、ある証券会社のために銀行を分析する仕事をしていた。イギリス銀行業界が空前の大損害の下地を築いているという状況は、まさに私が目を光らせておくべき件だった。私はそれが悪質な商品だと知っていたし、銀行の利益目標が完全にその商品に依存しているとわかっていた。そしてそれを両方とも報告書に書いた。しかし、こうした指摘は無視されるだろうとうすうす確信していた。なぜならその報告書は保険料口座の技術的問題に関する私の強い懸念を背景にして書いたもので、その点で銀行の意見に反していたからである。木を見て森を見るのは難しいが、自分が見ているものが普通のビジネスではなく、一般大衆を相手に進行している大規模な詐欺だと認めるには、とてつもなく高い心理的障壁が存在する。

ＰＰＩの補償命令は、ＰＰＩ不適切販売事件におけるさまざまな皮肉の中の最後の皮肉だった。時間がかかわるのは保険詐欺の性質であり、ＰＰＩ事件に決着がつくまでに、最初の不適切販売が発生してからおよそ一〇年を要した。そのため、この遅れによって生じた損失を被害者に補償するには利子をどれくらい支払うべきかという疑問が生じた。このような場合の標準的利率は規制当局によって八パーセントの複利に設定されている。それは保険の受取人がその金を適度に保守的な株式投資に活用した場合、平均的に得られる利率が八パーセントだという考えに基づいている。

しかし、ＰＰＩ事件が起こったのは平均的な時期ではなかった――そのあいだに世界金融危機が発生したのである。だから現実の株式市場は暴落したのに、遅延した補償に支払われる利子を推定するために使われた仮定の株式投資は、年率八パーセントで収益を上げ続けるという想定になった。私が知るかぎり、もしあなたが二〇〇二年に一〇年後を見据えてひとつの決断しようとしているイギリス人小売客なら、最善の投資は自分には必要のないＰＰＩを契約することだ。

支払い額の大きさは衝撃的で、実際にマクロ経済に影響を与えた――銀行から小売客に莫大な資金が渡ったため、イングランド銀行が個人消費予測を出す際にそれを考慮に入れる必要があったほどだ。ＰＰＩ不適切販売事件はあまりにも規模が大きかったため、威圧的な営業チームが保険請求を弁護士事務所に任せるように人々を説き伏せ、それと引き換えに弁護士費用から法外な割合の金を受け取るというもうひとつの寄生虫のような事件を引き起こした。[★11]

ＰＰＩ事件は世界金融危機の陰に隠れて、銀行業界の研究者による分析が十分されていないように思える。しかし、ＰＰＩ事件はそれ自体がアメリカのＳ＆Ｌ危機より憂慮すべき問題である。Ｓ＆Ｌ危機は私たちに犯罪誘発的な組織という考え方をもたらし、コントロール詐欺という言葉（抽象的概念ではないとしても）を与えた。しかしＰＰＩ事件は、会社を犯罪誘発的な環境にするのに支配者の悪意は必要ないという事実を明らかにしている。犯罪は自然に発生する傾向さえあり、経営陣のトップはそれに対抗する必要があるかもしれない。また、コントロール詐欺は非常に低レベルの権限においても発生することが明らかになった。重要な要因は、誰かが業務プロセスを管理する権限を持ち、そのプロセスが不正な目的に転換でき、重圧と正当化という心理的条件がその人物にぴったりかみ合った場合である。

これはさまざまな理由で受け入れがたい考え方だ。大体においてまじめで、一個人としては悪気のない窓口係の行員を「詐欺師」と呼ぶのは気がひける。しかし、矛盾はあるとしても、彼らが詐欺師だという事実を否定するのは難しい。しかし、経営のトップにいる支配的人物の責任を特定できず、従業員への圧力が競争の激しい市場での欠陥だらけの管理制度から生じたと認めるのもまた、納得しがたい。最後に、経営のトップにいる人間が誰も責任を負わないコントロール詐欺は、業界全体に広がる可能性がある——下層の従業員に権限が与えられているとき、その組織が犯罪誘発的になれば、組織全体が犯罪誘発的になる。ＰＰＩ不適切販売事件に関する公的研究がいくつか発表されていて、それらを読むと暗澹たる気持ちになる。しかし、必要なのは、膨大なＰＰＩ問題を抱えていた銀行を調査して、保険の不適切販売をしなかった支店があるかどうか調べることだ。もしそういう支店があれば、その支店がどのように圧力に抵抗したのか、そしてその秘密を全体のシステムに組み込めるかどうかを知りたい。競争に終わりはないし、売上目標も決してなくなることはないからだ。

★10——友人のひとりは訴訟のために、証券トレーダーの間でかわされた数時間に及ぶ電話ごしの会話の記録を聞く必要があった。「一五分間の世間話、五分間のほどよい人種差別的冗談、一〇分間の侮辱があり、ようやく一〇〇万ドルの取引の明確な記録だけを示す短い言葉が一回」聞けたそうだ。受話器を置いたあと、このふたりの女たらしは「略式伝票」を走り書きして使い走りに渡し、若き日のニック・リーソンと同じ役回りの人間に届けさせる。受け取った人物は相手側に電話をかけて、両者が取引成立を理解しているのを確認する。驚くかもしれないが、実際に私たちの観点からすると、これは金融市場の文化が持つ力の象徴

である——究極の信頼社会でなければこのような取引はできない。一九九〇年代のインドネシアのような場所で同じことをすれば、ベアリングス銀行とほぼ同じ方法で有り金を搾り取ってくださいと言うようなものだ。

★02——本当にそうだろうか？　この説明はリーソンの回顧録『いかさまトレーダー Rogue Trader』の中で語られており、リーソンは首になりそうなトレーダーのひとりを救済するための親切心から出た行為だと主張している。しかし、これは非常に自己本位な本だ（ある時点で彼は八八八八八番口座を残高ゼロに戻そうとしたとも主張しているが、それもまた事実ではない。口座は残高が底をついたが、莫大な含み損を抱えていた）。詐欺で有罪判決を受けていない人間によって書かれたベアリングス銀行の歴史は、イングランド銀行公式の調査報告書も含めて、この点に触れたものはひとつもなかった。どの記録を見ても、リーソンはシンガポールに到着してほとんどすぐに不正行為をして、それを隠そうとしたと述べている。

★03——すでに述べたとおり、この戦略は「オプション・ストラドル」と呼ばれる。リーソンは完全な「ブラジリアン」ストラドルを実行したわけではないが、そのうちどこかで直面するはずのリスクと引き換えに前金を得る仕組みを利用した。

★04——当時「ミスターX」と信じられていた人物は、フランス人ヘッジファンドマネジャーのフィリップ・ボヌフォワである。彼はバハマで仕事をしていて、実際にニック・リーソンと多数の取引があった。しかし、最終的な調査により、彼は詐欺には一切関係なく、リーソンが「ミスターX」に及ぼす多大なリスクを決して引き受けなかったことが明らかになった。ベアリングス銀行が破綻した直後、経営陣の数名がリーソンと「ミスターX」のあいだに共謀関係があったかのようなふりをして、彼らの評判をいっそう傷つけた。

★05——もちろん、「いかさま」と「いかさまでない」トレーダーの線引きはあとからわかる場合が多い。無許可の取引で利益を上げたせいで誰かが解雇されたためしはほとんどない。

★06——ここで鍵となるのは「営業権」である。あなたが五パーセントの利率で大量の不動産担保貸し付け（一億ドルとしよう)を行っていて、現行の利率が一〇パーセントとすると、その不動産担保貸し付けは実際には五〇〇〇万ドルの価値しかない。評価額をその価値まで切り下げればあなたは破産してしまう。しかし、誰かがあなたを一億ドルで買収すれば、買収した人は不動産担保貸し付けの価値は明らかに五〇〇〇万ドルだが、あなたの独自の営業権と評判にはもう五〇〇〇万ドルの価値があると言える。ばかげていると思うだろうが、正直な会計監査人でさえたいていこの説明を受け入れる——買収者は一億ドルを支払おうとしているし、その人は自分のビジネスを熟知していると考えられているからだ。その後で利率が八パーセントに下がれば、買収者はあなたの不動産担保貸し付けを八〇〇〇万ドルで売却し、実際の損失を二〇〇〇万ドルで確定するが、三〇〇〇万ドルの会計上の利益を申告できる。営業権のこのような解釈は一九八〇年代以降変更されたが、現在でも問題の大きい分野となっている。

★07——あるいはそれより少し現実味があるのは、詐欺師が新しい金持ちのカモを見つけて、コントロール詐欺の資産を不正な評価に基づいて高額で売りつけ、新しい被害者を犠牲にして最初の被害者のふところを豊かにする可能性である。この「裕福な買い手」はたいていアラブ諸国(近年ではロシア)出身で、詐欺が発覚する最終段階で詐欺師が悪あがきしているときに登場するお定まりの人物である。天文学的確率でそういう人物が現れないとも言い切れないが、たいてい架空の人物だ。たとえばプライム市場に上場している銀行証券会社で、すぐに取引できる強いコネを持つ政治の黒幕などである。

★08——犯罪誘発的とは、「犯罪行為を奨励する傾向がある」という意味だ。ビル・ブラックが一九八〇年代末のS&L規制の状態を表した秀逸な造語である。

★09——比喩的にも文字どおりの意味でも。二九九ページのGEカルテル参照。

★10——その後、少なくともイギリスではこれは犯罪になった。二〇一三年の金融サービス法(銀行改革法)により、破綻した金融機関の上級管理職は、経営状態が無謀だと知っていた場合には刑事罰の対象になると定められた。この刑法上の罪が人権法と対立して生き残るかどうかは、本書の執筆時点ではまだこれから試される予定だ。これに相当するアメリカの法律、サーベンス・オクスリー法は、多くの弁護士によっておそらく違憲だとみなされている。

★11——もうひとつただし書きが必要だ。こうした請求管理会社がすべて非倫理的だったわけではない。最初のいくつかの請求管理会社は起業心に富んだ事務弁護士によって設立された。彼らは消極的で怠惰な顧客がみすみす取り逃がしそうな思いがけない莫大な利益の存在に気づいた。しかし、事態はいろいろともつれた。ところで、私はＰＰＩ請求業がイギリスでどれほど広がっているかを知らない読者に本書が場所と時間を超えて届くように期待している。「補償が受けられるかもしれません」というおせっかいな電話は、二〇〇九年から二〇一四年にかけてこの国のコメディアンにひとり当たりおよそ五分の話の種を提供した。

第七章

詐欺の経済学

真の商人の精神ほど広い精神、広くなくてはならない精神を、ぼくはほかに知らないね。商売をやってゆくのに、広い視野をあたえてくれるのは、複式簿記による整理だ。整理されていればいつでも全体が見渡される。細《こま》かしいことでまごまごする必要がなくなる。

——ヨハン・ヴォルフガング・フォン・ゲーテ著『ヴィルヘルム・マイスターの修業時代』(山崎 章甫訳、岩波書店)

あなたが何か管理していると考えてみよう——会社の一部門、学部、政府機関など、なんでもいい。少しでも知識があるところを選ぼう。次に、あなたが誰かをだましたいとする。価値のある何かを手に入れるには、いくつか嘘をつく必要があるだろう。あなたは何を盗みたいだろうか。何を偽造する必要があるだろうか。どんな方法でやるのか。長期間詐欺を続けるにはどうすればいいのか。その詐欺でどれくらいの金を引き出せるのか。

自分の職場を詐欺の舞台として成功させるために必要なもののリストを書きだしたら、座ってじっくり眺めてみよう。それを見ればいろいろなことがわかる。たとえば次のようなポイントだ。

❖あなたの会社の業績が好調かどうかを示す主な指標は何か。
❖実際に好調な状態の数字(そして場合によっては数字に表れない業績評価指標)はどのように見えるか。
❖成長と複利が合法的な会社に長期的に与える影響はどのようなものか。
❖非常にいい一連の数字について、それが誰かに操作された結果ではなく、実際に好調な状況を反映しているのを確かめるにはどんな質問をすればいいか。

言いかえれば、組織で詐欺を働く方法を理解すれば、その組織を管理する方法が理解できる。これは非常に有益な頭の体操になる——あなたが新しい組織の経営を引き継ぐ立場にいるか、コンサルタントの仕事に進出しようとしているか、あるいは単に自分が管理している組織をあらためて理解したいなら、「詐欺師のように考える」のは新たな知見[★01]を得るひとつの方法である。しかし、この思考実験には当惑する側面もある。なぜなら真逆の方向に働く場合もあるからだ。つまり、どうやって組織を管理するか、何に目を向け、何に注意を払うべきか、どうすれば組織の発展が期待できるか、すべてがあるべき状態にあると確認するには何をチェックすればいいかをまとめて書きだせば、同じ職場で詐欺を行うためのテンプレートを手に入れたも同然なのだ。必要な情報の組み合わせは同じである。組織を管理する方法を理解することは、その組織で詐欺を働く方法を理解することにつながる。

これは悲観的な結論――管理できるものはすべてだまし取ることができ、管理可能な組織はすべて同じような弱点があるため、予防策は役に立たない――を示しているかのようだ。だが、それは言いすぎだろう。人間が作るどんな鍵も人間によってこじ開けられ、鍵の設計プランは鍵の弱点を示すテンプレートでもあると言われれば、確かにそのとおりだ。だからと言って鍵が役に立たないわけではなく、すべての鍵が同じように弱いというわけでもない。

実際、想像上のふたつのテンプレート(「詐欺を働く方法を理解すれば、管理する方法が理解できる」「管理する方法がわかれば、詐欺を働く方法がわかる」)のあいだには、ほとんど正反対の関係があるのがわかる。管理しやすい組織――そこで行われていることが全体的に見渡しやすく、個々の取引をチェックしやすい――ほど、詐欺を働くのは難しい。

言いかえると、犯罪に対する弱さは、会社の経営陣に課される認知要求[思考、情報処理、学習、予想などに関係する能力」に比例している。経営者が注意を払う必要があるものが多ければ多いほど、商業詐欺はいっそう容易に実行できる。「標準的な」、言いかえると正当な取引がどのようなものかがあいまいであればあるほど、詐欺は容易になる。一般的な取引慣行の基準がまだ出来上がっていない新規ビジネスで、大規模詐欺が非常に多いのはそういう理由である。

もっと具体的な説明をしよう。現代の犯罪は経営者に課せられた認知要求によって促進される。なぜならそれらの犯罪は、産業社会で認知要求を処理するために使われるテクノロジーを不当に利用するからである。詐欺師は私たちが知識、情報、注意を最大限に利用するために用いるシステムを攻撃することによって、経済界にはびこる。それはまるで手品師のトリックのようだ——詐欺師は観客がどこを見るかを知っていて、観客が目をそらした場所で不正行為を行うのである。

❖——ささやかな文化史

「私たちが知識を最大限に利用するために用いるシステム」という気の利いた短い文章には、経済学に関するいくつかの非常に深遠な思想が結びついている。その思想は非常に深遠なので、数式に転換しようとする試みになんとか抵抗し、経済学者との争いにも耐えて、まあまあ意義を保っている。したがって、ここでは「消火用ホースから水を飲む」問題を処理するため、すなわちそれほど複雑ではない経済活動からさえ放出される情報の洪水を（文字どおり）扱いやすい程度まで減らすために、現代の産業経済で用いられる技術の歴史を適度に簡潔で概略的に述べておこう。

最初にF・A・ハイエクを紹介しよう。ハイエクが所属するオーストリア学派は、率直に言って現代では不遇な扱いを受けているが、彼らの偉大な業績を奪い取ることは誰にもできない。ここで解決しようとしている問題の存在を指摘したのがオーストリア学派だった。この問題は、一九二〇年代に中央集権的計画経済（つまり共産主義）が、あらゆる民主主義社会を凌駕するほど効率的に運営され、高い生産性を実現できるかどうかをめぐってロンドン・スクール・オブ・エコノミクスを中心に行われた（当時はきわめて白熱した）議論から生じた。当時、この問題を正しく理解するのは今日考える以上に困難だった。なぜならハイエクの中心思想は現代の私たちの知的枠組みにすっかり浸透しているため、今となっては問題の答えが当時よりはるかに自明に見えるからである。ハイエクが指摘したとおり、市場システムの利点は、市場が総合的な生産と消費の決定をひとつの大きな計画ではなく無数の小さな取引から有機的に生じさせることによって、情報収集の手間が省けるという点にある。

中央当局が使用しなければならない統計は、事物の間にある比較的小さな相違を捨象し、在り場所、質およびその他個々の点に関して、特定の決定に対してはひじょうに重要な意味がありうるような異なり方をしている諸品目を、同じ種類の資源として一括することによって作られる他ないであろう。……世界のどこかで生起することで、かれが為さねばならない意思決定になんらかの影響をもつおそれのないようなことは、ほとんどない。★02

ハイエクは、社会主義的な計画当局が直面する情報の問題は、単に十分に強力なコンピューターの不足による結果だとは考えていなかった。それなら技術的進歩によって解決できる。彼は、その問題は解決不能だと考えた。なぜなら計画経済に必要な情報の大半は「暗黙知」――個人の経験の中で培われ、生産部門自体に広がっているが、たとえ建前上でも情報収集当局は利用できない知識だからだ。このように大きな暗黙知は議論の的になっているが、ささやかな暗黙知は実際に強い影響力を及ぼしてきた。それは私的情報である。私的情報は収集に費用がかかりすぎるため、あるいはその情報を生み出した本人が共有したがらないため、計画立案者はそれを所有できない。市場経済のすぐれた点は、情報そのものが私的であり続けることだ――非集中的な経済システムが知る必要のあることはすべて、市場価格に及ぼす影響に要約されている。

価格がまさに何を成しとげるのかを知るために、価格システムの働きの、きわめて簡単で平凡な一例についてしばらく考えてみることは無駄ではない。世界のどこかで、ある材料たとえば錫《すず》の使用に対する新しい機会が生じたと、あるいは、錫の供給源のひとつがなくなったと、仮定しよう。われわれの目的にとっては、これら二種類の原因のうちのどちらが、錫をヨリ稀少的にしたのかは問題ではない――そして問題でないということが重要なのである。錫の使用者が知る必要のあることは、かれらが消費し慣れてきた錫の一部が、現在どこかでヨリ有利に使用されていること、そして、その結果かれらは錫を節約しなければならないことだけである。使用者の大多数にとっては、どこでヨリ緊要な必要が生じたのか、あるいは、ほかのどのような必要のために、錫を節約しなければならないのかさえ、知る必要はない。

ハイエク主義者に共通する思考の枠組みは、自分自身の消費欲求と生産能力について私的な（おそらく「暗黙の」）情報を持つ小規模な経済主体のネットワークが、中央の計画当局に取って代わったという考えである。この私的情報は、絶えず変化する価格に基づく小規模な取引によって経済全体に徐々に開示され、供給される。この考え方は、魚市場を説明するモデルとしては非常に有効である。しかし、大聖堂や原子力発電所をこの方法で建設することはできない。★03

価格チェックはそれ自体、費用の点でも認知要求の点でも負担の大きい作業である。長期計画を立て、長期的にさまざまな決定を下す必要があるプロジェクトの場合、日々新しい市場で入札を続けるよりも、長期契約のもとで資源を集約させる方がより効率的だ。こうした長期契約の大規模な集積を私たちは企業と呼んでいる。ノーベル経済学賞を受賞したロナルド・コースは、どのような状況で企業が形成されるか、どのようにして経済は完璧な理想状態に向かう代わりに、価格シグナルという橋で連結された中央集権的計画経済★04の島々から形成されるのかを解き明かして、この文化史の流れに貢献した。

もちろん、この企業理論を経済モデルに反映させれば、社会主義的計画経済に関する議論と結びついた多数の情報問題を蒸し返すことになる。価格メカニズムと分散型市場は企業レベルで私的情報を利用しようと試みるが、企業内部では、経営陣はソ連の中央計画当局と同じように何も見えていない。行為責任者を直接監督できない状態で、望みどおりの結果を出そうとするときに起きる問題は、可能なかぎり一般的な用語で「プリンシパル・エージェント問題」「プリンシパル（依頼人）の利益のために委任されたエージェント（代理人）がエージェント自身の利益を優先して行動してしまうこと」と呼ばれている。さまざまなプリンシパル・エージェント問題への取り組みの進歩に対して、三度の、または共同受賞を別々に数えれば、四つのノーベル経済学賞（一九九六年のジェームズ・マーリーズ、二〇一四年のジャン・ティロール、そして二〇一六年に共同受賞したオリバー・ハートとベント・ホルムストローム）が与えられた。

通常、プリンシパル・エージェント問題の解決には、価格シグナルに似た働きをする何かを作り、私的情報の開示を可能にし、この価格シグナルに基づいてできるかぎり「エージェント」（従業員）のインセンティブを「プリンシパル」（経営者や所有者）のインセンティブと一致させる契約を考える必要がある。たとえば自分の代わりに誰かにＬＩＢＯＲ先物取引を頼みたいが、相手がどれくらいその取引が得意で、どれくらい熱心に仕事をしてくれるかわからない場合、あなたは自分が判断できる基準（相手の取引利益など）に基づいて契約を結び、彼らと自分のインセンティブを（利益に基づくボーナス支払いによって）一致させる。私が意図的にこの例を選んだのは、この方法がしばしばあまりうまくいかないことを読者に警告するためだ。[★05]

すべてのボーナス戦略やインセンティブ契約が、投資銀行でよく見るように欠点だらけなわけではない。しかし、全員のインセンティブを一致させ、計画の必要性を排除できる完全な業績ベースの支払いスキームを作ろうと考えるのは夢物語である。コースが示したとおり、そんなことが本当にできるなら、企業が存在する理由はなくなるだろう。だからハイエク後の経済学者が計画の概念を完全に避けようとしているあいだに、他の専門家が参入し、生産と計画のシステムを改善する理論を発達させた。

お気づきのとおり、これらの理論は大学の経済学部ではなく、一般にビジネススクールと経営コンサルタント業界で発達し、主として測定技術の改善に使われた。測定できないものは管理できないというのは、現代の経営科学に対する一種の風刺★06だが、そこには深遠な真理が含まれている。経営は情報処理の仕事であり、大企業の発達は、報告体制、品質測定と産出量測定、そして事務方が生産機械からの情報を取得する手段が並行して発達した結果である。

　現代の経営科学は一九一一年にフレデリック・ウィンズロー・テイラーが発表した『科学的管理法の諸原理』からはじまったと言っても過言ではない。この本でテイラーははじめて「時間動作研究」と、鉄鉱石をシャベルでトラックに積む作業中に労働者は何回休憩を取るべきかという有名な研究を皮切りに、ビジネスプロセスの科学的分析を推奨した。テイラー以降のマネジメント理論の大部分は、テイラーがもたらした一連の変化によって生じた偏りを修正するために、さまざまなものを測定する必要から成立したのは確かである。たとえばウィリアム・エドワーズ・デミングは、製造業における不良率の統計学的測定に基づいて「品質革命」を起こし、それをすぐさまひとつの哲学に拡大した。

　マネジメント理論は、効率、品質、カスタマイゼーション［顧客の要望に適合した商品やサービスの提供］の要求に応えるために、この三つのあいだをどうどうめぐりする傾向がある。主にコスト指標を測定すれば、品質が犠牲になりやすい。主に品質指標を測定すれば、コストは上昇する傾向がある。妥協せずに低コストと高品質を要求すれば、製造工程に注意が集中し、顧客の希望に十分応えられなくなる。三つの目標を一度にすべて達成しようとすれば、頭がおかしくなってしまうだろう。

私たちはたいていの場合、複雑すぎてすべての細かい点に常に気づけるわけではない物事を管理・運営しようとしている。そのため知りうるすべての情報の代表的な部分集合と思われるものを選ばざるをえない。

投入資本と産出物の測定技術の精度を上げるだけでなく、二〇世紀にはプロセス自体の組織化に科学技術を応用する試みもはじまった。この試みは科学的マネジメント理論に常に内在していたが、「オペレーションズ・リサーチ」[最も効率的な問題解決法を決定するための科学的技法]が軍事計画の重要分野だと認められはじめた第二次世界大戦をきっかけに大きく進展し、適切な護送艦隊の大きさ★07から効率的な地域爆撃にまで応用された。また、軍部は情報の収集・処理技術をシステム化する試みをはじめた。そのひとつである「OODAループ」(OODAはobserve観察—orient状況判断—decide決定—act行動の頭文字)は、戦後にビジネス思考においてきわめて有力であることが証明された。

❖——多様性とコントロール

情報、そして経済システム内の情報の使い方に関する問題に対する考え方が、資本主義経済学★08の中でどのように発展してきたかを短くまとめれば以上のようになる。しかし、この文化史はここで終わったわけではない。なぜなら本質的には、これは（同じ問題が軍隊や刑務所など、市場以外の場所でも起きているという事実からわかるとおり）、純粋に経済学的な問いではないからだ。きわめて抽象的な言い方をすれば、私たちが今見ているのは、エンジニアリング分野での一般的な問題、すなわちサイバネティクスと呼ばれるコントロールシステムの設計上の問題の特殊な応用例である（サイバネティクスという言葉には殺人ロボットやAI相手のセクシーなチャットというイメージが染みついているため、最近では「コントロールエンジニアリング」と呼ばれる場合が多い。サイバネティクスはアメリカの数学者ノーバート・ウィーナーにより、ギリシア語で「操舵手」を意味する言葉から作られた）。

サイバネティクスの基本的な考え方のひとつは、イギリスの経営科学者アンソニー・スタッフォード・ビーアが生み出した「十分多様性の法則」である。この法則は、「安定性を確保するには、コントロールシステムは最低限、それがコントロールするシステムのあらゆる状態を表現できなければならない」というものだ。

いきなりこう言われても少々わかりにくいと思うが、自動車を想像してほしい。電車は線路上で直進と後退しかできないから、コントロールシステムはレバー一本で足りる。自動車は方向転換もできるので、その運動状態を表現するためには、アクセルだけでなくハンドルも必要だ。飛行機は複数の回転軸を中心に曲線を描くように進行方向を変えられるので、ハンドルではなくジョイスティックが必要になる。ここではこのような直感的理解ができれば十分だ。

あなたがコントロールしようとするシステムが、コントロールシステムの管理能力を超えた多様性を持っている場合、あなたにはコントローラーの多様性を拡張する、コントロールされるシステムの多様性を縮小する、コントロールしようとする努力をやめるという三つの選択肢がある。ほとんどのマネジメント測定技術は、サイバネティクスを用いて多様性を減らす役割をすると考えられる。これは責任者が理解できる程度まで、基本的システムの複雑さと不確かさを減らす――文字どおり「管理可能にする」――ために用いられる手法である。

この多様性の削減にはいくつかのコストがともなう。ひとつは「測定できるものを管理する」という言葉が意味するものである。根本的な多様性はなくなったわけではなく、単純化された一連の測定方法の陰に隠れたにすぎない。少なくともおおまかな構造は維持されている。[★09] その期待が裏切られた場合、あるいは従来の想定がもはや意味をなさなくなるほど根本的なシステムが変化した場合には問題が生じる。会社内でもそれ以外の環境でも、現代の管理主義の多くの弊害――「システムの悪用」、「テスト対策のための授業」、そして「粉飾決算」――は、基本的に「十分多様性の法則」に反する罪である。

それならコントロールシステムにさらに機能を追加すればいいと思われるかもしれない。しかし、それには限界がある。今のところ会社を経営できる人工知能がないので、コントロールシステムに多様性を増やすには、経営者を増やすしかない。経営者を増やせば、経営上の問題も増える。そのうちいくつかは単純な原価計算の問題だ。経営者を雇うには金がかかるが、新しい頭脳を増やしたからといって、その分の給与と必要経費が正当化されるほど問題解決ができるかどうかを判断するのは、原則としてそれほど難しくない。もっと難しいのはサイバネティクスの問題である。経営者をひとり増やせば、会社のネットワークと階層に応じてコミュニケーション上の問題が増える。

しかし、経営者を増やすにあたって一番問題になるのは、経営者は人間であり、人間にはその人独自のインセンティブがあるという事実である。「公共選択論」と呼ばれる経済学の領域は、組織に深くかかわる人間が自分の利益のためにコントロールシステムを阻害する傾向があるのはなぜかという問題に取り組んでいる。この傾向は一方では怠慢、過剰なリスクを取る行為、権力拡張などに現れる。[★10] もう一方では、詐欺の形をとって現れる。システムを管理する能力を増やそうとすれば、より多くの人間を信頼しなければならなくなる。

コントロールシステムについて経済学的に考えるとこういう結論になる――管理を可能にするシステムは犯罪の食い物になる。あるものが非常に複雑で、ひとりの人間の頭に収まりきらないほど多様性がある場合、この多様性に対処する必要がある。しかし、コントロールシステムに十分な多様性が備わっていなければ、多様性に対処する方法はふたつしかない。ひとつは情報量を減らすことだが、そうするとあなたが監視していない対象からの詐欺を防ぐことができない。もうひとつは信頼できる人員を増やすことだが、その人が信頼に値しない人物だった場合は、詐欺に対して無防備になる。

言いかえると、詐欺をどう管理するかという問題は、マネジメントそのものの問題である。何もかも一度に対処するには商業社会は大きすぎるという困った性質にどう立ち向かうかという問題に尽きる。

❖――詐欺とリスク

情報とコントロールの枠組みの中で詐欺を見ると、詐欺は十分な多様性の欠如の問題として浮かび上がってくる。詐欺は直接的な情報がない場所で発生し、しかもコントロールシステムが対応できなければならないイベントである。会社とコントロールシステムがこのようなイベントに対処する一般的な方法は、それをランダムなイベント(「リスク」)として扱い、統計的根拠に基づいて管理することだ。「リスク管理」とは、予測不能なイベントが、推測または推定される確率分布にしたがって発生すると想定する測定アプローチ［「データを収集・分析し、意思決定を行うための手法」］である。[★11] リスク管理モデルは詐欺を理解する方法として役に立つだろうか？

そう……ときには役に立つ場合もある。おそらく二種類の詐欺を区別する必要があるだろう。

典型的な三流ロングファーム詐欺、偽造医薬品、メディケア医療保険請求詐欺などについて言えば、「確率分布から導かれるランダムイベント」モデルはそれほど悪くない。世間には一定の割合で悪人がいて、宝くじマシンの中の番号つきボールのようにぐるぐる回転している。ときたまそのひとりがあなたの会社に飛び込んできて、なんらかの不正を働こうとする。問題は、あなたのコントロールシステムがそれを見破れるかどうかだ。おおまかに言って、その答えはあなたがどれくらいの割合で取引をチェックするかにかかっている。

チェックにかかるコストはマネジメントに十分役立つ程度に正確に算出できる。答えが大きくずれる可能性があるのを承知のうえで、会社にいる悪人の割合をおおざっぱに推定できる。そして頭を使えば、あなたの会社に入り込んだひとりの悪人が、あなたの管理下に置かれる可能性はどれくらいか――犯罪者が頻繁なチェックによってどの程度まで抑制されるか――について、なんらかの答えを導き出せる。それらの答えが正しければ、あなたはスーパーマーケットが万引きリスクを管理するのと同じ方法で、詐欺リスクを管理できる。答えが間違っていれば、一九八〇年代のメディケア不正請求詐欺と同じレベルの損失をこうむるかもしれない。大半の詐欺はこのように無作為に発生する。この「偶発的」詐欺のモデルは、通常のリスク管理の枠組みにちょうどよく当てはまる。

❖――リスクと品質

品質管理は「計画」にかかわる学問のひとつで、おそらく経済学の一部だろうと思われがちだが、品質管理がアダム・スミスからはじまるあの大きな知的冒険の一部になったことはなく、したがって大体においてイデオロギー的にも心理的にも重い荷物を負わずにすんでいる。それは品質管理にとって運がよかった。なぜなら品質管理はリスクとリターンという、ゴルフリゾート地に向かうお手頃価格のフライト以上に重い荷物を抱えた経済的概念と明確に結びついているからである。「品質管理」型の思考が「リスク管理」型の思考よりすぐれている点は、品質管理型思考は悪いイベントの統計学的性質に関する推測にあまり依存しない点である。そのため、品質管理型思考は、特殊な、すなわち過去に例のない物事に応用できる。

品質管理は欠陥の数、あるいは測定の正確さ、そして欠陥の削減や防止にかかるコストの問題である。いわゆる「品質」と直接関係がなく、単一の数値的基準も存在しないが、低品質の事業がどういうものかは明確に定義できる。不正確な情報、非現実的な、あるいはまったく分析されていない推定、そして重要な細部が明示されず、なりゆき任せの状態である。

コントロール詐欺師が狙うのはこのような事業だ。質の悪い借り手はコントロールしやすいため、格好の標的になりやすい。そういう借り手は人間としても質が悪いからであり、ほかに貸し手がいないからでもある——合法的な貸し手は質の悪い借り手を相手にしない。堅実な不動産開発事業が、途中で理由もなく資金調達するか、少数株を関連会社に水増し価格で売ろうとしたら、コントロール詐欺師は喜んで取引しようとするだろう。しかし、こうしたことはめったに起きない。低リスク事業では問題が発生しにくいため、品質管理問題は少なく、問題が起きればそれに対処できる人員は多い。

品質管理とリスク管理によって世界中の詐欺師の大部分を包囲できるとしても、彼らは決して本書に登場する詐欺師の大部分に当てはまるわけではない。品質管理とリスク管理では、サラダオイル王やアルトゥール・アルヴェス・ドス・レイス、そしてとりわけチャールズ・キーティングは決して捕まえられないだろう。大物詐欺師はコントロールシステム自体に発見した弱点を狙い撃ちして犯罪を計画した。それらの犯罪をランダムイベントや欠陥としてモデル化しても役に立たない。モデル化すれば、その犯罪がどのようにして起きたかについての重要な構造的事実は失われてしまうだろう。

アメリカン・エキスプレスがベイヨンにあるティノ・デ・アンジェリスの貯蔵タンクの調査に三倍の費用を出したとしても、オイルを汲み取る偽造タンクの数が三倍に増えただけだっただろう。グレガー・マグレガーの被害者がポヤイス国領主に関する事実をもっと発見していたら、マグレガーはもっと多くの弁解を並べ立てただろう。こうした大物の「企業家精神に富んだ」詐欺師たちは、数えきれないほどの逸話を残しただけでなく、詐欺による財政的損失の大部分を占めている。詐欺による損失の統計学的記録について私たちが知っていることのひとつは、損失の大部分が大規模でめったにない事件[★12]によって占められていること、そして大規模な詐欺はコントロールシステムの特定の弱点が発見されて悪用されるので、連続して起きる傾向があるということだ。この種の攻撃に通常のリスク管理システムは対処しきれない。必要なのはメタ・マネジメントシステム、すなわち、それ自体の構造を変化させて、知りうる情報の外から来る脅威に備えるというパラドックスを解決するシステムである。そういうシステムは可能だろうか？　たぶん可能だろう。それについてはあとでまた話そうと思う。しかし、コントロールと詐欺のあいだの軍拡競争がこれまでどのように繰り広げられたかを見れば、私たちが相手にしているものの性質がよくわかるだろう。この軍拡競争の歴史は、経済の歴史でもある。詐欺は現代の経済とともに成長し、現代経済の形成を助けた。現代のもっとも重要な経済システムが今のような形になったのは、経済システムが生まれたときにそれらを悪用しようとする詐欺に対処する必要があったからだ。商業の歴史は、商業犯罪の歴史でもある。

★10——物事に対するこの考え方は、思想家ナシーム・ニコラス・タレブが提唱した「ヴィア・ネガティヴァ」「問題解決のために不必要な介入や規制を取り除くこと」に関係している。メディケア管理者のような人々が詐欺を「リスク」と捉え、あたかもそれがランダムに発生するかのように、管理できるものだと考える傾向も、タレブのテーマの一例である。つまり、それがどの程度ランダムなのかを見誤り、「ブラックスワン」と呼ばれる事象［誰も予想せず、ほとんどありえない事象］を分類するために作られたシステムにうまく当てはまらないという理由で、それらの事象を過小評価するという問題である。

★02——このページと次ページの引用はフリードリヒ・ハイエク著『市場・知識・自由』（田中真晴・田中秀夫訳、ミネルヴァ書房）による。

★03——幸運にも建設中の原子力発電所のタービン室に入るか、原子炉を見せてもらえた人は、しばしばこれは現代の大聖堂だと表現する。そして大聖堂と同様に、原子力発電所は遠い未来の楽園で豊かな富が手に入るというまったく非現実的な約束がなければ、決して建設できない。

★04——もちろん、経済のすべてを価格シグナルに基づいて組織化できたとしても、中央集権的計画経済の大きな島はいくつか残るだろう。軍隊のような組織は自分自身を大規模に組織化しなければならないが、価格シグナルのような手助けを持っていないからである。歩兵小隊が航空支援を求めて競争入札をするという考えは、風刺的なSFの前提としては面白い。本書では二五四－二五六ページで「オペレーションズ・リサーチ」と「サイバネティクス」をテーマに論じている。どちらも第二次世界大戦中に科学技術を軍事計画に応用して発達した理論である。

★05——出来高払い契約の悪影響を表現する言葉は、矢面に立つ人にあなたがどれくらい共感しているかによって次のように三段階に変化する。私はインセンティブに反応する／あなたはシステムを悪用する／彼はペテン師である。

★06——この引用はピーター・ドラッカーやウィリアム・エドワーズ・デミングなど、さまざまな人物のものとされている。しかしデミングのものとされる原典はもっと長くて出所不明の「測定できないものは管理できないと言うのは完全に間違っている」という趣旨の発言の前半を省略したものだ。統計的管理に対するデミングの全体的な考え方から見て、彼がこの発言をする必要を感じたかもしれないという事実は、かえってそれが本心ではないことをうかがわせる。

★07――護送艦隊の外周の長さ(つまり護衛する船の数)は、護送艦隊の面積の平方根(つまり護送される船の数)にしたがって増えること、そして海の広さに比べれば護送艦隊の規模ははるかに小さいので、Uボートに見つかる可能性に実質的な影響を与えないことが理解できれば、簡単に解ける問題である。実際には海軍のオペレーションズ・リサーチ部門でさえ、大西洋の戦いにほとんど勝利するまで、この事実を理解していなかった。

★08――残念ながら、マネジメントとコントロールシステムに関する科学的研究のかなりの部分が近い将来、近代的な世界経済から失われてしまうだろう。それは本来ソビエト連邦で発達し、ロシア語で(もしあれば)出版され、決して英語に翻訳されず、ましてやデジタル化は一切されていないからだ。価格シグナルのない場所での計画経済とマネジメントに関する数十年にわたる議論が掘り起こされ、翻訳され、再構築される可能性は、私がいくら信じられないほど価値があると考えたとしても、望み薄だろう。

★09――「準同形」は便利な数学用語である。その厳密な定義を理解するのは難しいが、「潜在的な物質的詳細の多くは失われているが、願わくは重要な構造的特徴を捉えている単純化された概要」を意味する言葉を探しているときに使えば、大体において正しく、科学オタクのように聞こえることは請け合いだ。

★10――公共選択論の経済学は健全な市場寄りのイデオロギーをともなっている。計画経済の問題に対する公共選択論的な解決策はたいてい、民営化によって価格シグナルにその仕事を任せることだからだ。公共選択論は政府に対する批判的観点から、しばしば「政府全体が軍事調達のような働きをしていると言い張る学問」と揶揄される。

★11――イベントの大きな集合を頻度と重要性の確率分布に置き換えるのは、「準同形」という言葉がいかに便利かについて述べたときにすでに話した内容の一例である。これは多様性を削減して細部の多くを失うが、重要な構造的特色は（できれば）保存される変化の一例を示している。

★12——商業詐欺におけるジェンダーバイアスの問題に戻ってみると、規模の大きさが把握できる。たとえばイギリス最大の女性詐欺師はマリア・ミカエラで、一五〇〇万ポンドの住宅ローン申請詐欺で有罪判決を受けた。今日までにイギリスで有罪判決を受けた最大の男性詐欺師はいかさまトレーダーのクウェク・アドボリで、マリア・ミカエラの一〇〇倍をやや上回る損害（二〇億ポンド）をＵＢＳに与えた。アドボリは単独犯で有罪判決を受けた最大の詐欺師だが、事件そのものはＬＩＢＯＲ事件の一〇〇倍の規模だった。ひとつの巨額商業詐欺はごく普通の「小口」詐欺数千件分に匹敵する。

第八章 未解決事件

王国の法律にしたがって誠実に生計を立てる意図のない気楽で悪意のある多くの人々が（……）昨今では正義と良心に背いて商品、家畜、宝飾品を自分のものにする目的で（……）不正かつ不正直に内密の標章やさまざまな人々への偽名の偽造文書を考案し、工夫し、考え出してきたためである。

――マイケル・リーバイによる『幻の資本家 The Phantom Capitalists』に引用されたヘンリー八世時代の「破産者に対する法律」

前章を要約すれば、詐欺はあなたがすべてをチェックできないときに発生する。詐欺の経済学は、与えられた状況で物事をチェックするプロセスを組織化する最適な方法は何かという問題に尽きる。だとすれば、詐欺そのものと詐欺を防止する技術の両方が、資本主義経済の発達と並行して成長し、発達したのは当然だろう。これまでは原則を見てきたので、ここからは最初にさかのぼって、実際の事件についてざっと見てみよう。聖書には実際の商業詐欺の例はひとつしか出てこないが、それは大がかりな公共調達詐欺だった。

商業には不正が存在するという認識を示す聖書の語句はたくさんある(「おもり石の使い分け、升の使い分け／いずれも主の憎まれること」『箴言』二〇章一〇節、「あなたは袋に大小二つの重りを入れておいてはならない」『申命記』二五章一三節)。債務不履行に陥った者を厳しく罰する一方で、負債と、純粋に不運が原因で返済できなくなった借り手の負債を免除するさまざまな取り決めに関する記述も数多く見られる。不正は債務不履行の理由として明確に取り上げられていないが、ほのめかされてはいる。ヤコブとエサウの物語(『創世記』でヤコブはエサウから長子の権利を奪う)は(兄弟のどちらを悪人とみなすかによって)相続詐欺と考えられるかもしれない。

『レビ記』と『申命記』には労働者を雇って賃金を支払わない慣習を特に非難する記述もあり、旧約聖書の神は契約を履行できなかったヨナのような人物と常に駆け引きをしている。しかし、聖書には不正の犯罪だけでなく、当時の経済的取り決めがずる賢い手口で悪用され、かなりの財産が不正に着服された事件も登場する。それは『列王記・下』一二章五－七節に書かれた出来事だ。

ヨアシュは祭司たちに言った。「主の神殿にもたらされるすべての聖なる献金、すなわち、各人がその割り当てに従って課された献金、主の神殿に自発的にもたらされるすべての献金は、祭司たちがおのおの自分の担当の者から受け取り、神殿のどこかに破損が生じたときには、それを用いてその破損を修理しなければならない。」だが、ヨアシュ王の治世第二三年になっても、なお祭司たちは神殿の破損を修理しなかった。

公共部門のメンテナンス契約から利益をかすめ取る犯罪――それは文字どおりキリスト教より長い歴史がある。のちにヨアシュ王と祭司長ヨヤダは祭司たちに命じて、蓋に穴をあけた箱にすべての献金を入れさせ、集まった献金を石工と職人に直接分配してその問題を解決した。[★01]

これが聖書に登場する唯一の商業詐欺であり、公共部門で起きた(そして統治者の能力に詐欺被害者特有の性質がある。第一〇章参照)点は興味深い。これを見ると、比較的高度な経済が存在したとしても、現代的な意味での詐欺は、単なる窃盗に比べてそれほどありふれているわけではないことがわかる。人々が見ず知らずの人間を信頼する、あるいは貴重品を自分で直接管理せずに誰かに任せるかぎり、詐欺は起こりうる。現代に比べて、古代の人々はそんな機会ははるかに少なかった。当時はチェックしなければならないものが今より少なかったのである。

❖——古代の詐欺と相続

古代アイスランドのように家族単位での農業生産社会という極端な例では、起こりうる詐欺は聖書よりもさらにかぎられていた。アイスランドのサガ〔英雄伝説〕は、単一の拡大家族（奴隷を含む）が主な経済単位として機能していた識字社会の記録として、おそらく最もすぐれている。もちろん、この伝説には家族間の争いと不正がからむ紛争[★02]が数えきれないほど出てくる。こうした古代の物語における宣誓の重要性は、実際には人々が必ずしも約束を守らなかったという事実を示している。しかし、物語の中には、争いの中心にある不正が、ほとんど詐欺まがいのやり方で古代の経済制度とかかわっている場合もある。

たとえば「エイルの人々のサガ」では、ソーロールヴと息子のアルンケルのあいだで、主に解放奴隷のウールヴァルをめぐる論争が起きた。

ソーロールヴとウールヴァルとは山に共同の牧草地をもっていた。二人は最初それぞれで沢山草を刈り、それから乾かし、山に積んだ。ある朝早くソーロールヴは起きて、外をうかがった。どんよりとした天気だった。それで乾いた天気は終わりだろうと思った。彼は下僕たちを起こし、干し草を運ばせ、その日のうちにできるだけ仕事をするように命じた。

「どうも天気が信用できないように思えるからだ」

下僕たちは服を着て干し草の仕事にかかった。ソーロールヴは干し草を積み上げ、できるだけ沢山仕事をするようにせき立てた。

同じ朝ウールヴァルも朝早く外をうかがった。そして彼が家の中に入ってくると下僕たちは天気のことをたずねた。彼はゆっくり寝ているように彼らに命じた。

「天気はよい」と彼は言った。「今日は晴れるだろう。今日は家つきの牧草地を刈るがいい。山の上にあるわれわれの干し草は日をあらためて取り入れることにしよう」

天気は彼がいった通りになった。そして夕方にウールヴァルは山へ人をやって、そこに積んでおいた干し草を見にやらせた。ソーロールヴはその日三頭の馬を使い、午後三時頃には彼のもっている干し草は全部収容した。すると彼はウールヴァルの干し草も屋敷に運ぶように下僕たちに命じた。彼らはいわれた通りにした。

(『アイスランド サガ』谷口幸男訳、新潮社)

つまりソーロールヴはウールヴァルの土地の共同所有権を悪用して干し草を盗んだのだった。

続いて父と息子のあいだでいさかいが起こった。なぜならアルンケルはウールヴァルに賠償金を支払い、あとでその費用を埋め合わせるためにソーロールヴの七頭の雄牛を盗んだからである。ソーロールヴは激怒し、報復として六人の奴隷に命じてウールヴァルの家に火をつけさせた。しかし、ウールヴァルが焼け死ぬ前にアルンケルが助け出し、子供のいないウールヴァルの土地の相続人になる(ハンサルと呼ばれる約束)のと引き換えに、アルンケルがウールヴァルの保護者になった。

事態はさらに複雑になった。アイスランドの法律では、ウールヴァルのような解放奴隷が子どもを持たずに死んだ場合、解放されたときに与えられた土地は彼の元の所有者に返すと定められていて、この場合、それはソルブランドという別のアイスランド人だった。ソルブランドの息子たちは彼らの相続権が侵害されたことに憤り、自分たちはアルスコートの犠牲者だと考えた。アルスコートは古代アイスランド語の法律用語で、相続権の不正な剝奪を意味している。

一方、ソーロールヴはアルシングの裁判所にアルンケルを訴え、アルンケルがウールヴァルを守るために殺害した六人の奴隷の賠償を求めた。裁判を有利に進めるため、ソーロールヴは価値ある森林の所有権を譲るというハンサルをスノッリ(司祭/裁判官)に与えた。しかし、この森林はアルンケルの相続財産の一部だった。アルンケルはふたつの抗争に巻き込まれた。そのどちらも相続権の不正な剝奪をめぐる論争がかかわり、片方には買収された役人がいた。幸い、この出来事からまもなくアルンケルが死亡したため、サガ★03はこれ以上複雑にならずにすんだ。

このような計略は「ほとんど」詐欺と考えていい。なぜなら古代北欧社会では、ただ嘘をつくだけで価値のあるものを手に入れるのはもっと難しかったからだ。最も価値があるのは船、奴隷、土地で、通貨は交易品であり貴金属だった。船と奴隷は盗むのが難しく、土地の所有権は家族と固く結びつき、売るのはかなり制限されていた。非公式な信用取引に近いもの――収穫時期の干し草畑の代償として数か月後に隣人に雄牛を引き渡すというような約束――は、かぎられていたが存在した。しかし、ほとんどの取引は対面で行われ、時間の要素は不要だった。ウールヴァルとソーロールヴの干し草の共同所有に対する実際の規制はなかった。なぜなら干し草がなくなればすぐにわかるし、誰が持って行ったかはこれ以上ないほど明白だからである。

サガにおける主な詐欺には相続権の不正な剝奪がかかわっている。なぜなら相続権は、法体系が成文化されたときに最初に登場した抽象的な価値の貯蔵手段だったからである。ソルブランドの息子たちと同様に、アルンケルは土地を所有していた。彼らはまた、土地の将来の所有権を受け取る権利を所有していた。これは森を所有していることと同じではないが、明らかに価値のあるものだ。土地は有形で具体的なものであり、盗むのは難しいが、相続権となると話は別だ。相続権があなたから盗まれて、ほかの誰かに与える約束がされたのかどうか、あなたには必ずしもわからない。財産権の概念が生まれ、所有権が単に何かをほしがる誰かと戦って、その物を支配する能力以上に複雑なものになるやいなや、その権利が尊重され、悪用されないための社会的信頼のネットワークが必要になる。そして信頼があるところには、詐欺の可能性が生じる。

また、相続権を詐欺の温床として見ると、もうひとつの重要な性質がある。相続権は、大きくて価値のあるものに対する抽象的な財産権を女性が所有できる数少ない方法のひとつだった。本書で何度か指摘したとおり、商業的詐欺師の圧倒的多数は男性で、★04 それは過去にさかのぼればさらに間違いない事実だ。世界の大半の場所で女性（特に既婚女性）が財産を所有できるようになったのは比較的最近であり、商業は男性の仕事だという原則に対する数少ない例外は、明らかな理由から、飛び抜けて強い意志を持つ例外的な女性たちだった。彼女たちは詐欺師に多く見られる軽薄で弱く傷ついた人格ではなかった。歴史上の偉大な女性詐欺師について調べてみると、そのうちきわめて多くが同じ詐欺をしていた——王女を装ったのである。

歴史が始まって以来、偽王女になるのは女性が裕福なふりができる唯一の方法であり、ヨーロッパの貴族社会では、王家が借金を返済してくれるだろうという前提のもとに、公式、非公式に数々の掛買いができた。何はなくとも良縁を結ぶことはできただろう。歴史には数々の女性詐欺師の裁判記録が残っている。たとえばメアリ・カールトン（一六六三年、ケルンのフォン・ウォルウェイ家の遺児と名乗る）、ヘルガ・ド・ラ・ブラーシュ（一八七六年、スウェーデン国王グスタフ四世の隠し子と主張）、メアリ・ベイカー（一八一七年、インド洋の架空のジャワス島の「カラブー王女」を装う）、そして近代ではエリザベス・ビグリー（一九〇五年、アンドリュー・カーネギーの庶子のふりをする）がいる。二〇〇四年になっても、ライザ・ウォーカーはユダヤ教に改宗したサウジの王女「アントワネット・ミラード」というふれこみで、宝飾品店でかなりの金額の掛買いをした。

高貴な身分を詐称する男性詐欺師もたくさんいた。貴族の社会的ネットワークは詐欺師にとっておあつらえ向きだった。そのネットワークは多大な信頼と掛買いの土台になるほどしっかりしていたが、十分組織的でないために、大胆で厚かましい人間なら比較的簡単に利用して人をだませたからである。しかし、この上流階級のネットワークが海洋資本主義の発達に不可欠な商人と取引業者のネットワークによく似ているという点をのぞけば、貴族社会のネットワークは近代経済の発展から逸脱したところにあった。

アルキメデスが湯船から飛び出した日は、詐欺師にとって不吉な日になった。「わかったぞ!」という歓喜の声とともに発見されたアルキメデスの浮力の原理は、それまで宝飾品を作るとき、金に銀を混ぜて利益をかすめ取っていた手口の終わりのはじまりを意味した。ギリシア人は比較的発達した政治経済制度を持っていたため、比較的複雑で高度な形式の詐欺が起きた。ホワイトカラー犯罪ならぬホワイトトーガ犯罪★05「トーガは古代ローマ市民が着た一枚布の上着」の中で最も報告が多かった詐欺の種類は、現代と驚くほど大差なかった。それは船の所有権と使用に関するさまざまな形式のロングファーム詐欺とコントロール詐欺である。

陸路を行く隊商と違って、船荷は出港してから目的地に到着するまでのあいだは監視するのが難しい——商人が自分で貨物と一緒に船に乗るか、代理人を派遣したとしても、完全に船長の思いのままであることに変わりはない。不正取引がなかったとしても、海の上では貨物に何が起きてもおかしくない。そういう理由で、海運業はリスクに対処する仕組みの発達と、それと並行した詐欺の発達の両面で、歴史上ほかのどんな業界よりも進歩していた。★06 船主は史上初のシンジケート、すなわち資金調達とリスク分散のための「会社」を形成した。彼らは保険を発明し、さまざまな資金調達の方法について真剣に考えた最初の人々だった。

子どもっぽい気質の研究者にとって、船舶融資の歴史は魅力にあふれている。なぜなら「冒険貸借(bottomry)」(かつて船体を意味する言葉だった「bottom」に由来する)のような好奇心を掻き立てる言葉が盛んに登場するからだ。冒険貸借は、古代ギリシアからハンザ同盟まで存在した商習慣で、一六世紀頃にもっと近代的な保険制度に取って代わられて消滅した。冒険貸借は船を抵当にしたローンで、船が沈んだらローンは返済しなくていいという特殊な条項がついていた。この条項によって、冒険貸借はかつてない独特な信用取引になった。それまでは歴史の大半を通じて、破産や有限責任というものは存在せず、一度契約したローンは何があろうと返済しなければならなかった。アテネとローマでは債務不履行に陥った債務者は市民としての地位を失い、債権者に奴隷として与えられた。ヨーロッパの資本主義の初期の時代でさえ、債務者監獄が待ち受けていた。もちろん冒険貸借は、支払い免除が実際にありえるという事実を反映して、通常のローンより高い保険料を徴収した。

しかし、冒険貸借は明らかに詐欺に狙われやすく、古代の社会でさえ実際に詐欺はひっきりなしだった。アテネの雄弁家デモステネスは海運詐欺事件の弁護士としてはじめて法廷で弁論を行った。彼の演説「ゼノテミスへの抗弁」は、高価な穀物の積み荷を積んだ船を担保に、冒険貸借によって多額の借金をしたふたりの男について述べている。彼らは船に何も積まずに出港し、わざと沈没させた。借りた金をどこかに隠しておき、その損失を債権者に負わせるためである。共謀者のひとりは運悪く船を沈める最中に溺れてしまったが、もうひとりの男、ゼノテミスは、当代随一の雄弁家の抗弁を法廷で受ける身となった。

この種の詐欺を防ぐのがとても難しいことはすぐにわかる——船はあちらこちらへ移動するため、不正な船長または船主が行く先々の港で複数の冒険貸借による資金調達ができる。古代の社会ではニュースが伝わる速度が遅く、中央登録制度もなかったため、船が実際に沈んだ(今日でも例があるように、船名を変えて別の港に潜んでいるのではない)と証明するのでさえ簡単ではなかった。

しかし、冒険貸借のような制度がなければ、海運業が発達するのは実際に難しかったに違いないということもまた確かだ——海の危険はまぎれもない現実で、詐欺を可能にするような特別な条項がなければ、借金をした商人は遠からず奴隷になるのがおちだ。自力でリスクを負うだけの個人財産を持つ商人でなければ、海運業を営めなかっただろう。詐欺が起りにくいように組織された社会では、これは厳しい制約になったに違いない——大きな事業を起こす資金を集められないため、社会の成長は遅れたはずだ。これまで悪質な詐欺行為が起きずに存在した人類の最大で最も発達した社会は、コロンブス到着以前のアメリカ大陸の社会のひとつ、たとえば直接労働と共有消費に完全に基づいて経済[★07]を運営していたインカ社会かもしれない。

この比較はもうひとつの重要な点を示唆している。詐欺の防止は目的のための手段であって、目的そのものではない。詐欺の最適水準がゼロである可能性はきわめて低い。冒険貸借は何度も悪用されたかもしれないが、そのような制度は近代経済の前提条件だった。詐欺被害者はたいてい恐ろしい衝撃を味わう——ポヤイス国詐欺の被害者ゲイジャー氏のように——が、その驚きは、当時は人類の文明の頂点にいると信じていた詐欺に無縁のインカ人が、金属製の鎧を身にまとい、武器を携帯し、馬が引く車輪つきの乗り物に乗るヨーロッパ人に出会ったときの驚きとは比べものにならないだろう。

社会が詐欺とその予防に取り組むためには別の手段がある——ある程度放置しておいて、完全に手に負えなくなるのを防ぐために、犯行後の社会的不名誉と厳罰の組み合わせによって対処する方法である。ある程度近い試みが一九世紀のイングランドで行われた。

❖――ヴィクトリア朝の有名詐欺師

ロンドン療養基金年金協会貯蓄銀行は一八四三年に一種の医療生命保険会社として設立された。取締役会には名士が名を連ね、ジョン・スタンリー・ハンフェリー★08という男が証券取引所で株を売るプロモーターとして働いていた。まもなくこの会社は詐欺だと明らかになったが、取締役会は世間の批判を免れた。特にあるひとりの取締役は会社の破綻にいっさい責任を問われなかった。それには数々の理由がある。第一に、この女性は会社の存在さえ知らなかった。第二に、彼女は会社の設立に自分の名前を使う許可を与えていなかった。最後に、この女性はヴィクトリア女王★09だった。

この種の事件はたびたび起きた。南海泡沫事件《なんかいほうまつじけん》［一七二〇年に南海会社の株価が急騰後に暴落して多額の損失を出した事件］のあと、長いあいだ株式会社の設立には特別議会制定法が必要だったが、一八二五年に株式会社はふたたび合法化された。その結果、特定の種類の詐欺――無価値の会社を手に入れ（または新会社を設立し）、決算報告書を偽造し、嘘をついて株を売る――が容易になった。しかし、投資家に国債を現金に換えさせ、それを新株につぎ込ませるにはいくらか説得が必要だった。そこで取締役会に名士の名前を並べ、投資家の金がしっかり監視されているように見せかければ、いい宣伝材料になると思われたのである。

実際には、監視が行き届かない場合が多かった。ときには貴族院議員が進んで会社設立者に名前を貸し、出席すらしない役員会一回につき一ギニー受け取ったため、名ばかりの取締役を指して「ギニーピッグ」という俗語が生まれた。また、まぎらわしい同姓の人物がいることもしばしばだった。二五万ドルの保険料を集めてから消滅したウェスト・ミドルセックス生命火災保険会社★10には、「ドラモンド氏」（貴族院議員でもドラモンズ銀行の共同経営者でもない）と「パーキンズ氏」（ロンドンのビール醸造家の大富豪ではない）の両方がいた。

問題は、会社が帳簿をつける義務が厳密に決まっていなかったことだ。一八四四年の会社法は株主に年次報告書の提示を義務づけ、さらに報告書の監査さえ求めたが、監査基準は設けられなかった――別の実業家がほかの約束に向かう途中で三〇分間帳簿にざっと目を通せば、その会社は「監査済み」と認められた。取締役に支払われた未承認の報酬を隠すためにノースウェールズ鉄道会社の決算報告書が暗号で書かれたにもかかわらず、監査を通過したのはそういう理由である。

一八四四年会社法の極度に貧弱な基準ですら、たちまち弱体化させられた。自由放任主義経済が軌道に乗ると、ヴィクトリア時代には金融規制そのものと同時か、むしろ多くの場合、さらに急速かつ活発に、金融緩和論が発達した。一八五六年に規制緩和に関する議論の中でタイムズ紙は次のように論評した。「人々に慎重さを求める法的努力の影響が明らかになったにもかかわらず……金融危機が起きるたびに、常に多数の人々がすぐさま規制手段を提案するが、数々の規制は単に大衆を混乱させる効果しかないという事実は完全に見過ごされている」。

この見解が勝利をおさめ、まず一八五六年に、続いて一八六六年に規制はさらに緩められた。しかし、タイムズ紙には一定の規範があったようだ。たとえば一八七一年に同紙の経済記者が休暇を取り、記者から担当コラムを任された株式プロモーターがコラムを利用して鉱山詐欺を宣伝したとき、タイムズ紙は少なくともこの記者を解雇した。今日フィナンシャル・タイムズ紙のモットーである「恐れず、おもねらず」を目にする読者は、同紙が発刊された一八八八年にはこれがきわめて珍しいセールスポイントだったという事実に気がつかないかもしれない。その他の金融関係の出版物はしばしば組織的に賄賂を受け取り、株式プロモーターに所有されている（たとえば大衆誌ジョン・ブルは、ホレーショー・ボトムリーが自分の詐欺を宣伝し、商売敵の悪口を言うために発刊した）場合さえあった。金融詐欺師のアーネスト・ホーリー（「百万長者のホーリー」と呼ばれ、借金でいくつもの会社を買収し、過剰な借金によって会社の価値を「水増し」して株式公開した）は、破産手続きの最中に、記者を買収する習慣についてぼやいた。「何社も株式公開したが、ちっとも金にならなかった。利益を根こそぎ新聞に持っていかれたからだ……株式公開の噂が広がると、たちまち記者連中に取り囲まれたものさ……彼らは寄ってきておおっぴらに言うんだ。『さて、今回はどれくらいいただけますかね？』とね」

当時を振り返ると、単にいくつかの詐欺ではなく、まったく似たような詐欺が続けざまに起きていたにもかかわらず、当局がなんらかの規制手段を取るのにかなり時間がかかり、不正な相場師を駆逐して専門家による監査と証明可能な決算報告書を要求するはずの「市場規律」が働かなかったのは不思議でならない。そうしたことが起きた理由は、連鎖的詐欺に与えられたいくつかの名前が手がかりになる。たとえば鉄道狂、金融会社狂、鉱山狂などである。有望な産業の資金調達のためにイギリスの中流階級の貯蓄が集められ、莫大な富と価値が創出されたのは事実だ。

それがヴィクトリア朝のイギリスの優先順位だった。詐欺師といかさま銀行家はディケンズ、トロロープ、サッカレーといったヴィクトリア朝の小説家による作品の典型的登場人物だったし、一八六六年から一八八三年にかけて株式市場で発行された株のなんと六分の一は詐欺だった。しかし残りの六分の五は詐欺ではなく、詐欺による損失は支払う価値のある対価〔その担い手は社会的地位を維持するために高い配当の可能性に引き寄せられた未亡人や仕事を引退した中流階級の人々だった〕だと一般に受け止められていた。結局のところ、偽善と、進歩の名のもとに広がる不潔さへの見て見ぬふりは、ヴィクトリア時代の道徳的性質の特徴である。

一九世紀半ばに有限責任会社〔出資者が出資金の範囲でのみ責任を負う会社〕の形態が導入された。ヴィクトリア朝の人々は有限責任会社の形態が詐欺師にとって渡りに船だとはっきり認識していたが、それでも潜在的投資家を増やし続けるために、有限責任会社はもってこいだった。ヴィクトリア朝の人々が詐欺を厳重に取り締まろうと思えば、彼らにはそれができたはずだ（ヴィクトリア女王の治世が終わりに近づく頃、ようやく一九〇〇年の会社法で決算報告と監査の適切な基準が義務づけられた）。これは現代にも認められるパターンである。災難がひとつ発生するたびに、規制と詐欺防止対策が進歩する。詐欺の政治経済学では、放任と規制緩和に向かう力が常に働いているのが普通だ。事態が悪化し、制度全体が合法性を失う差し迫った脅威にさらされてはじめて、この傾向は逆転する。

❖──ロロ対スレッジドライバー

ロングファーム詐欺の犯人を表すドイツ語は「シュリテンファーラ（schlitten-fahrer）」で、英語に直せば「スレッジドライバー（そりの御者）」である。詐欺会社を表すロングファームという言葉以上に、スレッジドライバーの語源は明確ではない。スレッジドライバー、すなわちドイツ人詐欺師の宿敵は、シュタニスロース・ロイというプロイセン人の商人で、一九世紀のロンドンでケルン人民新聞の特派員として、「ロロ・ロイシェル」のペンネームで記事を書いていた。

ロロは生まれながらの名探偵だった。彼の仕事が成功したのは、当時の大半のジャーナリストと違って、彼が信念を曲げる必要がなく、情報源を見つけて調査をやり遂げるために時間、労力、資金をつぎ込めたからである。彼はイギリス在住のドイツ人が集まるロンドンのシティロードのビアホールやクラブで、ドイツ人コミュニティの中でも下層の人々と進んで交流した。特にみすぼらしい服を着ているときには、浮浪者と間違われて逮捕されるのを避けるために取材許可証を作らなければならなかったほどだ。

下層の人々はたくさんいたから、つきあう相手にはことかかなかった。カール・マルクスの生涯を研究する人なら覚えているだろうが、当時のイギリスはパスポートをチェックせず、外国人の登録も警察による監視もない数少ない国のひとつだった。そのため、面倒な立場に立たされたドイツ人にとってロンドンは最適な避難場所だった——革命家と政治思想家も何人かいたが、横領した事務員、不祥事を起こした軍人、高い教育を受けながらふさわしい職につかずにぶらぶら暮らしている人々がたくさんいた。★11 ロロは次のように語っている。

> イギリスは自由の国だ。書類を書き、警察に申告し、自分が誰か、どこの出身か、仕事は何かをわざわざ言わなくても、誰でも来て、住み着くことができる。質問はいっさいない……ハンス・シュルツ氏は今日ドイツから飛んできて、★12 今朝ロンドンにロビンソン氏を名乗って到着し、午後にはデュマ・グロブナー・アンド・カンパニーという名の会社を奥まった小さな部屋で設立する。それを気にする者は誰もおらず、イギリスの自由は詐欺同胞団にとって最大の保護となる。シュルツ氏、別名ロビンソン氏が自分の会社に飽きてしまっ

ても、安いペンキさえあれば前の会社は消えて、新しい立派な会社が現れる。

ここでロロが主に批判しているのは、当時のイギリスでは破産が民事だったという点である。ドイツと違って国の検察官はめったに会社の清算にかかわらず、詐欺の容疑者に対する訴訟には高い費用がかかった。しかし、イギリスで詐欺にあう危険は、イギリス人よりケルンの商人の方が大きかった。その理由を考えると、すでに述べた「カナダのパラドックス」を理解する手がかりになるだろう。イギリスの商人はこうした制度に慣れっこで、信頼と評判に基づいて取引した。ドイツ人詐欺師はロンドン市民相手にロングファーム詐欺を働こうとはしなかった。困窮した外国人がロンドンで企業間信用を得るのはまず無理だったからだ。

それよりも、取引完了から決済までの期間がもっと長い国際取引を利用して、故郷の同胞に目をつける方がはるかに簡単だった。ドイツの製造業者は(昔も今も)常に輸出市場[★13]を探し求め、十分な資本金をもとに外国にいる代理人に多額の掛売りを許可した。ロンドンの詐欺会社が倒産してはじめて、彼らは自分たちの金を回収する公的機関がないことを知って呆然とした。損失を取り戻すために高額な訴訟に金をつぎ込む債権者はほとんどいなかったから、ドイツ人詐欺師は安泰だった(訴訟に踏み切った人々は、イギリスの事務弁護士が詐欺師以上にあくどいペテン師だと痛感するのがおちだった)。

ロロはロンドンで仕事をはじめて早々にドイツ人詐欺師の餌食になり、彼らへの怒りを募らせた。彼はケルン人民新聞の特報で多くの詐欺師の正体を暴き、同胞のドイツ人商人が金を取り戻せるように尽力した。しかし、彼の著書『産業の騎士 The Knights of Industry』に書かれた最も有名な闘争は、ロングファーム詐欺を直接相手にしたものではなく、不正な信用調査機関が対象だった。

決済期日を九〇日後に設定してロンドンの商人と取引するのはリスクが大きすぎるため、ドイツの製造業者は数シリングの料金を払い、商人の事業と評判、収益性、在庫量が適正かどうかなどに関する意見をつけて回答する「私立探偵」を雇う習慣があった。たとえば典型的な回答は次のようなものである。

> ロンドン、イーストセントラル、メリーアクス・ストリート二二番、グスタフ・オピッツに関して
> G・Oは一八八三年にこの場所に居を定め、さまざまな商品、特に布地を東インド諸島に輸出している。公式の積み荷明細書によると、昨年はかなりの輸出量に達し、事業が順調であるのは間違いない。……グスタフ・オピッツ氏が資産家であることは疑いなく、最近父親の死去と同時に多額の財産を受け継いだと言われている。★14 さらに同氏はマンチェス

ターの大企業のひとつのロンドン代表を務めている。同氏に対し前述の五〇〇ポンドを信用貸しすることは可能と考えられる。

別の報告書はもっと短かった。

G・Oは堕落している。近寄らないように。

このふたつ目の報告書は一八八六年にスタッブス有限会社によって書かれた。スタッブス氏の依頼人の多くは、すでにクイーンヴィクトリア・ストリート四六番のL・レーナートによって書かれた最初の報告書と同じ内容の意見を信じていたため、この報告書を受け取って驚いた。商人が三人目の意見を聞きたいと思えば、パンクラス・レーン二三番のリマン・アンド・カンパニーに依頼したかもしれない。リマン社による意見は実際には書かれなかったが、もし書かれていたとしたら、ふたつのうち好意的な方の意見に同意する内容になっただろう。それにはふたつの理由がある。第一に、クイーンヴィクトリア・ストリート四六番とパンクラス・レーン二三番は同じ建物の別の扉につけられた住所で、この建物にはロータ―・レーナートとそのビジネスパートナーしか居住していないからである。第二に、このビジネスパートナーはリマンと呼ばれる人物ではなく、実際には前科者の詐欺師グスタフ・オピッツだからだ。数か月後、レーナートは定期購読者に向けて意見を少し修正した文書を送った。「メリーアクス・ストリート二二番、G・オピッツについて。この会社は多額の損失をこうむり、その危機はとうてい乗り越えられない。これ以上の信用貸しは控えるようお勧めする」。

この文書がポストに投函されたのとほぼ同時期に、G・オピッツの看板は安いペンキで「ウォルター・アーノルド・アンド・カンパニー」に塗り変えられ、債権者は貸した金を失った。これがレーナートの主な手口だった。オピッツと選り抜きの友人仲間の身元を保証しておいて、あとから彼らは堕落していると警告する。それでレーナートは先見の明があるように見せられるが、そのときはもう手遅れになっている。レーナートの報告書は製造業者のあいだでかなり利用されていた。ひとつには競争相手より値段がはるかに安かったためで、ひとつには故郷のドイツの実績のある私立探偵がロンドンの仕事をすべて担当するのは不便で高くついたため、レーナートか、彼のもうひとつの表看板であるリマン・アンド・カンパニーに下請けに出したからである。レーナートは手が疲れると、信用紹介状の署名をオピッツに代筆させた。

まもなくL・レーナートの会社とリマン・アンド・カンパニーがロロ・ロイシェルの関心を引き、ケルン人民新聞で追及された。ロロはレーナートとオピッツとのつながり、オピッツの数々の悪評、ふたつの表玄関などを詳細に報じ、この報道が事実でない場合、自分は名誉棄損で訴えられると思うが、自分とケルン人民新聞はまっとうなドイツ人商人を救うために喜んでこの難題に取り組むつもりだと明言した。はじめのうち、レーナートはほかの新聞（主に反カトリック新聞）にロロに対する批判記事を書いて応酬したが、レーナートの評判と事業はかなりの痛手をこうむり、告訴するか黙るかのどちらかしかないところまで追い詰められた。次に彼は一連の愚かな戦略的失敗を犯した。

最初の失敗は、ロロを名誉毀損で訴えただけでなく、グスタフ・オピッツにもそうするように勧めたことだ。その結果、オピッツが過去に犯した数多くの詐欺が証拠に加えられた。第二の失敗は、ロロと名乗る人物の正体を何度も勘違いし、「ロロ・ロイシェル」は仲間の詐欺師のひとりで、仕事上の妬みからあんな真似をするのだと考えたことだ。結果的に、反対側の証人席はこの事件にまったくかかわりがないが、彼らの詐欺に加担したレーナートの情報を山ほど持つ人々で埋め尽くされた。最後に、レーナートはロイシェルが無一文で、イギリスの名誉毀損裁判の途方もない弁護費用に怖気づくだろうと考えた。実際にはロロは自分の弁護費用だけでなく、彼の雇用主であるケルン人民新聞が請求される費用さえ支払える成功した実業家だった。ロロの法廷弁護士はレーナートと詐欺師のあいだに交わされた一〇〇〇点を超える通信記録を持って出廷したが、最初の二件について反対尋問を受ける前に陪審員が裁判の終了を求めた。レーナート側に訴訟費用の支払いが命じられたため、ロロは一時的にレーナートとオピッツに対する債権者となった。ロロは費用が支払われるとは期待していなかったし、実際に支払いはされなかった。『産業の騎士』に書かれたこの冒険は面白い読み物だが、この本の全体的な見解――取引経済における信用と情報のパターンは、信頼と権力のパターンを反映している――は、本書が最初にレスリー・ペインの詐欺を取り上げたときからずっと強調してきた内容の基礎である。ロロはこの本を通じて、製造業者が詐欺の被害者になったのは、企業間信用が過剰に利用され、ほかの資金調達手段が手に入りにくいせいだと主張した。この本はヴィクトリア朝ロンドンの金融情勢を描写し、当時は無謀な金融拡大の時代だったという通常の見解に反する一面を見せた。しかし、もちろんロロの見解は、当時イギリス在住のドイツ人商人から見た金融事情である。イギリス人の商人と製造業者はいつでもお互いにつけで取引していたが、彼らは借用書を交わし、借用書を現金と引き換える「手形引受業者」のシステムを利用した。ドイツ人商人は、最も大手で羽振りのいい人々を除いて、このシステムからほぼ完全に締め出されていた。[15]

ロロの本は、私立探偵業の登録制度と規制に関するいくつかの提言で締めくくられている。そこには利益相反を取り締まり、怪しい、あるいは不正な代理人が安売りによって良心的な代理人を市場から締め出せないようにする目的があった。彼の提案はひとつも採用されなかったばかりか、少し言葉を現代的に直せば、過去一〇年間に価値のない不動産担保証券にトリプルAの評価を与えた格付け機関に対する批判として出版されてもおかしくない内容だったということは、面白くもあり、残念でもある。一般的に言って、大規模商業詐欺から社会が何を得るかは、社会が何に対して法的規制を設ける意志があるかによって決まる。

★01——『列王記・下』一二章一五節には、献金を分配された職人たちは「忠実に仕事をする者であったので」、王と祭司長は彼らに会計監査を要求しなかったと書かれている。『列王記』の作者がここで人を疑おうとしないことに私は驚きを禁じえない。

★02——赤髪のエイリークが広大な氷の大地に「グリーンランド」と命名する『グリーンランド人のサガ』は、ポヤイス国詐欺の大昔の先例と言えるかもしれない。しかし、これは意図的に誤解を与える宣伝なのか、それともエイリークによる一種のブランド戦略なのかははっきりしない。エイリークはグリーンランドについて多くの具体的な主張をしていないし、土地を売買できる機関があったわけでもなく、単にほかのアイスランド人がこの北西の島に入植して自分に仲間ができればいいと思っていたように見える。とにかく、『グリーンランド人のサガ』はそれが描写している事件の数百年後に書かれたもので、必ずしも信頼に足る証拠にはならない。

★03——ジェシー・L・バイヨック著『アイスランド・サガ——血讐の記号論』(柴田忠作訳、東海大学出版会)。

★04——例外はバーバラ・「ゴールデンブーズ」・エルニ、ボストン・レディーズ・デポジット・カンパニーのサラ・ハウ、そしてウィメン・エンパワリング・ウィメンというピラミッドスキームの正体不明の発起人である。金額の点でイギリス最大の有罪判決を受けた女性詐欺師マリア・ミカエラは、厳密な意味での商業詐欺師でさえなく、単に架空の住宅ローン申請をしただけである。

★05——ギリシア人がトーガを着ていたかどうかに関する問い合わせは、それについて関心のある人に送ってほしい。

★06——ジョナサン・リーバイは著書『富の怪物 Freaks of Fortune』の中で、不確かな可能性の一般的な結果を表す日常語としての「リスク」は、海運業と保険業に起源を持つ専門用語が、比較的近代になってロイズ・コーヒーハウスなどの保険市場で売買される商品の名前として取り入れられたものだと指摘している。

★07——しかしインカ社会には比較的発達した会計制度があった(キープと呼ばれる紐の結び目を使い、政府の指示によって運営される経済を管理していた)。社会が技術的に発展するにつれて、詐欺の形式も発達したかもしれない。ソビエト連邦がまさにそうだった。

★08——ハンフリーではなく、「ハンフェリー」である。

★09——厳密に言えば、ヴィクトリア女王(および夫君のアルバート公)はロンドン療養基金年金協会貯蓄銀行の後援者であり、取締役会自体には加わらなかった。しかしウェリントン公爵は取締役だった(本人はまったく知らず、許可してもいなかった)。これらの興味深い話は、主にジョージ・ロブによる『近代イギリスのホワイトカラー犯罪 White-Collar Crime in Modern England』から引用した。

★10——ウィリアム・メイクピース・サッカレーによる『サミュエル・ティトマーシュの生涯 History of Samuel Titmarsh』では「ウェスト・ディドルセックス」という社名に変えられている。

★11——ときにはひとりの人物がこれらの性質を兼ね備えていた。ロロは「社会民主党」指導者のふりをしたポペルトというドイツ人詐欺師が「八か月の重労働を科される手助けをした」と自慢した。

★12——文字どおり「飛んで」来るわけではない。この本が書かれたのは一八九五年だ。

★13——もちろん、これは大英帝国の最盛期である。ロンドンは全世界の半分に向けて輸出される商品の最初の積み出し港だった。製造業者の中には詐欺師を避けるために家族をイギリスに住まわせ、権利が侵害されないように監視させる者もいた。たとえばフリードリヒ・エンゲルスもそのひとりである。

★14——私立探偵の報告書にはこうした内容のほかに、この商人の妻が良家の出身かどうか、まもなく遺産を相続する可能性があるかどうかがつけ加えられた。当時の規範では妻が受け取る遺産は夫が自由に使える財産だと考えられていた。

★15 ——最も羽振りのいいドイツ人商人はシティとマーチャントバンクの心臓部に入り込む方法を見つけた——たとえばシュローダー、クラインウォート、ベアリングといった名前である。

第九章 市場犯罪

法の究極の目的は、社会の安寧である。

——ベンジャミン・カードーゾ『司法過程の性質 The Nature of the Judicial Process』

すべてが順調で常に一流の大型金融取引の仕事を好む投資銀行家がいる。スキームを練り、業界最大手の企業に合併と買収について助言し、電話一本、パワーポイントのスライド一枚で資本主義社会の様相を変える仕事はさぞかし気分がいいだろう。しかし、日々の現実はもっと単調だ。宇宙の覇者でさえ印刷室のスタッフがいなければ何もできない――グラフィックデザイナー、植字工、編集者たちの努力がなければ、魔法は実現しないのだ。

ジョン・フリーマンはそのような働き蜂[★01]のひとりで、クレディ・スイスやゴールドマン・サックスのような銀行で派遣社員として働いていた。彼はニューヨークで暮らす人間の典型で、将来性のない仕事を複数かけ持ちしてやっと生活していた。人気レストランのブラッスリー・レ・アールでウェイターとして働き、フィリップ・モリスでデータ処理の仕事をした時期もある。一九九七年に、ジョンのライフスタイルはやや上向きになりつつあった。当時多くのアメリカ人がしていたように、株に手を出しはじめさえした。しかし、投資はあまりうまくいかず、彼はAOLチャットルームで「ヘッドストロング・グループ」と呼ばれる会社（安全ヘルメットを製作していた）に投資する人々が収益率の低さを嘆いているチャットルームに出入りするようになった。

ネット民が略語の「LOL」［Laughing Out Loud（大笑い）の略で日本語の（笑）のように使われる］を流行らせ、サイバーセックス［チャットを介して官能的メッセージを送りあって性的興奮を得る行為］に興じていた頃、ヘッドストロング・グループ株のチャットルームではジョンの派遣仕事が話題になった。メッセージにウィンクの顔文字がついていたかどうかわからないが、誰かがこんな案を出した。ジョンは銀行が企業買収交渉に使うパワーポイントスライドを作っているから、買収予定の会社の名前をAOLで漏らしてくれたら、いいニュースが発表される前に株を買えるんじゃないか。

ジョン・フリーマン自身は株式投資をしていなかった――元連邦準備制度理事会議長のアラン・グリーンスパンが「根拠なき熱狂」という表現を広めて以来、株式市場は危険すぎると思っていたし、金もなかったからだ。しかし、取引利益の一〇パーセントの手数料と引き換えにネット上の友人に手を貸すのは悪くないと思った。まもなくもっと情報がほしいと頼まれるようになり、彼は夜遅く建物の中をうろついて人の机をのぞき見したり、シュレッダー用のゴミ箱をあさったりした。チャットルーム以外にもネットワークを広げ、レストランで働いていたときの同僚数名を仲間に入れた。

チャットルームの仲間たちはあまり用心深いとは言えなかった。証券取引所の職員と証券規制当局は、当時でさえ買収発表があると、過去数日間の取引記録をざっと見て、発表前に誰が株を買ったかを調べる習慣があった。ケンタッキー州ボウリング・グリーンにあるひとつの株式ブローカーのオフィスが二三件も連続して買収前にかなりの株を買ったことが判明すると、さすがにおかしいと疑いを持たれた。チャットルーム仲間のひとりは自分が住む町で友人と親戚に情報を流しはじめた。企業買収を描いた映画『ウォール街』で投資家ゴードン・ゲッコーが使ったコードネームにちなんで、フリーマンの一味が彼らの取引口座を「ブルーホースシュー・インベストメント」と名づけたことも事態を悪くした。二〇〇〇年までに、彼らのネットワーク全体が摘発された。

興味深いのは、この種のインサイダー取引は比較的近代的犯罪だという点である。アメリカでは一九三四年にインサイダー取引が禁止されたが、イギリスでは一九八〇年まで合法で、ニュージーランドでは一九九八年にようやく禁止された（そのときでさえニュージーランド国民はインサイダー取引を民事ではなく刑事事件にするのを先延ばしにし、刑事事件となったのは二〇〇八年だった）。それだけでなく、犯罪捜査当局はそれが誰に対する犯罪なのかを決めかねてさえいた。世界の大部分で、インサイダー取引は十分な情報を与えられずにインサイダーを相手に株を売買した投資家を被害者とする犯罪として規制されている。しかしアメリカでは、インサイダー取引は会社の知的財産の窃盗として扱われる。情報の取引が非合法なのは、厳密に定義された「インサイダー」を情報源とし、報酬と引き換えに情報を入手した場合にかぎられている。★02 経験豊富な投資家でさえ、ときにはこの条件に抵触する場合がある。アメリカではそれに基づいて行動してもまったく問題ない情報が、ロンドンで株式取引をする場合には完全に非合法になるからである。

アメリカ以外の国々で定義されるインサイダー取引は、より厳格で、ほとんど世界中の証券取引所で禁止される犯罪の一種とみなされている。これは不利な立場に立ちたくない世界的大投資家の要望に応えた結果である。しかし、これらの法律が発達した歴史を見れば、それらが「投資家保護」の旗印のもとに成立したにもかかわらず、実際には国内市場に占める国際投資の割合を増やす目的に基づく純粋な商業的判断なのは明らかである。

ヴィクトリア朝の鉄道創設者の時代から二〇〇二年にサーベンス・オクスリー法が制定されるまでに、買い手が危険性を負担すべきであるという「買い主の危険負担」の原則は次第にすたれたが、それは西側世界の倫理的発達によるものではない。いつでも現金化して投資に回せる投資可能資産が大衆市場に広がった結果、資本市場の運営者が株式プール［トレーダーのグループが特定銘柄を共同で取引する行為］や企業買収の噂を利用して人々から金を巻き上げるのをやめれば、より多くの投資可能資産を資本市場に呼び込み、取引手数料と運用報酬によって人々から金を取って、さらに稼げると理解したためである。

株式市場の個人投資家が、自分たちにも利益を得るチャンスがあるはずだと期待するのは当然だ。逆に、彼らが期待外れなまがい物ばかり組織的につかまされれば、貯金の別の使い道を考えるか、ギャンブルに使うかのどちらか、または両方だろう。大物ファンドマネジャーとコンピュータープログラムによる高頻度の自動取引が可能な現在でさえ、個人投資家は一般に考えられている以上に重要である。

専門家から見ると、個人投資家はとてつもなく魅力的な資産を持っている――彼らはダム・マネー（愚かな金）［知識の足りない投資家の意味］なのだ。個人的な情報を持っている可能性が低いだけでなく、多くの場合、公開されているすべての情報をしっかり考慮しようとさえしてこなかった。取引相手が個人投資家（あるいは個人向け証券会社によって「ひとまとめ」にされた国内の個人投資家からの大量の注文）の場合、あなたに株を売ろうとしている人物があなたの知らない何かを知っているというリスクは、あまり心配する必要がないと考えていい。

そういうわけで、個人投資家の注文は市場にとって非常に価値がある。今日、株式委託手数料が非常に安い理由のひとつは、個人投資家のありがたさに個人向け証券会社がようやく気づいたからだ。個人向け証券会社は自社のオーダーフロー［買いと売りの注文の流れ］を利用して取引する権利を高頻度取引トレーダーのようなトレーダーに与えて、高額な報酬を請求し、その報酬の一部で顧客の取引手数料を払い戻すという方法で手数料を下げている。しかし、顧客が大きな損失をこうむったり、公平なチャンスを与えられていないと感じたりすれば、個人投資家の注文はいずれ途絶えてしまうだろう。車輪を円滑に回す潤滑油となる「ダム・マネー」の着実な流入がなくなれば、プロのトレーダーは売買の裏に隠れた意図を常に探り合い、取引するのははるかに難しくなるだろう。

そういう理由で市場そのものが個人投資家重視を打ち出した結果、インサイダー取引の禁止が進んだ。競馬で出走前の馬にパドックを歩かせて、どの馬も足を引きずっていないことをお客に披露する習慣にやや似ている。

ある意味で、証券市場は平等な参加者同士が競う需要と供給の公平な戦場であるべきだという道徳的感覚は、インサイダー取引が違法であるという事実から逆に作られたものかもしれない。この点に一貫した倫理基準は存在しない――下着を買うとき、デザイナーのカルバン・クラインが自分たちより公正価格をよく理解しているという事実に真剣に異議を唱える人はいないだろう。[★03] 法が犯罪を作るというより、むしろ市場犯罪を定義するのは、それが人々の正当な期待に反する罪だという事実であり、状況が重要な意味を持っている。たとえば市場の公正な競争を維持・促進する法の機能の大半は、各業界において正当な期待とは何かを明らかにし、その期待に違反していないかどうか判断する働きである。カルテル事件の捜査に時間がかかり、多数の専門家の手を借りる必要があるのはそのためだ。不正なカルテルの明確な例を見つけるのが比較的難しい理由もそこにある。

❖——カルテル

大企業の上級管理職が部下の中間管理職に対し、法に反する行為をしてはいけないと伝えるのは、不正な価格協定の場合はかなり難しい。ジョン・ブルックスは、著書『人と企業はどこで間違えるのか？——成功と失敗の本質を探る「10の物語」』(須川綾子訳、ダイヤモンド社)の中で、不運なジン氏の話を紹介している。ジンはゼネラル・エレクトリック社(GE)でテネシー川流域開発公社への発電機販売業務を担当する管理職で、競争相手はウェスチングハウスなど多数の発電機メーカーだった。

ジンは会社から、従業員は競合他社と価格について同意することはおろか、情報の共有さえしてはならないという社の規則に同意する文書に署名を求められた。署名したあとで、ジンはシニアマネージャー（パクストン）に、この規則を守らなければならないのかと尋ねた。パクストンはそのとおりだと言い、返事をするときに（ジンが驚いたことに）ウィンクしなかった。ウィンクするつもりだったのかと聞くと、パクストンはウィンクするつもりはなく、自分は重要な方針を指示するときにウィンクするGEのやり方が嫌いで、ジンは会社の方針を確実に遵守すべきだと答えた。

それまでのやり方と違うパクストンの指示に混乱して、ジンはほかのふたりのシニアマネージャー、フェアマンとアーベンの指示をあおいだ。ふたりともパクストンを堅物呼ばわりし、これまでどおりGEと競合他社の代表が出席する定例会に出席するようジンに命じた。ジンはこれで会社の方針が正確に理解できたと安心して、いくつかの会議に出席し、そこで入札額が協議され、最低価格が決められた。協定を尊重しなかった会社は特別会議で「つるし上げ」られ、申し開きをさせられた。数か月後、ジンがこのいきさつをパクストンに打ち明けると、パクストンは彼を大馬鹿者とののしって、昇進させた。

昇進したジンはニューヨークに呼ばれ、GEの取締役会長、ラルフ・J・コーディナーと面会した。そこでコーディナーは決してあいまいな行動をせず、価格協定に関する社の方針を厳守するように明確に指示した。会長の命令はこの上なくはっきりしていたので、ジンはすぐにアーベンのオフィスに行って説明を求めた。アーベンは、会長が言いたかったのは「これまでどおりのやり方を続けろ、ただし慎重に」という意味だと説明した。

このすべてのいきさつは議会の聴聞会で暴露されたが、GEとその弁護士たちは、GEにはシャーマン反トラスト法を遵守し、尊重する強い企業文化が根づいていると主張した。この見解は退けられ、GEでのジンのキャリアは数週間の刑務所行きとともに終わった。

GE(と競合他社)の行動は、必要不可欠な発電機の価格を「正常な」競争があれば抑えられた価格以上につり上げて、アメリカの公的資金に数百万ドルの損害を与えた(価格協定のシステムは十分組織化されず、協定はしばしば破られたため、この事実は簡単に確認できた)。★04 しかし、顧客である自治体が、この金は自分たちのものだと主張する権利は本当にあったのだろうか? 法的な見解は明快で、権利はあった。しかし、問題の法律が成立したのは比較的最近である。シャーマン反トラスト法は、工業時代になってからしばらくたって、一八九〇年にようやく成立した。

ビジネスマン同士が結託し、一般大衆を犠牲にして価格をつり上げる傾向は早くから認識されていた。アダム・スミスの『国富論』(山岡洋一訳、日本経済新聞出版)には、「同業者が集まると、楽しみと気晴らしのための集まりであっても、最後にはまず確実に社会に対する陰謀、つまり価格を引き上げる策略の話になる」という有名な一説がある。今日では、革新主義時代[一八九〇―一九二〇年代にかけて社会と政治の改革が進んだ時代]の知的闘争は反カルテル側の完全勝利で決着しているため、価格協定の慣行がいつでも倫理的な問題として悪臭を放っていたわけではないと考えるのは難しい。

しかし、それが倫理問題化したのは驚くほど最近である。前述の有名な一説に続いて、アダム・スミスはこう言っている。「こうした集まりを法律で禁止しようとしても、取り締まりができないか、そうでなければ自由と公正を侵害する法律になる」。商人同士の話し合いには問題があると考える点で、アダム・スミスは当時の倫理観の最先端にいた。それより前の数世紀には、人々の感覚は正反対だった——仲間の商人より安く品物を売る商店主は恥知らずだと考えられていたのである。スミスからおよそ一世紀後に書かれたマルクスの『資本論』でも、「正規の値段」で売るパン屋が「安売り」する競争相手を議会の調査委員会に訴えたという話がある。カルテルの禁止は、実はほかの種類の詐欺とは明確に異なる市場犯罪対策の一例である。カルテル禁止法の目的は経済全体のよりよい運営であり、その法的根拠は被害者固有の権利ではなく、社会の全体的利益だ。

カルテルを結成する犯罪のもうひとつの特徴は、合法的行為と不正行為の境界線があいまいで恣意的だという点にある。ジンと仲間たちはホテルの一室に集まり、次の入札で誰がいくらで最低価格入札者になるかを決めたために刑務所行きになった。しかし、もっと巧妙に組織されたコミュニケーション手段は完全に合法か、専門的な競争当局によって犯罪というより民事上の問題と判断される。

たとえばイギリスのガソリンスタンドは、ひとつの地域でひとつの価格にまとまるように、暗黙の合図を使って価格を操作したと独占禁止委員会（一九八〇年代の名称）に認定された。あるスタンドが一ペニー値上げすると、ほかのスタンドはそれに追随するか、反対を表明するために一ペニー値下げする。市場シェアを獲得したいスタンドのオーナーは一ガロンにつき数ペニー値下げする可能性があるが、近隣のスタンドのオーナーがそれに対抗できないと感じた場合、この競争力のあるスタンドの野心に「罰を与える」ために、さらに値下げした。小売スタンドにガソリンを供給する石油会社は、この勝負を容易にするために「差別的価格維持」［企業が競争を優位にするために相手によって異なる価格で売る行為］を提供する習慣さえあった。この勝負はトランプのブリッジで使われるエーコールというビッディングシステムに似た方法でプレイされているように見える。差別的価格維持の慣行は最終的に禁止されたが、犯罪行為とはみなされなかった。

会社が競合他社と協力せざるをえない理由は、初歩的な経済学で説明できる。価格理論を学ぶ人が最初に証明を覚えなければならない項目のひとつに、競争市場では製品一単位の価格は限界費用――長期的に生産を続けている生産者が製品をもう一単位追加して生産するときにかかる費用――に等しくなる[★05]という理論がある。しかし固定費や間接費などがあるため、限界費用が製品一単位を生産する平均費用に等しくなることはめったにない。これは初歩的な経済学が役に立つ珍しい例だ。固定費が高く、限界費用が低い業界（航空業界やメディアなど）では、競争力のある価格が間接費をカバーできない水準まで下がると、その価格に対抗できない多くの会社が破綻する。

この問題がそれほど強い影響を及ぼさない業界でさえ、常に市場シェア目標と収益性目標のあいだに大きな厳しい対立が存在する。相反するこのふたつの目標の釣り合いをうまく取ることが、戦略的マネジメント技術の少なくとも半分を占めていると言っても過言ではない。この対立を緩和する最も明確な方法のひとつは、価格引き下げ競争の風潮を減らすことだ。その方法は数多くある。最も有意義で社会的に価値のある方法は、製品の改善、または効率性の向上によって利益を上げられるようにすることである。その対極に秘密の会合と価格協定がある。合法的行為と不法行為のあいだの線引き――そして単なる禁止行為と実際の犯罪のあいだの第二の線引き――は、システム全体の認識された利益のために決定される政治経済的判断である。消費者が負わされるコストがいかに大きかろうと、それはカルテルについても当てはまる。また、別の領域の企業犯罪についても同じことが言える。それは詐欺が暴力犯罪になるもうひとつの事例であるにもかかわらず、市場犯罪とみなされる種類の犯罪(一般的に民事事件として裁かれる)である。

❖――有毒廃棄物不法投棄

ティノ・デ・アンジェリスのベイヨンの施設からおよそ二四キロメートル、そしてティノの友人のジョー・ロムシオがティノのサラダオイル詐欺のタンクを拡張して運営していたハーバー・

タンク・カンパニーからおよそ六キロメートル離れたニュージャージー州エッジウォーターに、ハドソン石油精製会社が所有するもうひとつのオイル貯蔵タンクがあった。この会社はアメリカを代表するリサイクル石油製品製造業者のひとり、ラス・マーラーが経営していた。何年ものあいだマーラーは米軍機と軍艦から石油と燃料を取り出し、それを再精製して不純物を取り除き、エンジン用の潤滑油として販売していた。

これは何年間もいい商売になった。サラダオイル王が隣人だった時期に、ラス・マーラーが何か悪事を働いていたという証拠はない。しかし、一九七〇年代の終わりに近づくにつれて、事業は困難になった。エンジンオイルが進歩した製品に変わったためである。新製品のエンジンオイルには性能を上げる添加物が加えられていた。そのため、安価な再生オイルの価値が下がっただけでなく、添加物自体が精製工程の邪魔になり、再生オイルから利益を上げるのが難しくなった。

再精製業者は、品質が悪くなかなか売れない大量の潤滑油と、シアン化物、ＰＣＢ、重金属などを含む少量のとてつもなく有毒な産業廃棄物を抱えることになった。まだエンジンオイルを買ってくれる残り少ない顧客に製品を売って得られるはした金では、産業廃棄物を安全に処理する費用の採算が取れなかった。そして時代はまだ規制が厳しくなる前だった。

一九七六年に資源保全回収法が施行されると、環境保護庁は規制を厳格化して州ごとにばらばらだった既存の規制を上回る連邦基準を制定し、特に廃油の処理に対する国家基準を設ける必要が生じた。再精製時に出る副産物の処理にますます金がかかるのは避けられなかった。それからまもなく、下水システムに有毒物質が検出されはじめた。

ラスはニューヨーク州シラキュースで別のタンク会社を経営していた。このタンク会社のすぐ下流の位置にある下水ポンプ場では、そこから流出する下水を監視する機器がラス・マーラーの部下によって継続的に不正に操作されていると指摘されはじめた。不正操作防止機能つきセンサーを設置すると、一週間におよそ一八二キロリットルのシアン化物、ベンゼン、トルエン、キシレンが下水システムに投棄されていたことが判明した。ラスはカナダの工場からシアン化物を輸入さえして、それをシラキュースの下水に流していたのだった。

この事件でラスはニューヨーク州環境管理局から事業許可を取り消されたが、それで懲りる人間ではなかった。エッジウォーターにあるハドソン石油精製会社の主要なタンクからおよそ一六〇キロメートル離れたペンシルベニア州ピッツトンに、廃鉱山の立坑があった。ラスの部下がこの穴に総量およそ一万三六四〇キロリットルの有毒廃棄物を投棄した。有毒物質は数年かけて水路に滲出し、一九七九年にサスケハナ川の汚染が発覚した。ニューヨーク、ニュージャージー、ペンシルベニアの三州の当局はラスが新しい候補地を見つける前に投棄場所を閉鎖するべく奮闘した。ところがロナルド・レーガンが大統領に選出されると、ラスにとって思いがけない幸運が舞い込んだ。

議会は実際に廃油がどれほど環境に有害なのかを「さらに調査するまで」、廃油をＥＰＡ（環境保護庁）規制から外す法律を制定（一九八〇年）した。罰金を支払い、ピッツトンの立坑を閉鎖したあと、ラス・マーラーはクアンタ・リソーシズという新しい石油会社を立ち上げた。この会社は同じ経営者、従業員、資産を引き継いでいるが、一九七六年に営業停止になった連続汚染犯の会社とは一切関係がないとニューヨーク州当局をどうにか納得させた。

一方、暖房用オイルの価格は、特にニューヨーク市で値上がりしつつあった。潤滑油の再精製事業はますます厳しくなるのに対し、暖房用オイル事業は本物の金のなる木になりそうだった。廃油は二束三文で手に入った――廃油を安全に処理するには費用がかかるので、特に使用済み潤滑油の容器に有毒廃棄物を紛れ込ませてＰＣＢとダイオキシン問題を片づけていた過去がある人々は、実質的に金を払ってでも廃油を業者に引き取らせたからである。廃油に暖房用オイルのラベルを貼りなおすだけで、利ざやは莫大なものになった。利ざやを三倍にするために必要なのは、ダイオキシン、発がん性物質、重金属の混ざった廃油を地球上でもっとも人口密度の高い大都市に送り、燃焼させて大気中に有毒物質をまき散らすことへの良心の呵責に平気で耐えられる図太さだけだった。

ニュージャージー州には使用済み潤滑油を危険廃棄物として扱う厳格な規制法があったが、ペンシルベニア州にはそれがなかったため、この不正行為はいっそう容易だった。取引は三つの地点を結んで行われた。廃油をニュージャージー州で手に入れ、州の規制をしっかり守って、車で三時間の距離にあるペンシルベニア州に輸送し、ラベルを貼り換え、ニュージャージー州では危険廃棄物として扱われていたとはおくびにも出さずに暖房用オイルとしてニューヨークに送る。しかし、すべてのオイルが燃やされたわけではなかった。ダイオキシンで汚染された暖房用オイルのうち数キロリットルは、ミズーリ州タイムズビーチの未舗装の道路にうっとうしい砂ぼこりが舞うのを防ぐために散布された。その結果、環境保護庁はタイムズビーチの家屋を一軒残らず買収し、この町をゴーストタウンとして放棄せざるをえなくなった。

最終的に、ラス・マーラーの悪行は自分にはね返った。サスケハナ川を汚染した罪で一年間収監され、マーラーが販売していた燃料オイルのテストを委託するべきだとマスコミに密告されたあと、クアンタ・リソーシズは倒産した。マーラーは環境犯罪で収監された比較的数少ない犯罪者のひとりとなった。

有毒廃棄物の不法投棄は決して軽犯罪にも形式犯［法益の侵害の有無を問わず、規制への形式的違反行為があれば犯罪になるもの］にも見えない——それは現存する最も深刻な企業による暴力犯罪のひとつであり、被害を受けた人々の規模を考えると、死者数の点ではマフィアによる最悪の逸脱行為をはるかに超えるのはほとんど間違いない。★06 しかし、これは一種の詐欺（しばしば安全証明書の偽造という別の詐欺を含む詐欺）であり、詐欺の一種として、本質的に市場犯罪である。それどころか、この種の企業暴力を市場犯罪に含めることによって、市場犯罪は「形式犯」であり、「被害者がいない」犯罪であるという読者の誤解を解けるだろう。市場犯罪には、これまで不正行為の犯罪という名のもとに実行された行為の中で、最も情け容赦ない卑劣な行為が含まれている。

よく知られているとおり、完全に合法的に実行されても、現代の製造物の中には製造、使用、廃棄によって多数の死者を出すものがある。たとえば自動車産業は毎日数千人の避けられたはずの死の原因となっているが、犯罪として裁かれるのはフォルクスワーゲンの「排ガス不正」問題のような事件が起きたとき、そして経済的利益と人的損失のトレードオフに基づく決断を求められる組織によって制定された具体的な規制をかいくぐる計画が実行されたときにかぎられる。実際に、大衆が容認できるレベルの危険がどの程度のものかという判断は、政治的なものだ。異なる場所で、損失と利益の異なる評価に基づいて判断されれば、異なる結果が出る――これが市場犯罪の明確な特徴である。ラス・マーラーは廃油投棄に関する連邦規則が存在せず、各州の当局がお互いに協力し合わなかったという事実を利用して利益を上げた。

産業公害犯罪について考えるとき、私たちは実際に具体的な損害を受けた人だけが被害者だと思いこむ傾向がある。実際には被害は有毒物質を含む雲の範囲を超えて広がっている。公害事件に内在する市場犯罪は、私たちが環境コストと経済的利益の釣り合いを取るために用いる枠組み全体への攻撃だ。経済全体のコントロールシステム、信頼のネットワーク、そして産業経済社会を住みやすいものにするための協定に対する犯罪なのである。

あらゆる種類の詐欺師は、信頼のネットワークをむしばみ、市民社会の通常の制約を無視して行動する。そして「雪だるま式」に膨張する詐欺の性質上、いったんこのコントロールから脱け出すと、不正に得た利益はさらに不正な事業に再投資され、事業は複利で成長するだろう。生物学的に言えば、システムの一部が通常の自主規制のメカニズムを逸脱し、無制限に増殖をはじめたとき、それは癌と呼ばれる。コントロールされないかぎり、不正な事業組織は公正な事業組織を凌駕し、事業から撤退させてしまう。そうすることで彼らは利益を生み、その利益がシステム全体を腐敗させるために必要な資金として再投資される。とめどない腐敗は現実に起きる可能性があり、そうなれば社会全体に損害を与えるだろう。

もっと典型的な市場犯罪の例は、さらに被害者がいないと感じられる事例である。有毒廃棄物の投棄にはなんらかの規制がなくてはならないという点に多くの反論はないが、商業への介入と消費者の権利のあいだのどこで線を引くかという点には議論が多い。市場が空気と水の品質を規制できると本気で考えるのは、思想的に純粋なリバタリアンと呼ばれる人々だけだろう。しかし、市場犯罪が行われたにもかかわらず、怒りの感覚がちっともわいてこない状況もありえる。ときには市場がみずからの規律を守るために作った規則の中に、不利な立場に置かれた人々に対する明白な不平等が含まれている場合さえある。

❖――ピグリー・ウィグリー株の買い占め

テネシー州メンフィスのクラレンス・サンダースは、盗難の被害にあわないようにする用心と、物事を少し面倒にすることによって失う営業利益のあいだにトレードオフの関係があることを誰にも負けず劣らずよくわかっていた。彼は自分が創立したピグリー・ウィグリーという名のチェーン店で、それまでのように顧客をカウンターで待たせて店員が商品を持ってくるやり方をやめて、現代のセルフサービスのスーパーマーケットを発明した。彼は広告で顧客の正直さを褒めたたえ、「虐げられた無垢な人々がなぜ疑いの目で見られるのか」という修辞疑問によって顧客への信頼を示した。もっとも彼が作った店主のためのマニュアルは、万引きの発見と防止に七ページを割いていた。彼の考えでは、盗難は食料品店の経営に含まれるコストのひとつだが、決して最大のコストではない。競争相手より価格を下げればピグリー・ウィグリーに顧客が集まり、全体的に見れば利益が出るはずだとサンダースは考えていた。

「目減り」★07（万引きを食料品店業界では婉曲にそう呼んでいた）による損失よりサンダースを悩ませた最大の問題は、ピグリー・ウィグリーでは店員が商品を持ってこないので、顧客にそれを受け入れてもらうために買い物しやすい店にすることと、人気商品を棚から切らさないようにすることだった。店員が商品を取りに行けば自然と在庫の減少に気づくが、店員がいないピグリー・ウィグリーでは商品の発注システムを管理する必要があった。この問題を解決するために、サンダースは人間工学的に理にかなった管理方法を考案し、それに感銘を受けた人々が世界中から視察にやって来た――最小限の在庫と「ジャストインタイム」方式の発注システムを学ぶために彼の店を訪れた人々の中に、トヨタの創立者、豊田佐吉と喜一郎がいた。

ピグリー・ウィグリー・ストアーズ・インクが一九一九年にシカゴ証券取引所に上場したとき、大評判になったのは当然だった。三年後に同社が新たに株式を発行し、ニューヨーク証券取引所に移転するとほぼ同時に、問題が発生した。ピグリー・ウィグリー・ストアーズ・インクは一九二二年六月に取引を開始し、一一月にトラブルに巻き込まれ、一九二三年にサンダースはいくつかの誤った判断をした結果、自分の会社を失った。

会計詐欺について述べたときに言ったように、株式市場はすっきりした話を好む。それは市場が毎日扱わなければならないほとんど無限の多様な情報に対処するための方法なのだ。明快な物語(「全国展開するセルフサービスのチェーン店、ピグリー・ウィグリーを買おう!」)を持っているはずだと思われながら、実際にはそうではない会社にとって、これはしばしば災難となる。

人々が株を買えるピグリー・ウィグリー・ストアーズ・インクは、ピグリー・ウィグリーの名前の所有権を持っていなかったし、サンダースのアイデアに対する特許も持っていなかった。それらを所有していたのはピグリー・ウィグリー・コーポレーションで、この会社はクラレンス・サンダースと数人の投資家の友人グループが所有していた。ストアーズ・カンパニーはピグリー・ウィグリーの新店舗を出す権利を保有し、その権利をさまざまな地域の個別の投資家に売った。ストアーズ・カンパニーは一九一九年までにクラレンス・サンダースがフランチャイズ化した三〇〇店のピグリー・ウィグリー店舗の半分以下しか所有していなかった。そこで、ある株式投資家が自分の町の目抜き通りを歩いてコーヒーとベーコンを買いに行くとすると、その人は自分が向かっているピグリー・ウィグリーが、自分が株主になっている店舗のひとつなのか、ライセンス契約を通じて間接的な利害関係のある店のひとつか、それともまったく所有権はないが、彼が投資しているストアーズ・カンパニーと同様にクラレンス・サンダースに同じロイヤルティを支払っている店のひとつなのか、必ずしもわかっていなかった。もちろん、すべてがうまくいっているときは、知らなくてもほとんどなんの影響もなかった。

しかし、物事はうまくいかなかった。数年前にニューヨークにあるピグリー・ウィグリーの数店舗をフランチャイズ契約したエリオット・ビジネス・ビルダーズ社が、一九二二年一一月一八日に破産した。「ピグリー・ウィグリー」と「破産」を結びつけた当時の新聞の見出しは投資家を恐れおののかせ、株価は暴落しはじめた。この時点でクラレンス・サンダースは、当時は間違いなく賢明だと思われた行動をはじめた。

株は信用取引で売買される。証券取引所で取引をすると、買い手は数日後に現金を支払い、売り手は数日後に株式を渡す。[★08] この取り決めは企業間信用に似たところがある。企業間信用は必要な管理上の便宜であり、お気づきのとおり、あらゆる種類の不正行為の温床でもある。株式市場では十分な支払い資金を持たずに株を買う行為を「マージン取引」〔基本的に信用取引と同じで、証券会社から融資を受けて株を買うこと〕といい、所有しない株式を売る行為は「空売り」という。どちらの場合も、「決済日」前に現金または株を手に入れておかなければならない。もちろん、現金を手に入れるには借金するか、何かを売るわけだが、ピグリー・ウィグリー株はどうすれば手に入るだろうか？

その答えこそクラレンス・サンダースの不幸の元凶だった。証券会社のコミュニティは株を共同でプールし、必要なときはそこから借りて、[★09] 空売りする人が株を手に入れられるようにする。どんな株でも売り注文と買い注文は日によって大きく変化しないから、[★10] 何か異常事態が起きないかぎり、借りるためにプールされている株の数は毎日ほぼ安定している。

異常事態とは、たとえばおそらくある会社の名前と「破産」という言葉を新聞が並べて見出しに載せたせいで、基本的に健全な会社にプロのトレーダーが「売り崩し」〔特定の銘柄の株価を下げる目的で大量の売り注文を出す行為〕を行うような状況である。空売り筋はプールされている株を借り、ピグリー・ウィグリーに襲いかかった。彼らの目的はもちろん、株価がかなり下がるまで待ってから株を買い戻し、借りた株を返して、株の引き渡し義務を果たすことである。

売り崩しは、それだけでは借りられる株式プールの大きさにあまり影響を与えない。空売り筋が借りた株を売るときは、株式プールを保有している同じブローカーに売るからだ。結局、同じ株式プールを担保にした借用書――未来のある時点で株式プールに株を返す義務――が増えるだけである。株式プールの規模が縮小するのは、誰かが――たとえばクラレンス・サンダースが――株を買いはじめ、自分のブローカーに株を手放さないように指示したときだ。

こうなると、空売り筋に株の返却を義務づける借用書の束は、その義務を履行するために借りられる株式プールの大きさを超えてしまう。さらに空売りを推し進めれば、株式プールは完全に使い果たされて、もう株を手に入れることができなくなる。そうなると、空売り筋は非常に困った立場に立たされる――株を返却する義務を負っているにもかかわらず、その手段がまったくないからだ。借りることができないなら、買わなければならない。しかし、かつて株式プールに入っていた株は、今ではすべてひとりの所有者が握っていて、文字どおり自分が希望する価格を指定できる。この状況を英語では「コーナー（corner）」と呼ぶ。「市場の独占」を意味する言葉で、空売り筋が隅（corner）に追い詰められる状態を比喩的に表している。

クラレンス・サンダースは狂騒の二〇年代で最も有名な相場師、ジェシー・リビングストンの入れ知恵で動いていた。もちろん、サンダースはピグリー・ウィグリー・ストアーズ・インクのすべての株を自力で買い占める資金を持っていなかったから、自分の支配下にあるピグリー・ウィグリー・コーポレーションの資金をつぎ込んだ。さらに自前で金を借り、ピグリー・ウィグリー・コーポレーションが新しい借金をすることも許可した。ついには新株を発行し、九〇日間の分割払いののちに購入できる「予約販売」方式で一般に株を売った。

この戦略は見事に当たった。メンフィス出身の商店主がニューヨークの世慣れた紳士たちと彼らの土俵で戦って買ったのだ。最初に一株三〇ドル程度だったピグリー・ウィグリー株は一九二三年三月二〇日に最高値の一二四ドルまで上昇し、取引できる株がなくなったため[★11]、取引は停止された。クラレンスは過去一週間に自分に株を売った人々に、三時までに株券か一株当たり現金一五〇ドルをオフィスに届けるよう要求した。

そしてまもなくニューヨーク証券取引所の規制当局が介入した。

ここから先、読者は「かわいそうなクラレンス・サンダース」と同情しはじめるだろう。多くの点で、彼は大口投資家にひどい目にあった。しかし、この問題にかかわったほかのグループの観点から、当時彼らが持っていた情報に基づいて事情を見直してみる価値はある。ピグリー・ウィグリー・コーポレーションの資産を使ってピグリー・ウィグリー・ストアーズ・インクの株を買い、クラレンス・サンダース自身の利益のために株価をつり上げる行為は、実際には決して誉められることではない。率直に言って、それはコントロール詐欺のやり口に近い。株価をつり上げるための資金調達を目的として一般に株を売り、しかも「予約販売」にしたこともまた、決して倫理的とは言えない。予約販売で株を買った人は、サンダースによる市場の独占が終了し、株価が元の値段に下がるまで、購入した株を売れないからだ。一般的に、インサイダー取引の規制と同様に、人気のある銘柄の株が金持ちのインサイダーの暗躍によって好きなように操作されるのは、株式投資全体のイメージにいい影響を与えない。

こうした理由で、証券取引所は一九二二年に、市場独占を防止する手段を取る権限を取引所に与える規則を作った。クラレンス・サンダースはこの規則に抵触した最初の人物だった。彼の足をすくったのは刑事責任でも民事訴訟でもなかった。ただ決済期日が延長されただけだ。証券取引所は二〇日の三時までにサンダースに株を引き渡す予定を延長し、決済期日を二六日の五時とした。空売り筋は一週間の猶予を得た。

株の大半をアメリカ南部と中西部の個人投資家が所有していて、証券会社が地方支店を使ってニューメキシコ州アルバカーキからアイオワ州スー・シティまでの地域を縦横無尽に動き回れる状況では、一週間は十分に長い。「予約販売」によって一株五〇ドルで買った顧客のもとにブローカーが訪れ、彼らが二度目の分割払いをすませる前に、同じ株に八〇ドル払うと申し出た。株券がアメリカ中から怒濤のようにブローカーの株式プールへ戻ったとき、クラレンスは勝負は終わったと悟って、株の現金価格を一〇〇ドルに下げた。クラレンスはこの価格で五〇万ドルの利益を得たが、それは彼が個人的に借りた金の利子と手数料を支払うにはとうてい足りなかった。彼は買い占めたピグリー・ウィグリー・ストアーズ・インクの株だけでなく、もともと持っていた株、そしてピグリー・ウィグリー・コーポレーションの株も売らなくてはならなかった。それにとどまらず、特に他の役員たちが会社資産の使い道について追及しはじめ、クラレンス・サンダースは破産した。彼はゲームをして勝ったが、ルールが書き換えられたのである。

今日では、このような市場の独占は決してできないようになっている。誰かが株価を操作していると発覚すれば即座に規制当局が介入して制止し、帳簿を調査して、どの罪で告発するかを決める。これは典型的な市場犯罪だ。クラレンスは市価で株を買っただけで、彼と取引した人々は全員、自分の意志で、公明正大に取引していた。彼は誰もだまさなかった。実際に新聞広告を出して自分の意図を説明していた。しかし、市場は自分自身を守ろうとし、クラレンスの行動は人々が依存している一連の経済制度に損失をもたらす可能性があった。クラレンスにとってひどく不運なできごとだった。彼は別の投資家を見つけて、新しいアイデアで食料品店業界に復帰した。一九五三年に死亡したときは自動食料品販売機「キードゥーズル」の特許を取得する手続きの途中だった。しかし、彼が一〇〇〇万ドルの金を借りてウォール街に教訓を残す結果になっていなければ、もっと裕福で幸せな最期を迎えられたに違いない。

★01——余談だが、会社のために働き続ける人を指して「corporate drone（会社の雄蜂）」というのはナンセンスだ。雄蜂は巣にいるだけで働かないからだ。働くのは働き蜂［生殖能力のない雌の蜂］である。「会社の雄蜂」は会社の女王蜂と生殖行為をするためだけにいるのかもしれないが、そんなふうに経営されている会社を私はひとつも思いつかない。

★02——もちろんこれは単純化しすぎだろう。アメリカの裁判所はしばしば個々のケースで解釈が分かれる場合がある。

★03——実際にカルバン・クラインは利益を最大化するために下着の価格を設定し、製造業者の「本当の」需要と供給の状況より自社の都合のために店ごとに日々価格を変える。基本的に、衣料品業界のあらゆる慣行は、ＬＩＢＯＲ規制当局を思わず逆上させるはずだ。

★04——価格が固定された発電機の大半は州と地方自治体に売られたが、市場にいるそれ以外の顧客にも理論上は損害を与えた。

★05——これを説明する方法はいろいろある。教科書に出てくる説明の数学的厳密さのレベルは、ばかばかしいほど単純なものから、単純にばかばかしいものまで千差万別である。しかし感覚的に理解するのは難しくない。製品一単位を増やすのにXドルかかるとしたら、その製品をXドルより安く売れないのは明らかだ。しかし、Xドル以上の値段で売ろうとすれば、誰かがあなたより価格を下げるだろう。だから価格はちょうどXドルに決まる。

★06——もちろん、マフィアによる死者とかなり重複している。悪評のある廃棄物管理会社はしばしばアメリカの組織犯罪ファミリーと重要な株式持ち合い関係にあることが判明した。処理が必要な死体がしばしばある場合は、買収による事業領域の拡大も必要だ。

★07——専門的には「目減り」は顧客による万引きと従業員による盗みの両方で生じる損失を含んでいる。クラレンス・サンダースはもちろん、従業員による盗みで困ることは少なかった。

★08——あなたがブローカーか、ブローカーと特別な取り決めができる大口投資家なら、そのとおりだ。あなたや私(あなたが私よりはるかに裕福なら別だが)は即金で支払い、ブローカーは無利子の信用取引ができる。一九二二年以来、決済期限がかなり短縮された点にも注意が必要である。

★09——とりわけ顧客はいつもせっかちで、ブローカーがたまたま手元に保有していない株の注文を入れてくるのが常だからだ。

★10——注文が増えたり減ったりするときは、安定するまで価格を動かせばいい!

★11——言いかえると、ブローカーが売買できる株がなくなった。すべての株はサンダースが所有しているか、株を持ち続けて満足しているごく普通の投資家が持っていた。

第一〇章

政府に対する詐欺

事例の中にはユーモラスなものも残念なものもあり、すべてが実例である。連邦政府職員として許しがたいもの、そして納税者として許しがたいものがある。

——米国防省による『倫理的失敗事例集 Encyclopedia of Ethical Failure』の序文より。

ブラッドレー・バーケンフェルドは山荘までの曲がりくねった道をピカピカの赤いフェラーリで駆け抜けた。冷蔵庫から完璧に冷えたシャンパンを取り出してアイスバケットに入れ、よろい戸を押し開けて目の前に広がるアルプスの景色を眺めた。つきあっているブラジル人のスーパーモデルを振り返ってほほえむと、山々を指さした。そして映画『オースティン・パワーズ』の主人公の声をまねて、「マッターホルンを見るとそそられないかい、ベイビー?」と言った。

彼は実際にこのとおりのことを言ったし、それを自慢げに自伝に書きもした。近年彼は心を入れ替えて慈善家として静かな生活を送っているが、自伝『堕天使バンカー——スイス銀行の黒い真実』(藤原玄訳、パンローリング)に描かれたバーケンフェルドの人物像は、明らかに人生の最良の何かを浪費した人間という印象を受ける。

私はどちらかといえば彼の人生の前半の仕事が好きだ。フロリダ州南部地区連邦地方裁判所[★01]を舞台に繰り広げられたアメリカ合衆国内国歳入庁(IRS)対UBS AGという名の法廷劇で彼が演じた役割は注目を浴びた。しかもこの劇はハッピーエンドで、ブラッドレー・バーケンフェルドは自由に使えるやましいところのない合法的な金として、七五〇〇万ドルをポケットに入れた。本書の登場人物の中には大金をせしめた者もいれば、収監された者もいる。法制度のいたずらによって、ブラッドレー・バーケンフェルドはその両方を経験した。

この件では、大金の出どころはアメリカ税務当局だった。政府には詐欺をたくらむ人間の格好のターゲットになりやすい都合のいい性質がある——政府はほとんど誰でも顧客として受け入れるのだ。ほとんどの民間部門は、あなたの顔つきが気に入らないとか、悪い噂があるといった理由だけで信用貸しを断ったり、あなたの会社を拒絶したりできるが、政府は通常、それにはちゃんとした理由が必要だと考える。低信頼社会では、政府の汚職はあなたが予想するよりはるかに深刻である。それは間違いなく、政府は本質的に小さい個人的な信頼のネットワークの一部にはなりえないが、やはり本質的に、ほとんどすべての人の経済的生活にかかわらざるをえないからである。

このおおざっぱな主張にはいくつかの条件をつける必要がある。政府が単に標準的な商業ベースで民間企業と取引する――たとえばペーパークリップを購入したり、清掃サービスを利用したりする――場合、同程度の規模で同じように管理の行き届いた民間企業に比べて、政府が必ずしも犯罪に無防備というわけではない。それはあくまで必ずしもということであり、実際には公共機関はたいてい民間企業に比べてやや無防備である。なぜなら産業化された国家の政府と同じような規模、同じような組織形態を持つ民間企業は存在しないからだ。公共部門の機関はたいてい非常に大きく、上級管理職の機能は財務管理能力とは無関係な理由で選ばれた非専門家に委ねられている。[02] この点はペーパークリップの仕入れよりも大規模な国防契約において大きな問題になりやすい。

しかし、これらの欠点に気づけば、公共セクターの購買部門と商業部門が民間セクターの同等の部門と同じように詐欺をコントロールできない理由はない。公共機関は誰から買い、誰に供給するか、誰が信用貸しを認められ、誰が現金で支払うか、どの請負業者が前払いで現金を受け取り、どの業者が完了時に支払いを受けるかを決定できる。普通の会社と同様の仕事をするこのような政府部門では、政府はペテン師と取引する必要はないが、取引する可能性が若干高い。

しかし、政府が取引を拒否できない分野がある。それは税制を通じた国民とのかかわりだ。国民はみな税金を納める。したがって節税の機会は誰にでもあり、税務当局が特定の相手とのかかわりを避けられる唯一の方法は、その人物の納税義務を免除するという非生産的な手段しかない。そして脱税は巨大なビジネスである。

節税と脱税の違いはありきたりな言い方で説明できる――「節税」は納税義務を最小限に抑えるために、法の専門的解釈と企業構造を利用する(通常は合法的な)行為、「脱税」は最初から納税義務を隠すために税務当局に偽りの情報を提供する(通常は非合法的な)行為だ。もちろん、このふたつのカテゴリーには重なりあう部分がある。あなたがかなり強引な節税を試みる場合、自分では申告すべき納税義務がないと確信していても、国税当局は納得せず、脱税とみなされる場合がある。

いくつかの国(特にスイス)では、納税義務違反に第三のカテゴリーを設けている――それは「税金詐欺」だ。詐欺かそうでないかは、税務当局に収入源の報告をただ怠っただけか、不正な書類を実際に提出したかによって区別される。この区別には違いがないと思われるかもしれない(一般的に、スイス銀行に口座を持つ預金者の母国の税徴収官は、その区別を徹底的に批判している)が、ときにはそれが大きな法的重要性を持つ場合があった。スイスの法律では、重罪(税金詐欺もそのひとつ)犯だけが国外引き渡しの対象になり、「単なる」脱税のような微罪は、憲法で保護された銀行の秘密保持を上回るほど重要だとはごく最近まで考えられていなかった。

この区別がブラッドレー・バーケンフェルドの犯罪の基礎だった。彼はスイスの大手銀行UBSの行員で、アメリカ人の顧客を獲得する仕事を担当していた。仕事は絶好調だったから、普段はお堅いスイス銀行も、彼が自動車、女性、そして二流のお色気コメディドラマのような女遊びで豪遊しても大目に見た。ブラッドレーの手口は実にシンプルだった。金持ちに目をつけ、親しくなって、「三つのゼロ」(所得税、キャピタルゲイン課税、相続税をゼロにする)を約束する。続いてこの新しい友人からスイスに送金させ、スイスの当局にはこの人物はアメリカ市民だからスイスの税金は払わないと説明し、アメリカの当局にはこの人物について口を閉ざしておけばいい。

預けた金をスイスから動かせないため、バーケンフェルドの顧客が金を使いたいときにどうするかが問題だった。小さなダイヤモンドを歯磨きチューブに隠して持ち込むというスリル満点のスパイのような作戦が使われたこともあったが、一番効率的なのは、ある単純な手口だった――預金口座を持つ銀行は、口座内の現金を担保にして顧客に融資し、預金につく利率と同じ利率を課して、さらにサービス手数料を受け取った。この方法なら脱税する人はキャッシュカードとあらゆる便利な支払い機能のついた自国の合法的な口座に金を移せるだけでなく、顧客の申告済みの国内投資収入から融資に対して支払った利子を控除することさえできた。

ブラッドレー・バーケンフェルドがスイス人の上司と仲間割れするまで、すべては順調だった。彼は自伝で、自分の才能に対する彼らの嫉妬まじりの理由のない悪意が原因だと主張している（彼らがバーケンフェルドの冗談にほとほとうんざりした可能性もある）。どちらにしても、彼は退職し、まもなくＵＢＳが手を貸した脱税を米当局に報告する決意を固め、弁護士を伴ってワシントンＤＣに出頭した。アメリカ内国歳入庁（ＩＲＳ）は激怒したと言っても言い過ぎではないだろう。ＩＲＳはただちにＵＢＳに顧客のアメリカ市民の完全なリストを提出するよう要求した。ＵＢＳは、たぶん当時としては理にかなっていたと思われる判断で、これを拒否した。

アメリカ合衆国相手に引っ込んでいろと言うのは普通に考えてもまずい手であり、実際にまずかったが、想像されるほど途方もないことではなかった。古い秩序は変わりつつあったが、誰もがそれを理解していたわけではなかった。

第二次世界大戦後、特にヨーロッパで、とりわけ鉄のカーテン近辺の国々で、多くの人が財産を政府に没収されないように隠しておこうと考えたのは無理からぬことだった。[★03] 冷戦によって外交官と諜報員が隠し財産と説明不要の取引が許される世界をありがたがる状況が数多く発生した。オランダ領アンティル諸島とケイマン諸島のような場所で脱植民地化が次第に進んだ結果、一連の租税条約と先進国の銀行員におなじみの法体系以外に独自の経済的優位性がほとんどない多数の小国が誕生した。経済協力開発機構は二〇〇三年になってようやくタックスヘイブン対策を最優先事項にした。

それから数年かけて、アメリカ当局は税犯罪をますます厳しく取り締まるようになった（特にバーケンフェルドのようにスイスの規制対象銀行の行員は、アメリカでの営業活動を絶対に認められず、彼らは出入国管理局で入国目的を聞かれたら観光と答えるように指示を受けた）。しかし銀行機密はあいかわらずスイスの法の核となる原則であり、「脱税」と「税金詐欺」には大きな違いがあった。ＵＢＳは政府の外交的影響力が彼らの後ろ盾になると期待しただけでなく、おそらくアメリカの要請にしたがいたくてもできない状況だったのだろう。銀行口座の詳細を提出することは、ごくわずかな例外を除いてスイス法に違反した。私が興味を持ったのはこの点がはじまりだった。

当時、私は投資アナリストとして世界金融危機後のＵＢＳの事業展望に批判的な記事を書き、彼らをもっぱら敵に回していた。また、私はロンドンのシティでＰＡＣＥＲ《ペーサー》、すなわちアメリカ連邦裁判所文書の電子公開サービスに会員登録している数少ない人間のひとりだった。そこで私はすべての事件の経過を、スローモーションで目撃した。私がほんの一部だけかかわりながら、木を見て森を見ることができなかったいくつかの事件が本書には含まれている。ＵＢＳの事件はそれとは違う――私は目をしっかり見開いていたし、それは気持ちのいい経験ではなかった。自分が部外者の場合、否定は本当に見ていてぞっとするものだ。自分と同じ人間が自分自身を傷つける行為をするのを、なすすべもなく見ていなければならない。私がそうだったように、あなたが毎日それについて書き、異なる考えを持つ人によって自分が書いたものをチェックされる立場なら、もっと深刻かもしれない。

数週間続いたＩＲＳ対ＵＢＳ裁判のあいだ、私は自分の二倍の経験を持つ銀行員、数十年以上の経験がある管理職、そしてスイスとアメリカとの関係を規定する条約を執筆したスイス税法の専門家と話をした。彼らの全員が、アメリカ人預金者の名前が提出されたのは驚くべきことだと答えた。遅かれ早かれＩＲＳは独立国家を脅して言いなりにさせるのは無理だと悟って手を引いただろう。ＵＢＳが考えを改めたのは、ＵＢＳグローバルウェルスマネジメントの責任者ラウル・ヴァイルが連邦裁判所から逃亡犯と宣告された時期である[★04]。その年のうちにスイスとアメリカは新しい租税条約を締結し、ＵＢＳはアメリカに七億八〇〇〇万ドルの罰金支払いに同意した。

ブラッドレー・バーケンフェルドに関して言うと、彼はＩＲＳに痛い目にあわされた。刑事免責を受けられる確約を取る前に情報提供をはじめてしまったのは間違いだった。ＩＲＳ調査官は不当にも彼が提供した情報を巧妙に利用し、さらに情報を引き出した。彼はアメリカで税犯罪の幇助と教唆を告白したも同然で、この件を担当した法執行官はブラッドレーに手心を加えるつもりはなかった。自伝の中で、彼はＩＲＳの連中がひたすら自分に憎しみを持っていたと主張しているが、それは本当だろう。彼は禁固四〇か月を宣告され、三一か月服役したあと、模範囚として釈放された。

しかし、ブラッドレーの手には釈放と同時に高額小切手が舞い込んだ。彼は自分自身も罪を犯したと認めたが、雇用主が犯した罪を当局に告発した功績で、内部告発者の資格が与えられると収監中に裁判所が決定したのだった。内部告発者に関する法令では、内部告発者は提供した情報によって徴収された金額の一五－三〇パーセントを受け取る資格がある。ＵＢＳの罰金のうち、一部は証券・金融当局に支払われて対象から除外されたが、それを差し引いてもＩＲＳはブラッドレーに一億四〇〇〇万ドルの報奨金を支払うだけの罰金を徴収した。税金を支払うと（ブラッドレーは税金の支払いに不平を言ったが）、七五〇〇万ドルが手元に残った。

このオフショア脱税スキームの崩壊には、特にこれといった理由はない――それはほかのほとんどの詐欺とちがって、蓄積して雪だるま式に膨らむ詐欺ではなかった。もう使い道がなくなっただけだ。冷戦が終わったため、先進諸国の政府は後ろ暗い事業に資金を提供するために、まことしやかに否定できる抜け穴を作っておく必要をあまり感じなくなっていた。最高税率は数十年のあいだにどんどん下がったため、世界中の富裕層が納税に対して持つ危機感は減った。そのため、昨今では脱税はいささか退屈なビジネスになった。フェラーリのディーラーにとっては残念なことに、そして平穏で静かなレストランを好む人にとっては喜ばしいことに、もうバーケンフェルドのような人間はほとんど残っていない。

銀行に金を預けて、それを法の力によって母国の税務当局から安全に隠しておける国はもうあまり残っていない。秘密はあいまいさによって守られるものになった。いくつもの会社を所有する会社、その会社を所有するトラスト、そのトラストを所有するトラストが幾重にも重なって、国税当局が資産の真の所有者を特定するのをいっそう困難にし、状況をあやふやにして、納税義務があること、他の国ではなく母国の国税当局に支払う義務があることを証明したければ訴訟費用を負担しなければならなくなった。こうして議論全体が弁護士と会計士の手に委ねられると、脱税行為がまるで節税のように言いくるめられる。納税義務の存在と規模について合理的な疑いが生じると、それを処理する仕事は刑事裁判所から民事裁判所に移り、国庫が税収を守るには、いくつかの手段のうちどれを選ぶのが合理的かが論点になる。現代の脱税は市場犯罪と、税金の滞納による返済繰り延べを利用した政府に対する昔ながらのロングファーム詐欺の境界線上に位置している。

しかし、ある種の税金詐欺は、最も「ロングファーム」に近い場所に位置しているため、特に考慮する価値がある。

❖——付加価値税未納詐欺

脱税はほかの種類の詐欺とは違うと私たちは考える傾向がある——税金が合法的な会社の利益

に対して一定の割合で計算されるなら、税金を逃れるにはまず合法的な会社に所属しなければならないからだ。しかし、そう考えるのは詐欺に関する知識がある人よりも、税金について無知な人の方が多い。そのひとつの理由として、一ペニーの節約は一ペニーの稼ぎという古いことわざは正しい。税金は会社としての投入コスト［製造に必要な土地、設備、原材料、人的コストなど］のひとつで、それを回避すれば競争相手より価格を下げることができ、租税による制約を受ける場合を上回るペースで会社を成長させられる。ときには政府が金をくすねるチャンスを与えてくれる場合さえある。たとえば政府が税収の一部の徴収を民間企業に委託する場合である。この状況が最も頻繁に発生するのは消費税（販売時に徴収される）で、ヨーロッパでは最も大きい詐欺の区分のひとつ――いわゆる「付加価値税未納詐欺」である。

「付加価値税未納詐欺」の解説を読むと頭が混乱してしまう。この犯罪で起訴された人を代理する弁護士は、わかりにくい図を書いて陪審員の目がうつろになるのを見て間違いなくほくそ笑んでいる。この犯罪を理解するには、まず基礎的な構成要素から積み上げるべきだろう。それはVAT（付加価値税）の徴収である。取引業者は利幅★05（仕入れ値と売値の差――すなわち「付加価値」）に対して一定の割合の税金を徴収し、それを税務当局に納めるという事実をしっかり頭に入れておいてほしい。

さて、詐欺の基本的構成要素は、第一の取引業者（ジム・ボブと呼ぼう）が金属スクラップから製品を作ることだ。彼は第二の取引業者(フレディと呼ぼう)に、その製品を一〇〇万ポンドと二〇パーセントの付加価値税で売る。フレディは一二〇万ポンドをジム・ボブの銀行口座に送金し、ジム・ボブは二〇万ポンドをイギリス国税庁に納税する義務を負う。

次にフレディはこの製品を地元のロバ愛護団体に売る。この団体はVAT控除対象となる慈善団体として登録されている。フレディは寡婦母子割引で、その製品を買うためにジム・ボブに支払った一〇〇万ポンドに付加価値税を加えた金額と同じ値段でそれを売る。ロバ愛護団体はフレディに一二〇万ポンドを送金する。フレディは原則としてイギリス国税庁に代わって徴収した二〇万ポンドを納税する義務がある。しかし、彼はジム・ボブにすでに支払った二〇万ポンドの税金の払い戻しを受ける権利があるので、納税義務は相殺される。フレディの付加価値税額はゼロだ。

ロバ愛護団体はVATに登録された慈善団体として、支払った付加価値税の払い戻しの請求が認められている。そこで政府は二〇万ポンドの小切手をこの団体に送付する。あとはジム・ボブが二〇万ポンドを納税すれば、この取引はすべて公正に行われたことになる——結果的にこの取引でのフレディの利幅はゼロで、最後の販売相手は付加価値税を支払わない団体だったから、政府の税収はゼロだ。ところが、ロバ愛護団体への払い戻しはジム・ボブから支払われる税金で補われるはずなのに、もしジム・ボブが納税せずに行方をくらましてしまうと、政府は意図せずロバ愛護団体に二〇万ポンドを寄付したことになってしまう。付加価値税を徴収するふりをして、それを納税しないという行為によって、ジム・ボブはまんまと国税当局から二〇万ポンドの小切手を引き出した。

正直に言えば、製品の製造工場を作ったあとで雲隠れするのは簡単ではないし、マネーロンダリングの手段として不正なロバ愛護団体を設立することは、普通はありえない。では、もっと明確に利益が出る手口を探してみよう。そのためには、付加価値税徴収に関するそのほかの非常に重要な項目を利用する必要がある――税金は販売が行われた国で、最後の販売時に徴収されるため、EU加盟国間の輸出入は付加価値税非課税である。つまり輸入業者は購入時に付加価値税を徴収されず、輸出業者は、ロバ愛護団体と同様に、国内の供給業者にすでに支払った付加価値税の払い戻しを請求できる。

ここでは付加価値税非課税の輸出入が二回登場する。ある製品などというあいまいな言い方をするのはやめて、もっと具体的な話をしよう。製造するのは正体不明の製品ではなく、携帯電話のSIMカードだ。軽いわりに値段が高く、輸送費の負担が少ないため、付加価値税未納詐欺をたくらむ人間にとって好都合である。そこでジム・ボブは名も知れない製品を製造する代わりに、一〇〇万ポンド分のSIMカードをジャンというフランスの供給業者から輸入する。ジム・ボブはそれを一二〇万ポンドでフレディに売り、イギリス国税庁に二〇万ポンドの付加価値税支払い義務を申告する(ジャンはもちろん輸出業者なので、ジム・ボブに付加価値税を請求せず、フランス国税庁に税金支払い義務を申告することもない)。

続いてフレディはＳＩＭカードをピエールという名のフランス人顧客に売る。価格は友達価格の一〇〇万ポンドで、フレディは輸出業者になるので、ジム・ボブに支払った二〇万ポンドの付加価値税の払い戻しを請求し、政府から小切手を受け取れる。付加価値税未納詐欺が英語で「回転木馬《カルーセル》」詐欺と呼ばれる理由はここからだ。ジム・ボブの供給業者のジャンと、フレディの顧客のピエールが同一人物(ジャン・ピエールと呼ぼう)なら、ここでループを閉じることができる。ジャン・ピエールはＳＩＭカードを回収し、利益も損失も出さずに取引を終える――ジャンはジム・ボブから受け取った現金一〇〇万ポンドをピエールとしてフレディに支払ったからだ。しかしイギリスでは、税務当局はジム・ボブから同額の付加価値税を受け取る前提で、二〇万ポンドの小切手をフレディに送付している。

さあ、回転木馬が動き出す……。税務当局がジム・ボブに付加価値税の後払いを許可したとしよう[★06]。支払い期日は、たとえば九〇日後にやってくる。ＳＩＭカードがジャン・ピエールからジム・ボブへ、そしてフレディへ、さらにジャン・ピエールへ戻ってくるたびに、フレディは二〇万ポンドの小切手を手に入れ、ジム・ボブは同額の納税義務を申告する。九〇日間でＳＩＭカードは何回このループを繰り返せるだろうか。輸送業者と倉庫業者がどれほど怠慢だったとしても、少なくとも一〇回は確実だろう。この四半期のあいだにフレディは合計二〇〇万ポンドの払い戻し小切手を手に入れ、ジム・ボブは付加価値税務当局からやはり二〇〇万ポンド分の請求書を受け取る。さて、ここで国税当局に残念なお知らせがある——ジム・ボブが行方をくらまし、どこを探しても見つからないのだ。一方、ジャン・ピエールは新しい四半期の初日にオフィスに来て、一〇〇万ポンド分のＳＩＭカードの新しい注文を、新しい顧客「ボブ・ジム」から受け取ってにんまりする。

こうした詐欺は撲滅するのが難しい。この例では、ジム・ボブ、フレディ、ジャン・ピエールの全員がグルで、二〇〇万ポンドを山分けしたという事実を読者に教えることができる。しかし、三人のうち、簡単に証拠を突きつけられるのはジム・ボブだけだ。[★07] なぜなら彼は政府に多額の負債を重ねて、支払っていないからである。フレディはすべて正しく行動した——ジム・ボブからの請求書に支払いをすませ、合法的に受け取る資格のある付加価値税の払い戻しを請求した。ジャン・ピエールは何も間違ったことをしなかった——彼はＳＩＭカードを市場価格で取引したのであり、イギリス人の顧客同士が手を組んでいるのを知っていたと証明するのは難しい。

実際に、本当に罪のない人々がこの詐欺にどのように巻き込まれていくかは容易に想像がつく。無実の人々が取引相手を慎重に選ばなかったというだけで、犯罪の共謀者として刑務所送りになった可能性もある。支払い期限までの九〇日間に、この犯罪グループは一〇〇万ポンドの初期投資に対して一〇〇パーセントの利益率を達成できる。だから彼らはＳＩＭカード取引で損失を出してもまったくかまわないのである。そこで彼らは格安価格を提供し、正直な取引業者をおびき寄せてこの詐欺システムの中に「緩衝材」として組み込み、自分たちはその一連の取引に紛れ込んで痕跡をたどりにくくした。また、ＳＩＭカードが入ったもうひとつの小包をこの詐欺のループ上で逆方向に送れば、途中のいくつかの段階で申告すべき純税額はなくなり、国税当局への自動的な申告は行われなくなる（これは「カウンタートレード」詐欺と呼ばれる）。税務当局からの調査に積極的に応じるとはかぎらないオフショア銀行に関係者全員が口座を持っていれば、詐欺はずっとやりやすくなる。言いかえると、詐欺師が真相をわかりにくくするために使うあの手この手はすべて、政府相手に古典的なロングファーム詐欺――多額の取引上の負債を積み重ねて返済しない詐欺――を働く一味の悪意を隠すために用いられる。

しかし、これまで付加価値税未納詐欺を撲滅するのが難しかった理由は、私たちが最初に強調した点に尽きる――国税当局は民間企業が詐欺師から身を守るために使う対策のほとんどを使えないか、非常にかぎられた形でしか使えない。誰もが税金を払う必要がある。つまり政府はある会社を理由なく付加価値税登録［付加価値税徴収のために必要な税務当局への登録］から排除することはできない。付加価値税の払い戻しが請求できることは輸出貿易にとって重要であり、法律を遵守する納税者は払い戻し請求が速やかに処理され、詐欺の調査のために不当に待たされるべきではないと考える権利がある。税務当局は正直な取引業者を破産に追い込まなかったとしても、ただでさえ政治的に人気がない。そして付加価値税の性質上、純額ベースで後払いしなければならない——付加価値税の支払いと徴収の両方を担う取引業者は、国外に売るつもりだった商品を国内の顧客に売ったというだけの理由で、タイミングがずれた二〇万ポンドを支払えるとは期待できないからだ。

余談だが、これは詐欺師を起訴するのが難しい理由のいい例である。私は前述の付加価値税未納詐欺をわかりやすく説明して読者を飽きさせないために、思いつくかぎりの手を使って五回書き直した。それでもまだ相当難しいことに変わりはない。私自身、この詐欺の仕組みを再確認するために、何度も読み直した。しかも、これは税務官が陪審員に説明しなければならない現実の詐欺の簡略化された短縮版だ。現実の世界では、犯罪者はもっと複雑に、もっと経過をたどりにくくしようと画策する。具体的な犯罪として、付加価値税未納詐欺は理解するのが途方もなく困難で、本物の専門家でなければ一度にすべての細かい情報を頭に入れることはできない。しかし、根底にある原則はいくらでもシンプルにできる。付加価値税の徴収方法を悪用して、金が後から払いこまれるという期待のもとに、政府に前払いさせる状況を作る。政府に対する負債を重ねた人物が支払い前に姿を消し、負債を負った人物が不正に利益を得る。これは一種のロングファーム詐欺だ。付加価値税未納詐欺を理解したければ、❶金を所持しているのは誰か、❷未払いになりそうな負債を負っているのは誰か、❸このふたりのあいだに、ジム・ボブがフレディのポケットになんとかして金を突っ込むような関係はあるか、の三点に注意を払うといい。

❖――マネーロンダリング

政府は課税する権力を持っているだけでなく、法律の制定と強制によって望むものを手に入れたり、サービスを提供しているコミュニティに利益を与えたりできる。法律を遵守する人々が得られる利益のひとつは、(直接的な懲罰の回避だけでなく)金を稼ぎ、支出し、裕福になるために合法的な市場経済を利用できることだ。しかし、あなたの主な収入源が犯罪行為だとしたら、あなたと同じように、あなたの金も汚いという感覚がある。

犯罪、あるいは少なくとも本書のテーマである犯罪以外の犯罪は、現金がからんでいる。銀行記録を提出させれば、非合法な取引★08をした人々を発見できる。犯罪者は匿名性の高い支払い手段を好む傾向があるが、分厚い札束を所持していれば犯罪を疑われてしまうため、高価な買い物や多額の投資をするときに現金は不便だ――きっと誰かが気づいて捜査するからである。合法的な経済主体に比べて、近代的な金融と決済のシステムを便利に利用できないのは、犯罪者にとって大きな不利である。

金融システムとその記録を法の執行のために利用できる政府の権限は、法を施行する全体的な権力の重要な一部だ。また、本題に戻れば、政府のその権限は犯罪行為の増大を防ぐ重要な抑止力になる。麻薬組織は現金を扱う能力以上のスピードで成長することはできない。金融システムを悪用し、汚れた金をきれいに見せる行為は、政府を相手取った詐欺であり、「マネーロンダリング」と呼ばれる犯罪である。

多くの場合、マネーロンダリングには厳罰が科される。この犯罪の本質はほかの犯罪の証拠の隠滅だからであり、わざわざマネーロンダリングに手を染めようとする人は、何か深刻な問題に対する捜査を回避しようと企てているに違いないと考えられるからである。この憶測は、マネーロンダリングにおける典型的な損失率を見ればはっきりする。クリーンな見た目の銀行預金に変換される過程で、最初の札束の厚みは半分に減ってしまうのだ。この事実はもちろん、何もかも現金で処理しなければならない状況に比べて、電子決済システムの抜群の優秀さを示す証拠でもある。

ほかの多くの犯罪と同様に、マネーロンダリングを可能にするのは、いったん信頼の輪の中に入ってしまえば、そこから先はほとんど、あるいはまったくチェックされないという事実である。マネーロンダリングの目的は、現金を由緒正しい銀行が保有する預金に変換することだ。いったんその目的が達成されると、その金は実質的に「クリーン」で、消費も投資もできる。犯罪者は正当な収入に不釣り合いなライフスタイルをどうやって維持しているのかについて、当局への説明にてこずるかもしれないが、決済システムを使えば疑いを持たれることもないだろう。

マネーロンダリングの実例は、相互信頼のシステムが崩れていくひとつの過程を示している。その現象を、同名の小説を原作とした映画『トレインスポッティング』にちなんで、「トレインスポッティング問題」と呼ぼう。映画ではヘロイン中毒の若者が仲間と注射針を使いまわしたために、同じ病気に感染してしまう。信頼のシステムの目的がチェックを省くことだとすれば、信頼の輪の中に新入りの参加を認めるとき、あなたは信頼の輪の内側にいる人々が信頼するすべての人を自分も信頼するという判断を暗黙のうちにしているのを忘れてはいけない。マネーロンダリングをする人がこの信頼を悪用できるのは、一流銀行は疑惑のある大金を預金として受け入れないからである。一流銀行は「ハイリスク」(「たぶん詐欺」の婉曲な表現)と評価される銀行からの預金の移動もおそらくチェックするだろう。しかし、二流銀行には何段階もあり、それらは一流銀行による徹底したチェックの対象になるほど悪質ではないが、悪質な銀行との取引を断るほど優良でもない。スーツケースにぎっしり詰まったの現金をお構いなしに受け入れる銀行から、預けた金を都合よく使える銀行まで、何段階もの金融機関をくぐりぬけるための策略が、マネーロンダリングの手口の大きな部分を占めている(もちろん、特に一流銀行に不正な支店がある場合は近道もできる。二〇一一年にＨＳＢＣ銀行はメキシコ子会社の適切な監督を怠ったために一九億ドルの罰金を命じられた。麻薬密売組織が現金を運ぶために好んで使う金属製のブリーフケースに合うように、支店長がカウンターの窓に特別に手を加えたからである)。

マネーロンダリングのもうひとつの重要な戦略的要素は、所有者の素性を公的記録に残さずに、価値のあるものを所有し、購入し、売る手段のリストである。資金源が汚い(犯罪利益)からではなく、その金の最終的な行き先が汚い(たとえばテロ資金供与)という理由で支払いを合法的に見せたい場合には、これは特に重要になる。このリストは年々短くなっていくようだ。国際機関が最後に残った秘密管轄区域[銀行秘密法によって口座所有者の開示が禁止された国や地域]を厳しく取り締まり、名門銀行がマネーロンダリングで有罪となった場合の影響をますます警戒して、信頼の輪の範囲を縮小したからである。★09 しかし、いまだに小国では(それほど小さくない国でも)名目上の取締役しか存在せず、株主名簿がなく、土地の登記がされていない会社の設立が認められる場所がある。報酬を支払う人物の名前を喜んで隠匿する弁護士と、彼らが報酬を持ち逃げできる法制度が見つかる場所ならどこでもマネーロンダリングが存在する。

多くの場合、会社所有者の立証が困難で不便な秘密管轄区域では、情報がまったく手に入らない区域と同じようにいろいろな手が使える。最終的な犯罪捜査を遅らせ、そうして稼いだ時間を使ってごまかしを重ね、当局が暴くよりも速いスピードで犯罪者が隠蔽を積み重ねる。しかしそれだけでなく、立証が困難で時間がかかる場所では、チェックと信頼のトレードオフ、すなわち詐欺犯罪の核心であるトレードオフに変化が生まれる。ある特定の取引を実行するかどうかの決定は、常にリスクとリターンのどちらを選ぶかの決断であり、マネーロンダリングを狙う人間は、周りを見回せば必ずリスクをいとわない金融機関を見つけられる。そうやって一歩踏み出してしまえば、三流銀行から一流銀行にたどり着くための道のりを歩きはじめられる。

マネーロンダリングは基本的に市場犯罪である。国際金融システムは世界中に広がっているため、それを法執行手段として利用するのは当然だと考えられている。そうした考えの中で、一連の新しい犯罪が生まれるのは当然のなりゆきだった。航空会社は犯罪者が司法の手を逃れる手段として飛行機を利用しても告訴されないし、★10 銃と目出し帽の販売者は強盗の責任を追及されない。しかし金融機関は、大規模な経済システムの中で与えられた数々の特権と引き換えに、ある種の調査義務を負わされてきた。この義務の履行を怠り、悪人に正当な経済の金融システムの利用を許して市場シェアを拡大すれば、政府に対する不正行為の犯罪となる。

★01——フロリダ州南部地裁はIRSのお気に入りの法廷で、大きな連邦脱税事件はたいていここで裁かれる。

★02——また、彼らはその仕事にあまり思い入れがなく、選挙で選ばれた代表でなければとうてい手にできない不釣り合いなライフスタイルに慣れてしまった人物を、重要な金融上の責任のある高い地位につける傾向がある。政府の汚職についてはそれだけでもう一冊本が書けるだろうが、多くの場合、システムのほころびと信頼の侵害は、公共セクターの組織の外からではなく、内側からはじまる。

★03——しかし、彼らがスイス銀行を隠し場所として信頼した理由はおそらくあまり理解できない——ナチスのホロコースト犠牲者のものである「休眠口座」を接収する計画に関連したスキャンダルを見れば明らかだ。

★04——彼は最終的に二〇一四年に無罪を言い渡されたが、こうしたことがUBSの考えをひとつにまとめさせたのだろう。

★05——アメリカ人とVATのない国に住む読者はここですでに困惑しているだろう。最終的な価格に売上税を課さずに、なぜこんな課税をするのか？　なぜなら、基本的に売上税が約八パーセントを上回ると人々はせっせと節税をはじめ、小売客は政府に売上税額を申告せず、法人客は申告するからである。そのため、流通の各段階でVATを徴収することによって、自動的にチェックが発生する。フレディが二〇万ポンドの払い戻しを請求すると、ジム・ボブが同じ金額を支払ったかどうかチェックされる。チェックを容易にするのに加えて、投入物に対してすでに支払われたVATの返金システムによって、この税は「重複」しないようになっている——最後の販売に課せられる最終税率が流通過程にかかわったさまざまな会社と卸売業者の数によって左右されないようになっている。

★06——後払いは今も認められているが、税務当局が付加価値税未納詐欺によって文字どおり数十億ポンドも損失をこうむっていることが発覚する前の輸出入のVAT非課税処理の初期段階に比べれば、チェック・アンド・バランスははるかに徹底されている。また、税務当局はフレディに払い戻しをする前に、かなり厳密に事実関係のチェックをするようになり、そのせいで正当な輸出業者に重大なキャッシュフロー問題が生じている。

★07——ジム・ボブに対する訴訟でさえ一筋縄ではいかない。もし彼がさっさと逃亡せずに機転を利かせて会社を破産させ、通常の取引上の損失に見せかけた場合、VAT徴税官は残念ながら不運な債務者のひとりでしかなくなる。付加価値税未納詐欺の最盛期には、この詐欺の道具として使われるためだけに経営不振の会社がペテン師に買収されるケースは珍しくなかった。

★08――もちろん、窃盗は取引ではない。しかし、なんの痕跡も残さずに銀行預金を盗み出すのは難しい。詐欺を働く技術、そして自発的にあなたに金を渡すように誰かを説得する技術がないなら、現金を盗むか、すぐに現金化できる高級品を盗む方がいいだろう。

★09――これに関連する規則は、「汝の顧客を知れ(Know your customer)」を略して「KYCルール」と呼ばれる。この原則は、銀行(あるいは弁護士、不動産ブローカーなど)として、あなたは取引の両側にいる「実質的支配者」(たとえば弁護士事務所やダミー会社ではなく)の正体に確信が持てない場合には、取引をしてはいけないという意味である。これは恐ろしく不便だが、規制当局と警察が言い訳を聞いてくれる度合いは毎年減っているようである。

★10――しかしときには航空会社が不正な入出国と密入国のあっせんに対する対策を怠った責任を問われる場合がある。

第一一章 結論

彼らが受刑者に行う実験を見るがいい……。監獄の中にいる男は外にいる男より大嘘つきだと、どんな根拠で判断しているのか私にはわからない……。もしかしたら彼は真実を語ったせいでそこにいるのかもしれない。

——ウィル・ロジャース

白状するが、私はだんだん商業詐欺というものが少し面白くなってきた。商業詐欺の発想には心を引きつける何かがある。幻想を作りあげ、何もかもかすめ取ってから、不正な金を持ってどこか暖かい場所に雲隠れする完璧なタイミングを見計らう頭脳戦なのだ。商業詐欺は一般的に、暴力に頼らず富裕層から盗みを働く。そこにはロビン・フッドのような魅力がありながら、急所を矢で射ぬかれる危険は少ない。レスリー・ペインはかつて、前科や破産の前歴がなければ、「誰でも一生に一度はロングファーム詐欺のチャンスがある」と言った。★01 私が一度も妄想しなかったと言ったら嘘になるだろう。

　私にはこのテーマを私より長く追い続けてきた友人がふたりいるが、どちらも私のこの考えには批判的だ。ひとりは不正な売り込みをしている株の空売りで稼ぐヘッジファンドマネジャーで、もうひとりはメールアーカイブからEメールを捜し出すプログラムとオンラインポーカーのいかさまを見つけるプログラムを書くコンピューターのエキスパートである。どちらも口々に、犯罪者の頭の中を探れば探るほど、彼らの魅力は色あせていくと断言する。その言い分は、本書の参考文献目録から一人称で書かれた本を無作為に選んで読めば確認できるだろう。彼らは詐欺師で、それ以外の何者でもない。スポーツでズルをする人と同じように、彼らがいると、それ以外の人たちはみな試合を楽しめなくなる。詐欺師が作る幻想には本物の技《わざ》はほとんどない。第七章で見たとおり、そこにあるのはマネジメントとコントロールシステムの弱点を見つけること、そして本当のことを言うより嘘をつく方が簡単だという事実を悪用することだ。

　また、商業詐欺は決して被害者のいない犯罪ではない。ロングファーム詐欺はしばしば供給業者を破産させ、彼らは損害に加えて詐欺の片棒を担いだと疑われて誹謗中傷を受ける。株式プロモーターは人々がせっせと働いて貯めた貯金と年金基金をだまし取る。ピラミッドスキームは人々のなけなしの金を奪い、コミュニティや社会的、民族的なつながりを持つ人々を引き裂く。ティノ・デ・アンジェリスと面会するもっともな理由があったアメリカン・エキスプレス・フィールド・ウェアハウジングのような立場の人々は直接の被害者だとしても、表に出ない被害者はほかにもいる。貸し手が第二のサラダオイル事件を恐れるあまり、非の打ちどころのないまじめな農産物トレーダーが何人も運転資金を借りられなくなった。こうした寄生虫のような詐欺師はあまりにも多いが、逮捕されたり、刑を宣告されたりした人の数はとうてい十分とは言えない。

私の友人たちが明らかにしたように、詐欺を見破るために一番役に立つのは、残念ながら現役の詐欺師のリストである。お気づきかも知れないが、これまで見てきた詐欺のケーススタディのうち、初犯は比較的少なかった。商業詐欺師には同じ行動パターンに戻りたくなる性質があるようだ。そして現代の経済システムには、詐欺師に第二のチャンスを与え、信頼に足る人間でないとわかっていても、何度も責任ある立場に戻す傾向がある。結局、私たちが話しているのは「ホワイトカラー」犯罪だ。その明白な特徴は、犯罪を実行する人間と、犯罪と刑罰について決断を下す人間が、同じ社会的階級に所属していることである。私たちは自分と同じような外見で、同じようにふるまう人々にあまりにも甘すぎる。

しかし、これ以上何かできることがあるだろうか？　本書で詐欺について、特に詐欺の基礎となるいくつかの経済的原則について考察すると、ビル・ブラックがS&L事件の詐欺師たちを破滅させた経緯や、ポルトガル紙幣偽造事件のアルトゥール・アルヴェス・ドス・レイスの末路、ベアリングス銀行を破綻させたニック・リーソンの失敗から学べる黄金のルールがあるかもしれないと思う。最後にもう一度、詐欺がどのようにして行われるのかを考えてみよう。

❖——不正のトライアングル

第七章の終わりに、私たちは詐欺がどの程度まで悪人がコントロールシステムの構造的弱点に出会ったときに発生する偶発的出来事とみなせるかという問題について考えはじめた。心理学的、社会学的な観点から見れば、これはもっと複雑な問題として捉えられるが、あまり複雑にするのはやめておこう。ドナルド・クレシーが一九七二年の著書『他人の金』で提唱した「不正のトライアングル」というモデルを超える理論★02に、私はまだお目にかかったことがない。不正のトライアングルのモデルは、探偵小説で愛好される殺人トライアングルと同じようなものだ。手段、動機、機会の代わりに、このモデルは次の条件が同時にそろったときに不正が起きると述べている。

⦿動機

銀行家が不正行為をする理由は、ヘロイン中毒者と同じである。彼らは正当な手段で生み出せる以上の大金を手に入れなければならない状況にあった。トライアングルのこの一辺では、大金が必要な理由をひとつには絞りきれない。単なる欲望、会社から受けるプレッシャー、失敗を認めることへの恐怖など、動機の根底に何があろうと、詐欺の第一の構成要素は金を必要とする人間である。

⦿機会

詐欺を働く機会とは、コントロールシステムとチェックのシステムに弱点がある状態である――システムを扱いやすくするために、システムに内在する多様性を引き下げた結果生じた弱点、または詐欺師自身が管理職の立場を利用して作りだした弱点のいずれかである。

⦿正当化

ホワイトカラー犯罪は信頼されて何かを任されている人によって行われるが、信頼を裏切ることには心理的障壁がある。通常、動機がある人間が詐欺を働く機会を利用する前に、詐欺師はこの心理的障壁を乗り越える方法を見つけなければならない。これが「正当化」――罪悪感を軽減するための言い訳――である。たとえば、「これは取引を八八八八八番口座に入れる一時的な手段にすぎない」とか、「ポヤイス国に移民がたくさん来ればコミュニティが発展する」などだ。いっ

たん正当化を覚えると、その能力は決して失われないようだ。詐欺師が何度も同じことを繰り返す理由がこれで説明できる。★03

第七章でリスク管理と品質管理について話したときと同様に、不正が起きやすい全体的な雰囲気は、その場所に漂うトライアングルの小さなかけらから生まれると考えられる。そう考えれば、なぜ「カナダのパラドックス」のような現象が生じるのかが説明できる。ギリシアのような国には、数多くの動機と強い正当化の傾向がある。だからギリシア人は機会をほとんど作らないようにする必要がある。そのため、低信頼社会では人々は見ず知らずの相手と取引をしない。経済的に豊かで平等主義的な社会では動機が生まれにくく、高信頼社会の経済では正当化の傾向が低いため、カナダのような国では不正の機会が数多く存在しても大きな問題にならない。

❖——時期と規模

しかし、不正のトライアングルのモデルだけですべてを説明できるわけではない。リスク管理システムの基本としては有効だが、リスク管理対策はこれまで主に話してきた種類の詐欺を見落としやすいと私たちはすでに気づいている。不正のトライアングルは、たまたま都合よく目の前に現れた標的への「偶発的な」詐欺と、特定の標的に狙いを定めた「不正な企業家」による「企業家的な」詐欺を区別していない。これに関連して言えば、不正のトライアングルは詐欺の重大性ではなく発生の仕組みを説明するモデルである。

あなたが犯罪の被害者になったときに失う金額は、ふたつの条件に左右される。ひとつは詐欺を発見するまでの期間の長さ、もうひとつは詐欺が続いているあいだに、詐欺師がどれ位の割合であなたから財産を搾り取れたかである。★04 このふたつの要因が原因で、偶発的詐欺とは対照的に、企業家詐欺は非常に困難なマネジメント上の問題となる。自分が誰かにだまされていると気づくまでにかかる時間は予測しにくく、気づくまでに何が起きるかを推測するのは難しい（もしもそんなことができるなら、誰も結婚しようとは思わないだろう）。

しかし、詐欺のよくある性質についてなら、いくつか言えることがある。第一に、詐欺は時間とともに拡大し、しかも雪だるま効果のせいで急速に拡大する。第二に、企業家詐欺は、これまで詐欺を防ぐために設けられた手続きとコントロール手段をかいくぐって発生する。

私が提唱するゴールデンルールの基礎は次のとおりだ。増加するもの、しかも急速に増加するものはなんであろうとチェックする必要があり、しかも今までにない方法でチェックしなければならない。

本書に登場する詐欺のほとんどは、増加に対してもっと疑いの目を向けていれば、もっと早く抑止できていたはずである。たとえばS&L危機は、S&Lが新規ローンを組むペースを制限する包括的ルールを制定したときに発覚して終わった。メディケア詐欺は、急に請求が増加した医療サービス提供者を発見できるコンピューターシステムが導入されて、ようやくある程度規制された。増加に目を光らせるのは、サイバネティクスやオペレーションズ・リサーチにおいてはかなり一般的な原則である。観察しているのがエンジン温度であれ、腫瘍の細胞分裂やコンピュータープログラムのメモリ使用量であれ、急速な増加は、何かが既存のコントロールシステムの領域を逸脱している印であり、組織の高いレベルで対処する必要があることを示している。

❖――実際はもっと複雑である

しかし、話はこれで終わりではない――ちっとも。ゴールデンルールは現在進行中の詐欺から私たちを守る役に立つかもしれないが、第九章以降、私たちはあとから振り返って詐欺だと明らかになった市場犯罪をいくつも見てきた。取引をどうやって一連の基準に照らしてチェックするかではなく、基準自体がどうあるべきかを決定しなければならない場合もある。

しかもその決定は実用的でなければならない。私たちは常にヴィクトリア朝の人々と同じジレンマに直面している。詐欺を最小限に減らしたいのか、それとも金もうけがしたいのか？　ポヤイス国のリスクを受け入れる覚悟がなければ、カナダのような国にはなれないだろう。何を市場詐欺とするかという決断は、疑う余地のない不正行為に対してどれほど厳格に法を施行するかという決断とそれほどかけ離れていない。不正を排除するコストは、実現しなかった合法的ビジネスの数と重要な関係がある。不正がもたらすコストそのものは、悪人がどれくらい善人を駆逐するかを抜きにしては考えられない。私たちが社会的レベルで決断を迫られているのは、これらふたつのコストのあいだの二者択一である。おそらく最善の選択は、詐欺が社会の避けられない一部であると認め、子どもたちを正直な人間に育て、信じられないほどいい話には懐疑的な——しかし疑心暗鬼に陥らない程度の——姿勢で臨むことだろう。

★01——犯罪学者のマイケル・リーバイは犯罪歴データを調査し、警官にインタビューしたあとで、これに同意している。

★02——しかし「著作権」問題を解決して売るための経営コンサルタントの典型的なやり方で、「詐欺の四角形」や「ダブルトライアングル」など、あらゆる多角形を使った名称が提案されてきた。ところで本書の執筆時には、『他人の金』を大英図書館の閲覧室に取り寄せることができなかった。「紛失」したそうだが、考えられる説明はただひとつ……。

★03——ロングファーム詐欺に関する私の計画が妄想の域を出なかったのは、おそらく説得力のある正当化ができなかったためだ。

★04——ちゃんとした数学的モデルなら、ほかに多数のパラメーターが必要だろう。あなたを破産させるほど詐欺が長く続いた場合、損失額はそもそも盗める金がどれくらいあったかによっても決まる。学術的形式にこだわらないこのような手法は、経済に対する制度的アプローチの重要な利点である。

参考文献と出典

本文中で何度か述べたとおり、詐欺の記録はそれを書いた人間の自己憐憫と弁解さえ我慢すれば、しばしば面白い読み物になる。金融詐欺について書かれた犯罪学、社会学、そして経済学的な著作は、読んでいて少し退屈するが、選択肢はそれほど多くない。詐欺は学術的な本から敬遠されがちなテーマである。ありふれた犯罪学的研究のテーマになるささいな社会的逸脱行為に比べてホワイトカラー犯罪の重大性を考慮すると、これはやや残念ではある。名誉ある例外はマイケル・リーバイで、ロングファーム詐欺をテーマにした著書『The Phantom Capitalists』(Routledge、一九八一年)は必読書であり、経済的現象としての犯罪を扱った本の中で唯一、本当に満足のいく内容になっている。同じ著者による『Regulating Fraud』(Routledge、二〇一四年)も読みごたえのある本だ。

そのほかの古典的な本として――もし見つかれば――ドナルド・クレシーが心理的モデルとして詐欺のトライアングルを提唱した『Other People's Money』(一九五四年)がある。この本は絶版で、多くの図書館から盗み出されてしまったため、ユージーン・ソルテスによる『Why They Do It: Inside the Mind of White Collar Criminals』(PublicaAffairs、二〇一六年)の方が手軽に読めるだろう。J・K・ガルブレイス著『悪意なき欺瞞――誰も語らなかった経済の真相』(佐和隆光訳、ダイヤモンド社)は、犯罪的な欺瞞と資本主義経済の普通の活動のあいだのどこに線を引くかについてヒントを与えている。一方、マシュー・マックリーリ著『小説ザ・シッピング・マン――七つの海に賭ける人物群像』(森島英一訳、マリン・マネー社)は、ヘッジファンドマネジャーがギリシア船の所有者と取引しようとする場合、信頼と欺瞞がどのように作用するかを小説仕立てで解き明かした本である。

具体的な詐欺の事例については、本書に登場する詐欺の記録の大半は、それぞれについて少なくとも一冊は立派な本が書かれているほど大きな事件から選んでいる。詐欺はあっという間に時代遅れになるジャンルである。経済成長の進展によって、一〇年前の詐欺にかかわる金額はほとんど古風な趣さえ感じられる。ポヤイス国については、私はデイヴィッド・シンクレア著『幻の国を売った詐欺師』(金原瑞人・石田文子訳、清流出版)と、イアン・クラウス著『Forging Capitalism』(Yale University Press、二〇一四年)に書かれた解説、フランク・グリフィス・ドーソン著『The First Lattin America Debt Crisis』(Yale University Press、一九九〇年)を読んだ。また、一八八二年度の政治・文学雑誌クォータリー・レビューに載った書評から、人々が早くから「トマス・ストレンジウェイズ」をよく知っていたことがわかった。

レスリー・ペイン著『The Brotherhood: My Life With The Krays』(Michael Joseph、一九七三年)は、中規模のロングファーム詐欺に関するほとんど教科書のような本である。ノーマン・ミラーによる『The Great Salad Oil Swindle』(Coward McCann、一九六五年)はサラダオイル詐欺の記録の決定版である(ティノ・デ・アンジェリスに関する当時の新聞記事もまた、彼が残した数々の武勇伝を明らかにしている。出所したときのライフ誌のインタビューはすぐれた記事だ)。ＯＰＭリーシング事件に関する同じように面白い解説は、スティーヴン・フェニケル著『ザ・ブランド・マーケティング――「なぜみんなあのブランドが好きなのか」をロジカルする』(土屋京子訳、実業之日本社)で読むことができる。ロバート・ガンドッシー著『Bad Business』(Basic Books、一九八五年)は、モーディとマイロンが取引先の規制をかいくぐった方法を冷静に解き明かしている。ダークマーケットの情報を求めてソーシャルニュースサイト、レディット(Reddit)のページを探し回るのが嫌な読者は、ミシャ・グレニー著『Dark Market』(Vintage、二〇一二年)がお勧めだ。

マルコム・K・スパロー著『License to Steal』(Basic Books、二〇〇七年)はメディケア詐欺に関する決定版の本で、一九九〇年代のピーク時にはメディケアプログラムの最大三分の一がだまし取られたという驚くべき統計を明らかにしている。メディケア詐欺の手口に関する著者の分析は、規制当局とその周囲で暗躍するペテン師の関係に一般的に当てはめられる非常に貴重な内容である。

ピラミッドスキームについては、チャールズ・ポンジ自身による自伝『The Rise of Mr Ponzi』(パブリックドメイン、一九三六年)は、少々不愉快なところはあるが、詳しく書かれている。ポンジは明らかな不正行為を事細かに語った直後に、自分は何も悪いことをしていないと主張すれば疑いを晴らせると信じていたようだ。パトリック・ハレー著『Dapper Dan』(CreateSpace、二〇一五年)は、ポンジの弁護士の伝記の形をとって、当時のボストン市がどう動いたかについて数多くの有益な背景事情を提供している。少額のピラミッドスキームの暗澹たる現実について知りたければ、ロバート・フィッツパトリックとジョイス・レイノルズによる共著『False Profits』(Herald Pr、一九九七年)およびシドニー・スチュワート著『Ponzi Schemes in the Church』(自費出版、二〇一七年)を読むといい。サム・イスラエルについて書かれたガイ・ローソンの著作『Octopus』(Oneworld publications、二〇一三年)は、ベイユー・キャピタルとプライム銀行保証詐欺について当時の新聞記事では得られなかった興味深い詳細を含んでいる。ピジョン・キング・インターナショナルの事件は最初から最後までベターファーミング誌に記事が掲載されたが、ジョン・ムーアレムによる二〇一五年のニューヨークタイムズ・マガジンに掲載された記事の方が面白い。連邦準備制度に関する陰謀論を書いた本には、ユースタス・マリンズ著『民間が所有する中央銀行――主権を奪われた国家アメリカの悲劇』(林伍平訳、秀麗社)、アンソニー・サットン著『The Federal Reserve Conspiracy』(Dauphin Publications Inc.、二〇一四年)があるが、わざわざ読むほどのものではない。また、シェリー・シーモア著『The Last Circle』(Trine Day、二〇一〇年)も残念ながらこのカテゴリーに当てはまるが、ロバート・ブース・ニコルズと出会ったために人生をゆがめられた人物の記録としてはいくらか価値がある。

マレー・テイ・ブルーム著『The Man Who Stole Portugal』(Secker & Warburg、一九六七年)はポルトガル紙幣偽造事件について英語で書かれた最高の本だが、トマス・ギフォードの小説『The Man From Lisbon』(McGraw-Hill、一九七七年)はアルヴェス・レイスの心理を探求するうえで重要なすべての事実を正しく伝えているように思う。ブリエックス社事件について書かれた多数の会社史の中で私のお勧めは、ジェニファー・ウェルズ著『Bre-X』(Orion Business、一九九九年)である。医薬品偽造とバイオックス社については、トム・ネシ著『Poison Pills』(Thomas Dunne Books、二〇〇八年)とキャサリン・エバン著『Dangerous Doses』(Mariner Books、二〇〇六年)をお勧めするが、医学雑誌で起きた問題について振り返ったすぐれた本は数多くある。

会計詐欺と証券市場詐欺については、私はほとんどの事件を現在進行形で目撃し、自分なりの記録をつけた。ダン・レインゴールド著『Confessions of a Wall Street Analyst』(Collins、二〇〇六年)は二〇〇〇年代の通信事業詐欺のすぐれた概要を描いているだけでなく、アナリストがまったく頼りにならなかった理由を明確に示している。エンロンについて書かれたベサニー・マクリーン著『Smartest Guys in the Room』(Portfolio Trade、二〇〇三年)との併読をお勧めする。ジョーダン・ベルフォート著『ウォール街狂乱日記――「狼」と呼ばれた私のヤバすぎる人生』(酒井泰介訳、早川書房）を推薦するのは気が進まないが、この本も出版されている。証券市場の仕組みについて説明した本としては、「アダム・スミス」（本名はジョージ・グッドマン）という筆名で書かれた『Supermoney』（Michael Joseph、一九七二年）の方がはるかにいい。

ビル・ブラック著『The Best Way to Rob a Bank is to Own One』（University Texas Press、二〇〇五年）はコントロール詐欺の概念を私たちに教えているが、この本は連邦住宅ローン銀行システム内部にいたブラックの私見によるところが大きい。チャールズ・ボーデンとマイケル・ビンスタインによるチャールズ・キーティングの伝記『Trust Me』（Random House、一九九三年）は、違う立場からの見解を示している。スティーブン・ピッツォ著『Inside Job』（Mcgraw-Hill、一九八九年）は公平な観点から見たS&L事件の記録である。ニック・リーソン著『Rogue Trader』（Little, Brown & Co.、一九九六年）は詐欺師の自伝というジャンルのもうひとつの例で、もっと客観的に書かれた記録、たとえばジョン・ガッパーとニック・デントンによる共著『All That Glitters』（Hamish Hamilton Ltd.、一九九六年）などとの併読を強くお勧めしたい。PPI事件の本当に優良な記録はまだ出版されていないが、デーヴィッド・ダイエン著『Chain of Title』（The New Press、二〇一六年）はアメリカの分散型コントロール詐欺について書いた本だ。

マイク・フリーマン著『Clarence Saunders & The Founding of Piggly Wiggly』（History Press Inc、一九六二年）は市場独占の本質を語っている。GEカルテルの顛末はジョン・ハーリング著『The Great Price Conspiracy』（R. B. Luce、二〇一一年）に詳しく書かれている。また、カルテルを支えたGE独特のマネジメントスタイルは、ジョン・ブルックス著『人と企業はどこで間違えるのか？――成功と失敗の本質を探る「10の物語」』（須川綾子訳、ダイヤモンド社）で見ることができる。ジョン・フリーマンによるインサイダー取引グループの話はオンラインで簡単に入手できる当時の新聞記事をまとめたもので、ラス・マーラーの犯罪はアラン・ブロックとトマス・バーナードによる雑誌記事「廃油産業の犯罪」(一九八八年)を要約した。

私自身がスイス銀行の元行員として、マネーロンダリングと税金詐欺について(実行する方法ではなく、回避する方法についてだ!)、そしていくつかの重要な言い回しを理解する方法について、ブラッドレー・バーケンフェルドの『堕天使バンカー――スイス銀行の黒い真実』(藤原玄訳、パンローリング株式会社)に書かれているような包括的で長たらしい研修を受けた経験がある――彼は明らかに私と同じ研修を受けたに違いない。マネーロンダリング全般については、ジェフリー・ロビンソン著『The Laundrymen』(Arcade Publishing、一九九七年)は現在でも通用するが、レイチェル・エーレンフェルトによる『Evil Money』(HarperCollins、一九九二年)はさらに少しアップデートされた内容になっている。

歴史的犯罪については、ジョナサン・リーバイ著『Freaks of Fortune』(Harvard University Press、二〇一二年)とフレデリック・マーティン著『The History of Lloyd's and of Marine Insurance』(MacMillan、一八七六年)に、資本主義がどのようにして巨大詐欺を支えるまでに発達したかについて多数の背景事情が書かれている。デーヴィッド・キナストン著の歴史書『The Financial Times』(Viking、一九八八年)は、ヴィクトリア時代の金融市場の状況を伝えているが、ジョージ・ロッブ著『White Collar Crime in Modern England』(Cambridge University Press、一九九二年)は他の追随を許さない。ロロ・ラッシェル著『The Knights of Industry』(パブリックドメイン、一八九五年)は現在でも電子版で入手できる。

謝辞

商業界で仕事を続けたい人々にとって、詐欺はやや扱いにくい題材なので、謝辞に名前を出すのをはばかられる人々がいる。大手会計事務所で犯罪学的データ分析を担当する責任者、そして銀行規制当局の数名の幹部は、名前を出さないという条件でさまざまな情報を提供してくれた。力になっていただいたことに感謝申し上げたい。

銀行アナリストだった時代から、同僚にはかなり力を貸してもらった。トム・レイナーは冒頭の「メイフェアのスキャンダル」に登場しているが、スイス銀行の歴史について説明してくれたアンドレアス・ハッカンソン、在職中に私がめちゃくちゃな状態の収益モデルをなんとかする代わりに、奇妙な狭い領域に対するわけのわからない調査に時間を費やすのを見逃してくれたギヨーム・ティベルギエンにも感謝している。イギリスの銀行について私が知っているすべての知識はジョナサン・ピアースとヒュー・パイに教わった。しかし、彼らが知っているすべての知識を私に教えてくれていたら、私は今頃もっと金持ちになっていただろう。ダレン・シャーマは常に私を励まし続けてくれた。

ヘンリー・ファレルは初期の原稿に目を通し、敏腕編集者のエド・レイクとともに、魅力的な事実と冗談の数々を完成した本に近い形で配置する仕事をおおいに助けてくれた。テス・リードは多数の章のほとんど書きたての原稿を読んで、話が脱線するのをほどほどに抑えてくれた。私の愛する母ヒラリー・デイヴィス、そして義理の母のグレンドラ・リードは、ときどきめげそうになる私を励ましてくれた。

本書冒頭の献辞はテスに捧げた。それが最もふさわしいと思ったからだが、本書は何年にもわたる数多くの商業詐欺の被害者にも捧げたい。私たちはみな、信頼の気持ちを失わない人々に多くのものを負っていると伝えたいからだ。それらの人々は繁栄した文化的な社会に近づこうとするすべてのものの礎である。

レビュー

❖ダン・デイヴィスの筆致には気迫とウィットがある……。本書は悪党――ポンジ、マドフ、キーティング、クレイ兄弟など――のしでかした犯罪を縦横無尽に駆け巡る。しかし、本書がただ面白いだけでなく、傑作と呼べるのは、著者の鋭い考察によるものである。『金融詐欺の世界史』を読めば、読者は詐欺をまったく新しい目で見られるようになるだろう。実際、自分が参加する市場取引にも新たな見方が生まれるに違いない。

――ダニエル・フィンケルシュタイン、タイムズ

❖実に面白い。

――フィナンシャル・タイムズ

❖見習い詐欺師――そして彼らの魔の手にかかりたくない人々――に最適の魅力的な必読書。

――ジョン・ケイ、『Other People's Money』の著者

❖詐欺とその裏にいる詐欺師たちの歴史を鮮やかに描いた作品。個々の事件を超えて、デイヴィスは市場社会について深い重要な指摘をしている……。面白いだけでなく役立つ知識が得られる傑作である。

――ダニ・ロドリック、『エコノミクス・ルール――憂鬱な科学の功罪』(柴山桂太・大川良文訳、白水社)の著者

❖これほど面白くて勉強になった金融書は『The Money Game』以来だ。

——J・ブラッドフォード・デロング、『アメリカ経済政策入門——建国から現在まで』(上原裕美子訳、みすず書房)の共著者

❖わくわくしてページをめくる手が止まらない——そして真実だ……。すごい本だ。

——ダイアン・コイル、『Sex, Drugs and Economics』の著者

金融用語集

❖**発生主義会計**……会計処理において、現金の授受があったときではなく、取引が発生した時点で利益、費用、収益を計上する損益計算方式。
❖**アクチュアリー**……保険会社の会計士を務める専門職。そんなに単純なものではないとお怒りのアクチュアリーからのご意見は慎んでお断りしたい。
❖**宣誓供述書**……ある人があることは真実だと主張したことを示す公的な記録。
❖**監査**……ある会社の決算報告書をチェックし、そこに書かれているすべては真実であり、適切に説明されていると確認する行為。
❖**債券**……取引可能なローン。債券は規格化された合法的な証拠書類であり、最初の借り手に会ったことがない人でも売ったり買ったりできる。
❖**カルテル**……複数の会社間の価格協定。
❖**代金引換**……文字どおり、掛売りをせず、商品の引き渡しと同時に支払いが行われる商業取引。
❖**担保**……ローンの返済ができないときに銀行が受け取るもの。銀行は通常、ローンの金額を上回る合法的な担保請求権を得ようとする。
❖**信用リスク**……借りた金が返せなくなるリスク。
❖**債権者**……債務者の反対語。債務者が金を借りる相手。
❖**株式**……ある会社における持ち分。会社の利益と損失の部分的な所有権。
❖**エスクロー**……第三者に代金を預け、商品が適切に配達されるか、サービスが実行されたときに支払いを保留解除する決済方法。
❖**ファイブフォース**……買い手、売り手、競争相手、代替品、新規参入者。産業構造の性質を決める五つの要因として経済学者マイケル・ポーターが提唱し、マネジメントコンサルタントに愛用されている。
❖**株式公開**……株を一般に売り出す手続き。
❖**詐害的譲渡**……会社が破産するのを予想して資産を社外に移動する行為。会社が取引をしてはいけない状態のときに取引を続ける目的で行う場合もあれば、関連当事者に資産を譲渡し、実質的に債権者の金を盗むために行う場合もある。

❖**銀行間取引**……銀行同士の取引。

❖**ジョイント・ストック・カンパニー**……多数の株主がいるが、そのほとんどが日々の経営にかかわらない会社。

❖**有限責任**……現代のほとんどの会社はこの形態である。出資者の責任は出資額に限定される。会社が破産しても、債権者は会社が借りた金の返済を出資者個人に要求できない。今では当たり前に認められているが、この原理が考案されたときは画期的だった。企業詐欺をたくらむ人間にとっては明らかに便利である。

❖**満期**……債券が「満期になる」と元本が払い戻される。「満期」は支払い日を指す場合もあれば、支払い日に達するまでの期間を示す場合もある。

❖**メンズレア**……「故意」を意味するラテン語。自分がしようとしていることが不正であると知りながら、意図的にそうする状態を指す。詐欺、特にペテン師が、自分は運が悪かっただけだと主張するロングファーム詐欺の場合、故意を証明するのは非常に難しい。

❖**公証人**……文書の証明を専門とする弁護士の一種。そんなに単純なものではないと主張したい公証人(および弁護士)は、「アクチュアリー」の項を参照。

❖**担保**……返済を保証するために債務者が差し出すもの。債権者に差し押さえる権利を与えること。ひとつの担保を複数の債権者に提供してはならないが、詐欺師は同じ担保を二度、三度と使う可能性がある。

❖**プロモート**……会社を一般に販売促進する行為。しばしばその会社の将来性と収益性について誇張した主張が用いられる。

❖**担保付き**……融資に担保が設定されている状態。

❖**証券**……債券と株式の両方を含む包括的な言葉。一般に販売される取引可能な金融上の請求権。

❖**ソブリン**……債券市場では、国家が債務者となって発行する債券の呼称。

❖**無過失責任**……刑事犯罪および準刑事犯罪において、メンズレアの有無にかかわらず損害を発生させただけで責任を問われること。民主主義国家は市民的自由[政府によって不当に制約を受けない思想・言論・行動の自由など]の原則に基づいて、無過失責任刑事犯罪を過剰に拡大するのをためらう傾向がある。しかし、メンズレアを証明するのが難しい詐欺事件に対する保護政策として、しばしば無過失責任刑事犯罪を(ときには犯罪とは無関係な規制法上の制裁として)創設しなければならない場合がある。

❖**SWOT分析**……コンサルタントが会社の競争力を分析するもうひとつの手法で、強み(strength)、弱み(weakness)、機会(opportunity)、脅威(threat)の要素を見る。

❖**期限**……借金について言う場合は、借りられる期間を指す。

❖**条件**……何かの支払いについて言う場合は、支払いをするために与えられた時間的猶予と、ときには即時決済をしない代わりに払う利子を指す。

❖**無担保**……融資に担保が設定されていない状態。返済は完全に借り手が支払いをするかどうかにかかっている。

ら

り

る

れ

ろ

わ

へ

ほ

ね

の

は

ひ

ふ

す

せ

そ

た

こ

さ

し

索 引

著者

ダン・デイヴィス

Dan Davies

元イングランド銀行の規制エコノミストであり、数々の投資銀行のアナリストを務めた。ＬＩＢＯＲスキャンダルから外国為替スキャンダル、アングロ・アイリッシュ銀行の破綻、スイス銀行ナチス金塊事件まで、あらゆる形態の金融詐欺への対策に取り組んできた。フィナンシャル・タイムズやニューヨーカーなどさまざまな出版物に寄稿している。

訳者

大間知 知子

Tomoko Omachi

お茶の水女子大学英文学科卒業。訳書にソルター『世界を変えた１００のスピーチ』、ジェスティス『ヴィジュアル版 中世の騎士 武器と甲冑・騎士道・戦闘技術』、ビッカム『イギリスが変えた世界の食卓』、アザリート『生活道具の文化誌』、クリスマン『ヴィクトリア朝 淑女の流儀 紳士のたしなみ』（いずれも原書房）などがある。

金《きん》融《ゆう》詐《さ》欺《ぎ》の世《せ》界《かい》史《し》

二〇二五年二月二〇日　初版第一刷発行

著者　ダン・デイヴィス
訳者　大間知《おおまち》　知子《ともこ》
発行者　成瀬雅人
発行所　株式会社原書房
〒一六〇－〇〇二二
東京都新宿区新宿一－二五－一三
電話・代表〇三－三三五四－〇六八五
http://www.harashobo.co.jp
振替・〇〇一五〇－六－一五一五九四
ブックデザイン　小沼宏之[Gibbon]
印刷　新灯印刷株式会社
製本　東京美術紙工協業組合

LYING FOR MONEY: How Legendary Frauds Reveal the Workings of the World
by Dan Davies

ISBN978-4-562-07509-6
Printed in Japan